会计案例

Kuaiji Anli

九江学院会计学院《会计案例》编写组 编

东北财经大学出版社
Dongbei University of Finance & Economics Press
大连

图书在版编目（CIP）数据

会计案例 / 九江学院会计学院《会计案例》编写组编. —大连：东北财经大学出版社，2019.12（2021.7重印）

ISBN 978-7-5654-3742-7

Ⅰ.会… Ⅱ.九… Ⅲ.会计学-案例 Ⅳ.F230

中国版本图书馆CIP数据核字（2019）第300110号

东北财经大学出版社出版

（大连市黑石礁尖山街217号 邮政编码 116025）

网 址：http://www.dufep.cn

读者信箱：dufep@dufe.edu.cn

大连雪莲彩印有限公司印刷 东北财经大学出版社发行

幅面尺寸：170mm×240mm 字数：250千字 印张：12.5

2019年12月第1版 2021年7月第2次印刷

责任编辑：孙晓梅 责任校对：肖 眉

封面设计：冀贵收 版式设计：钟福建

定价：48.00元

教学支持 售后服务 联系电话：（0411）84710309

如有印装质量问题，请联系营销部：（0411）84710711

前　言

为了适应社会经济发展对高级会计人才的需要，更好地培养会计应用型高级人才，探索职业岗位要求与教学有机结合的途径，我们编写了这本《会计案例》。本教材以“知识要点融合，注重综合培养”为主旨和特征来设计案例。本教材可作为高等院校会计硕士教学用书，亦可为学有余力的本科生拓展专业综合能力所用，实务界人员也可作为学习参考书。

本教材具有以下特点：

一是内容上强调全面性。本教材涵盖了会计案例、财务管理案例和审计案例，能够较为全面地提高财会人员的综合知识，彰显了本教材的实用性。

二是体系上注重能力培养。本教材理论联系实际，注重对实际能力的培养。本教材列举的案例不仅对企业的生产经营决策和日常财务管理具有很高的实用价值，对改进会计教学、提高读者的理解能力也是颇有助益的。

本教材共有15个案例，涉及财务会计、管理会计、财务管理和审计等领域，具有典型性、实用性。本教材由九江学院会计学院《会计案例》编写组编写，具体编写安排如下：许松涛编写案例1，董峰编写案例2，卢凌编写案例3，任高飞编写案例4，袁德利编写案例5，张永杰编写案例6，胡淑娟编写案例7，蔡报纯编写案例8，黄伟亚编写案例9，郭英编写案例10，段春明编写案例11，陈祥云编写案例12，廖康礼编写案例13，陈秋云编写案例14，胡胜编写案例15。

本教材在编写过程中，得到了众多学界专家和实务界人士的支持和帮助，在此谨向他们表示衷心感谢，同时感谢东北财经大学出版社工作人员对本教材出版所付出的努力。

由于编写者能力有限，加之时间仓促，本教材难免有疏漏和不足之处，恳请各位专家批评指正。

编　者

目　录

案例1

恒瑞医药研发支出费用化之谜

案例正文

适用课程：财务会计理论与实务

编写目的：本案例旨在帮助学生达到以下学习目标：第一，通过本案例了解研发支出在具体应用中是如何区分研究与开发阶段的；第二，结合企业的自身情况和行业状况，分析不同企业为何会有不同的会计政策；第三，思考和总结将理论所学应用至对企业进行财务分析时应注意的问题。

知识点：研发支出；费用化；资本化

关键词：研发支出；医药行业；恒瑞医药

案例摘要：恒瑞医药作为中国医药行业的龙头企业，近年来一直表现优异，在生产、研发、销售等环节上连创新高。不同于其他企业，它是中国市场上目前唯一一家将其每年的研发支出全部费用化的企业。本案例针对其所处行业情况，结合企业自身特点，分析恒瑞医药这样做的原因，启发学生将理论运用到实践中应注意的问题。

一、引言

张明是一所高校的会计学研究生，这个学期学校开设了“财务报表分析”课程，张明对此兴趣颇浓。最近老师布置了医药行业的财务报表分析作业，张明选择了医药行业的龙头企业——恒瑞医药作为分析对象，但在分析的过程中，张明发现分析结果与书本知识相冲突，这让张明开始怀疑：到底是哪里出了问题？

张明在研究恒瑞医药的年报时，发现恒瑞医药每一年都将其研发支出全部费用化了，这让张明感到迷惑不解。按照从书本上学习到的关于研发支出的知识，对于企业内部的研究开发项目，要区分研究阶段和开发阶段。对于研究阶段的支出，应当于发生当期归集后计入当期损益，即费用化。而对于开发阶段的支出，在符合特定条件时就可以确认为无形资产，即资本化。恒瑞医药将历年的研发支出全部费用化，这样是不是不符合所学的会计准则呢？

带着这样的疑惑，张明查阅了相关资料并且和自己的同学探讨这个问题，大家都很好奇恒瑞医药将研发支出全部费用化的原因。为了了解清楚恒瑞医药此举究竟为何，大家决定先对恒瑞医药以及整个医药行业研发支出的情况进行了解，再对此进行详细的分析。

二、公司简介

恒瑞医药全称江苏恒瑞医药股份有限公司，其前身——连云港制药厂成立于1970年，是一家从事医药创新和高品质药品研发、生产及推广的医药健康企业，2000年在上海证券交易所上市，截至2018年年底，共有全球员工20 000余人。恒瑞医药是国内知名的抗肿瘤药、手术用药和造影剂的供应商，也是国家抗肿瘤药技术创新产学研联盟牵头单位，建有国家靶向药物工程技术研究中心、博士后科研工作站。恒瑞医药目前已有4个创新药获批上市，一批创新药正在临床开发，并有多个创新药在美国开展临床试验；累计申请国内发明专利655项，拥有国内有效授权发明专利147项、欧美和日本等国外授权专利226项；专有核心技术获得国家科技进步二等奖2项、中国专利金奖1项。2018年5月，福布斯发布全球最具创新力企业百强榜单，中国共有7家公司上榜，恒瑞医药荣登榜单第64位。

如图1-1所示，2018年，恒瑞医药实现销售收入174.2亿元，同比增长25.9%；税收30亿元，同比增长20%。

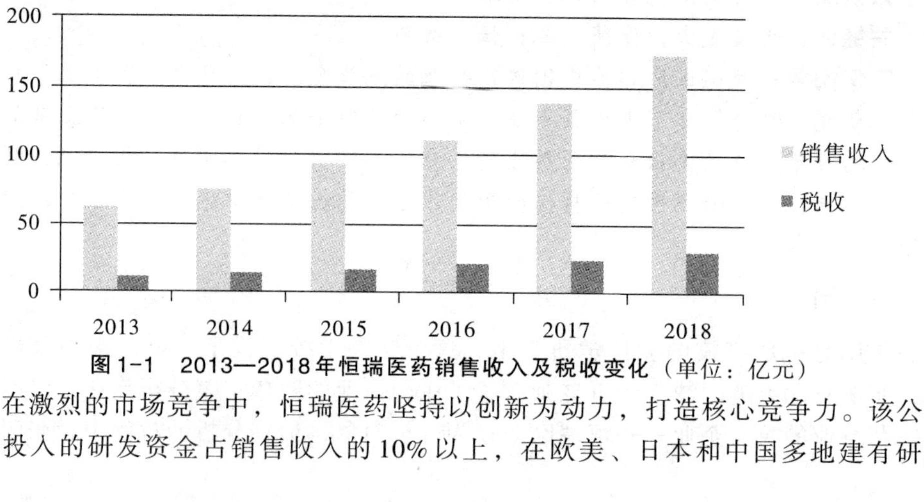

图1-1　2013—2018年恒瑞医药销售收入及税收变化（单位：亿元）

在激烈的市场竞争中，恒瑞医药坚持以创新为动力，打造核心竞争力。该公司每年投入的研发资金占销售收入的10%以上，在欧美、日本和中国多地建有研发中心或分支机构。

2018年恒瑞医药累计投入研发资金26.7亿元，比上年同期增长51.8%，研发投入占销售收入的比重达到15.3%，如图1-2所示。

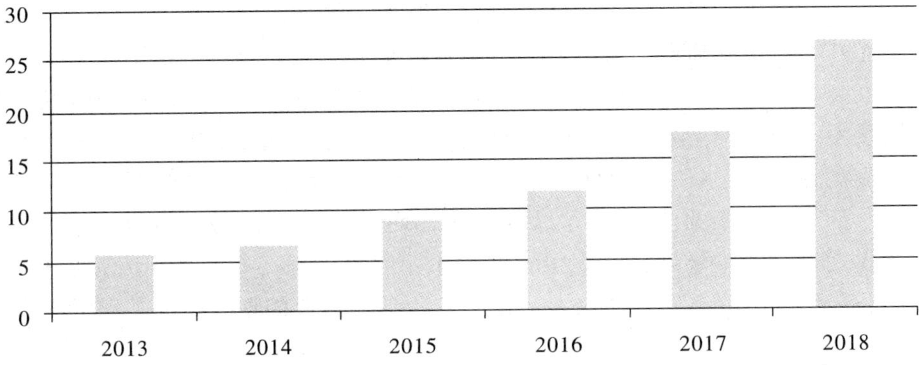

图1-2　2013—2018年恒瑞医药研发投入变化（单位：亿元）

三、行业概况

（一）标准如何定

在查找资料的过程中，张明发现，在医药行业中，如何区分研究和开发阶段并没有他想得那么简单。为了了解医药行业究竟是如何制定研究和开发阶段的标准的，张明去论坛上向专业人士请教了一番，得知了以下情况：

目前国际上主要是《国际会计准则第38号——无形资产》对研发支出进行了规定，在区分研究、开发阶段的基础上，研究阶段的支出应在其发生时确认为费用；对于开发阶段的支出，满足条件的应当资本化，不符合条件的应当在发生时确认为费用。

不同国家和地区对于研发支出资本化主要有以下几种做法：

1.全部费用化

以美国为首的国家和地区按照财务会计准则委员会（FASB）的规定，研究与开发支出均在发生当期费用化。亚洲的日本、韩国虽然当初都做出了允许部分资本化的规定，但随着经济环境的变化，也采取了与美国一致的处理方法，将研发支出全部费用化。

2.全部资本化

巴西等国则将研究与开发支出在发生时全部资本化。

3.有条件的资本化

目前，所有欧盟成员国都要按照国际财务报告准则（IFRS）的规定，在区分研究、开发阶段的基础上，部分支出计入当期费用，部分支出资本化。英国采取的也是有条件的资本化。

我国从2007年1月1日起实施新的无形资产准则，主要借鉴了国际会计准则的做法，将企业在研究开发过程中发生的费用区别对待。对于研究阶段的支出，进行费用化处理，于发生时计入当期损益；对于开发阶段的费用，在能够证明符合相关条件的前提下，允许资本化，确认为无形资产。

但是，对于到底何时属于研究阶段、何时处于开发阶段，难以有一个明确的时间点。抛开书本里的知识不谈，通常工业企业是以研究、小试、中试作为费用化阶段，在安装好生产线、产品进行试生产阶段是可以进行资本化的。医药研发与其他产品研发不一样，千辛万苦从10 000种先导化合物中筛选出200种进行临床前动物试验，淘汰掉一半，只有100种进入临床前研究，然后报临床试验审批。在经历了漫长的临床Ⅰ、Ⅱ、Ⅲ期试验后，仅剩下10种药物获批注册上市，再经过2~3年的临床Ⅳ期试验及市场副作用观察，最后十不存一。医药行业的研发道路艰且阻，也使得医药研发中的不确定性太大，完全按照工业企业的划分标准去思考研发支出的资本化意义不大。

考虑到医药行业细分领域众多，因此需要区别对待研发支出资本化的时间点。综合市场上各家医药企业公布的研发支出资本化的政策，整理如下：

（1）研发支出不进行资本化。市场上目前仅恒瑞医药一家这样做。恒瑞医药一直采取较为谨慎的财务政策，研发支出全部费用化计入当期损益。

（2）临床Ⅲ期试验通过后进行资本化。大部分药企采用此会计政策，主要是由于通过临床Ⅲ期试验的新药研发成功率最高，一旦通过此次临床试验，基本上就只需要申请生产批件，其上市成功率较高，同时后期也会继续发生为生产做研究和准备的费用。当然，也有企业在通过临床Ⅱ期试验时就对研发支出进行资本化处理。

（3）有效性临床试验后进行资本化。我国目前的创新药研发仍然以一些大型研发企业为主，而大部分中小企业仍然以研发仿制药为主，其所仿制的药品由于在国外已进行多年市场销售，基本上属于有效药物，其试验数据都比较准确、可靠，因此仿制药研发不需要再进行临床分期试验，一般通过了临床Ⅰ期试验，证明药物具有足够的安全性，后续通过有效性试验的概率较大。因此，企业对于仿制药以临床Ⅰ期试验作为资本化分界点较为合理。

（4）拿到生产批件后进行资本化。此类药物主要是已有国家药品标准的原料或制剂，由于此类药物基本上不存在研发支出，大部分药物无须做临床试验，上市也不存在困难，因此拿到生产批件即可进行资本化处理。

（二）研发支出占比情况

张明和同学们一起筛选了279家医药上市公司，发现研发支出最大的正是恒瑞医药。以2016年为例，其研发支出为11.8亿元；紧随其后的是复星医药，为11.1亿元；接下来是海正药业，为7.8亿元。A股医药上市公司2016年研发支出总计247.7亿元，剔除基本无研发的医药商业和零售公司，相当于平均每家每年研发支出9 200万元。按照研发支出占收入比值排序，最大的是沃森生物（52.61%），当然这属于比较极端的现象，大部分公司在20%以下。按照研发支出占公司2016年的税后净利润比值排序，最大的是莱美药业，高达4 387.18%。A股医药上市公司剔除医药商业和零售公司后的税后净利润总和为915亿元，研发支出占税后净利润的27%，研发支出对公司业绩还是有较大影响的。其具体占比见表1-1。

表1-1　　2016年A股医药上市公司研发支出费用前十　　金额单位：百万元

公司	研发支出	研发支出/营业收入（%）	研发支出/净利润（%）
恒瑞医药	1 184.35	10.68	44.96
复星医药	1 106.12	7.60	34.34
海正药业	775.04	7.96	1 253.04
上海医药	670.55	0.54	17.51
科伦药业	613.16	7.16	98.21
健康元	608.64	6.26	62.46
丽珠集团	474.78	6.20	57.21
步长制药	458.92	3.72	25.93
天士力	439.94	3.15	36.08
现代制药	365.29	4.00	42.77

由于医药行业聚集着众多高科技企业，以研发和创新作为驱动力，近些年国内越来越多的企业开始进行首仿、me-too研发，甚至1.1类新药创新。而医药研发时间长、资金投入大、研发成功率极低，因此研发支出是否合理对上市公司业绩产生较大的影响。

张明又继续研究了医药行业研发支出资本化的情况，但是由于研发支出资本化开始的时间点并没有明文规定，因此各企业按照自己的合理预计进行资本化。资本化的研发支出占总研发支出的比例见表1-2，恒瑞医药作为行业独树一帜的存在，其资本化的研发支出为0。由于每家企业执行的政策标准不同，其资本化的研发支出占比也大不相同。

四、对恒瑞医药研发支出费用化的深度剖析

（一）迷雾渐散

在张明和同学们一起收集、查找、整理上述资料并向专业人员咨询之后，他们对恒瑞医药将其研发支出全部费用化有了一些自己的想法。

张明率先开口："我在查找资料的时候就发现，恒瑞医药是一家业绩非常好的医药企业，我认为它选择这样的会计政策体现了谨慎性。正如之前我们查到的资料所表明的，美国等西方先进国家的企业都将其研发支出全部费用化，计入当期损益。恒瑞医药这是向其看齐呢。当然，这也得益于恒瑞医药雄厚的资金实力，能承

表1-2　**2016年A股医药上市公司研发支出前十的资本化情况**　金额单位：百万元

公司	资本化的研发支出	资本化的研发支出占总研发支出的比例（%）
恒瑞医药	0	0
复星医药	391.37	35.38
海正药业	364.00	46.97
上海医药	16.22	2.42
科伦药业	65.72	10.72
健康元	21.19	3.48
丽珠集团	1.57	0.33
步长制药	61.33	13.36
天士力	74.27	16.88
现代制药	33.42	9.15

受当期研发支出对利润的侵蚀。”张明的一位同学——李华也紧随其后，拿出和张明一起查找的数据（见表1-3）说道：“没错，我们收集到的数据显示，它的研发支出每年都在增长，由于医药行业的不确定性较高，生产产品的风险也较高，药品的研发周期长、环节多，很容易受到不确定因素的影响。我们之前查找资料时也发现，医药行业研发支出资本化的时间点没有明确的标准。恒瑞医药选择全部进行费用化其实符合会计谨慎性与稳健性原则，操作也比较简单。我想这就是恒瑞医药对研发支出全部进行费用化会计处理的原因之一。”同学们纷纷点头。

表1-3　**恒瑞医药近年来研发支出情况**　金额单位：万元

年份＼指标	研发支出	资本化支出	费用化支出	资本化率（%）
2014	65 198.43	0	65 198.43	0
2015	89 167.37	0	89 167.37	0
2016	118 434.83	0	118 434.83	0
2017	175 913.11	0	175 913.11	0
2018	267 048.06	0	267 048.06	0

李华又接着说：“结合我们之前查到的资料，我有一些猜测。是不是业绩较好、资金实力比较雄厚的企业研发支出费用化率都比较高，而业绩较差的企业研发支出资本化率都比较高呢？这也符合我们之前查到的行业状况。我特意查找了业绩相对较差的海正药业近几年的研发支出情况（见表1-4），这也证实了我这一猜想。从

查到的资料中可以看到，海正药业这几年的研发支出资本化率不断提高。海正药业将原本计入费用的研发支出计入企业的资产中，能够使企业的价值增加。海正药业研发支出资本化虽然符合权责发生制与配比原则，保证了企业资产价值的准确性，但研发支出资本化会导致会计信息不够客观，不符合谨慎性原则。”

表1-4　　**海正药业近年来研发支出情况**　　金额单位：万元

指标 年份	研发支出	资本化支出	费用化支出	资本化率（%）
2014	55 803.08	1 403.99	54 399.09	25.16
2015	82 791.24	38 220.93	44 570.31	46.17
2016	77 503.96	36 400.23	41 103.73	46.17
2017	84 419.32	40 472.92	43 946.40	47.94
2018	103 391.27	53 108.13	50 283.14	51.37

张明在这个时候突然顿悟了什么，随即开口说道：“也就是说，不论是海正药业还是我们所讨论的恒瑞医药，这两个做法完全不同的企业其实是因为盈余管理的做法不同！一般来说，多数企业会像海正药业这样利用盈余管理将一部分研发支出资本化，提高企业的价值。但是恒瑞医药选择将研发支出完全费用化，是因为它在业绩优秀的前提下没有必要把利润做得更高，以免对企业产生不利影响。因为药物研发过程长，不确定因素很多，企业将来可能会出现经济效益不好或其他暂时性问题，出于稳健性考量，为了维持企业的稳定发展，那时再选择将研发支出资本化，这也是企业战略意识的体现。”

李华连连点头说：“对，张明说的盈余管理是其中一个很重要的原因。你们看，恒瑞医药与海正药业近年来的财务数据对比（见表1-5）可以证明张明说的话。

从营业收入看，恒瑞医药2014—2018年的营业收入都呈现了稳定增长的趋势，而海正药业的营业收入在2015年出现了大幅度下滑。海正药业对营业收入下降问题的解释是：控股子公司海正辉瑞的辉瑞产品和海正产品销量减少而导致主营业务收入减少。

从利润来看，恒瑞医药的净利润稳步上升，海正药业的净利润一直在走下坡路，在2016年和2018年甚至出现了净利润为负的情况。如果扣除非经营性损益，海正药业的净利润将更低。

恒瑞医药由于近年来营业收入不断上升，没有盈利方面的压力，所以在研发支出上相对保守、稳健地全部进行费用化处理。而海正药业近年来营业收入不断下降，净利润走低，为了缓解利润方面的压力，就采用研发支出高资本化这种相对过激的处理方式。”

表1-5　**恒瑞医药与海正药业近年来财务数据对比**　单位：万元

指标 年份	海正药业营业收入	恒瑞医药营业收入	海正药业净利润	恒瑞医药净利润
2014	1 009 674.79	745 225.31	30 789.67	151 556.89
2015	876 742.81	931 596.02	1 356.67	217 157.15
2016	973 342.35	1 109 342.41	−9 442.80	258 895.21
2017	1 057 152.67	1 383 562.93	1 356.62	321 664.80
2018	1 018 744.10	1 741 790.11	−49 247.40	406 560.97

张明总结道："综上所述，恒瑞医药首先考虑企业自身和行业的特殊性，按照谨慎性原则，采用了研发支出全部费用化的会计处理方式。其次恒瑞医药没有像一般企业那样使研发支出的会计处理成为企业盈余管理、调节利润的一种手段，而是遵循了会计谨慎性原则，在企业具有稳健的盈利能力的前提下，在研发支出上选择采用全部费用化的会计处理方式。可是除了这些还有没有别的原因呢？"大家陷入了沉思，可还是百思不得其解。

（二）恍然大悟

张明和同学们的讨论出现了暂时的停滞不前，在大家百思不得其解的情况下，张明决定向自己的老师请教。他拨通了老师的电话，说明问题后，又讲出了自己的疑惑："老师，目前我和同学们在查找资料、讨论之后，能想到的主要是恒瑞医药盈余管理这方面的原因，除此之外，我们还在想有没有别的原因，但是大家都没有什么头绪。"老师说："你们能够想到这方面已经不错了，那么按照这个方向思考下去，既然恒瑞医药在业绩优秀的前提下没有必要将研发支出资本化，以避免利润过高，将来企业经济效益不好的时候可以再将其资本化，这样就能维持相对稳定的发展，避免业绩波动太大给企业的利益相关者传递不利信息。你看对不对？那你从中想到了什么吗？"张明立即说道："信号传递？"老师笑了笑说："对的，一般来说，企业研发支出的资本化程度高，我们会认为它在传递一个信号，那就是它的研发项目在技术方面比较先进，这样也能向市场传递一个利好信号，表达企业在研发项目上的钻研精神以及对于产品研发的重视。但恒瑞医药并没有这样做，你和同学们可以去研究一下为什么，是不是因为它不需要靠这个去展示自己的研发情况。"

张明得到老师的点拨后，与同学们一起对信号传递进行了分析。他们发现，企业对研发支出会计处理方式的选择同样具有信号传递效应，研发投入的数额大小反映了企业对于产品研发的重视程度，而对研发支出的资本化或费用化处理在某种程度上反映了企业研发项目未来的盈利能力。然而，正是因为信息不对称，管理层往往会通过盈余管理向市场传递信号。研发项目所带来的未来经济利益一般在短时间内难以实现，因而市场也就无法辨别企业对于研发支出会计处理的选择不同传递出来的信号的真伪。

恒瑞医药并没有选择通过将研发支出资本化来体现企业高新技术的成功率，是因为企业在年报中将其研发过程已经全部披露。对于利益相关者而言，比起单纯的利润，年报中的披露内容更值得信任。以2016年恒瑞医药的年报为例，其中就对药（产）品研发情况进行了详细披露，包括研发总体情况、研发投入情况、主要研发项目的基本情况，报告期内呈交监管部门审批、完成注册或取得生产批文的药（产）品情况，以及报告期内研发项目取消或药（产）品未获得审批情况等，简略情况见表1-6。

表1-6　**2016年恒瑞医药主要研发项目基本情况（简略）**　金额单位：万元

项目研发	药（产）品基本信息	研发（注册）所处阶段	进展情况	累计研发投入	已申报的厂家数量	已批准的国产仿制厂家数量
马来酸吡咯替尼及片	化1.1	临床试验	Ⅲ期	7 600	1	0
C-Met ADC	治疗用生物制品	待申报	待申报	3 030	1	0
PD-1	治疗用生物制品	临床试验	Ⅱ期	3 273	11	0
PDL1	治疗用生物制品	申报	排队待候审	2 770	6	0
ET743	治疗用生物制品	申报	待候审	971	3	0
帕立骨化醇注射液	化3.1+6	其他	CDE专业评审	526	16	1
碘达肝葵钠注射液	化3.1+6	其他	资料补正	2 239	13	1
扎布醇注射液	化3.1+6	其他	资料补正	752	6	1
盐酸右美托咪定鼻喷剂	化2	临床试验	获准开展临床试验	218	1	0
盐酸卡泊芬净及注射用醋酸卡泊芬净	化3.1+6	其他	2017年1月获批生产	3 054	21	1

从表1-6中可以得知恒瑞医药这一年的研发项目的名称、药品信息及所处的研发阶段、进展情况和累计研发投入等。这样的年报内容充分展示了恒瑞医药对于研发的重视以及药品研发所取得的重大进步和优异表现。对于投资者来说，这些信息

远比单纯的数字更为可靠和真实。恒瑞医药无须依赖高额的权益资本数字，靠真实的年报披露就能够向市场传递有效且值得信赖的信息，并且当新药研发成功、审批通过后，就可以在药监局查到相应的批号，对于投资者来说，这是最佳也是最值得信赖的信息。所以，恒瑞医药无须通过提高研发支出资本化率来进行信号传递。

而对于海正药业来说，由表1-7可知，海正药业2016年亏损0.94亿元；2017年净利润虽有所上升，但扣除非经常性损益后的净利润依然为负数；2018年该公司的盈利能力持续恶化，扣除非经常性损益后的亏损达到6.12亿元。结合其研发投入情况，可以看出，2017年海正药业净利润上升的同时，研发投入总额与研发投入资本化率也在同步增加，其净利润的扭亏为盈或许可以看作大幅提高研发支出资本化率的结果。倘若将海正药业的研发支出全部费用化处理，该公司的亏损比现在看到的更大，而持续的亏损会使企业面临退市的风险。海正药业操纵研发支出资本化进行盈余管理，通过粉饰财务报表向市场传递虚假信号，同时不断提高研发支出资本化率，向市场传达企业研发项目技术提高的信号，以达到“保牌”和融资的目的。

表1-7 **海正药业2016—2018年主要会计数据** 单位：亿元

年份 指标	2016	2017	2018
净利润	−0.94	0.14	−4.93
扣非后净利润	−2.83	−1.41	−6.12

五、案例的总结和思考

经过查找资料、和同学们讨论以及向老师请教，张明终于揭开了恒瑞医药研发支出费用化的谜底，这也让他收获颇丰。恒瑞医药看似不合常理的举动，背后竟然有着那么多原因，也许这正是书本知识难以教给他的东西。将书本知识运用到实际中进行财务分析，经常会产生困惑，该怎么去解惑正是大家要面对的问题。张明脑海里此时突然冒出了一句古诗：“纸上得来终觉浅，绝知此事要躬行。”

六、问题讨论

1.《企业会计准则》是如何区分研发支出的研究阶段和开发阶段的？

2.研发支出的两个阶段是如何进行账务处理的？

3.结合本案例，思考医药行业是如何划分研发支出资本化的时间点的。

4.结合本案例，请进一步分析思考恒瑞医药为何将其研发支出全部费用化而不进行资本化处理。

参考文献

［1］陈霞，许松涛．制药业企业研发支出资本化问题研究［J］．会计之友，

2017（22）：19-20.

［2］张宁，平其能．浅谈我国仿制药研发与评价面临的理念挑战［J］．中国药学杂志，2010（6）：872-875.

［3］郭利利．高新技术企业认定研发费用问题探析——基于研发费用财务核算［J］．当代经济，2017（31）：108-109.

［4］陈收，邹增明，刘端．技术创新能力生命周期与研发投入对企业绩效的影响［J］．科技进步与对策，2015（12）：1-8.

［5］郑寰，许婕，沈铭慧，等．我国生物医药行业研发的影响因素分析［J］．市场周刊，2017（6）：6-10.

案例说明书

一、案例的教学目标

本案例针对医药行业的整体情况，结合企业自身的特点，分析思考恒瑞医药将研发支出费用化的原因，启发学生学着解决将理论运用到实践中遇到的问题。本案例适用于MBA、MPACC等研究生以及高年级本科生的教学实践。

二、案例讨论的准备工作

为了有效实现本案例目标，学生应该具备下列相关知识背景：

（一）理论背景

国际上对研发支出的处理方式通常有三种，包括全部费用化、全部资本化和有条件资本化。费用化是指将研究阶段发生的支出，以及无法区分是研究阶段发生的研发支出还是开发阶段发生的研发支出，全部作为期间费用，体现了会计的稳健性原则。资本化是指企业内部研发项目开发阶段的支出，能够证明符合无形资产条件的支出资本化，分期摊销。

研发支出费用化和资本化的不同体现的是一种时间差异。如果企业选择将研发支出做费用化处理，那么，在研发当年，企业即可将其实际发生的研发投入作为成本费用，计入当期损益。如果做资本化处理，企业则需在满足一定条件时，将研发支出确认为无形资产，在未来的无形资产使用期间，以摊销的方式计入损益。企业采用费用化处理方式时，金额巨大的研发支出对当期业绩影响很大，也就有了隐蔽部分利润的作用。企业采用资本化处理方式时，研发支出经过多年摊销计入管理费用，通常情况下对当年的业绩影响很小。

（二）政策背景

我国目前对研发支出的会计处理通常是研发支出有条件的资本化。有条件的资本化是将符合条件的研发支出资本化计入资产，其他的投入则计入当期损益，予以费用化。对于研发支出的会计处理，财政部在2006年2月颁布的《企业会计准则第6号——无形资产》中提出，企业内部研究开发项目的支出区分为研究阶段支出与开发阶段支出。研发支出发生于研究阶段的，应该予以费用化，计入当期损益；若研发支出发生于开发阶段，应当满足以下符合资本化的条件，才能予以资本化，确认为无形资产：

（1）从技术上来讲，完成该无形资产以使其能够使用或出售具有可行性。

（2）具有完成该无形资产并使用或出售的意图。

（3）无形资产产生未来经济利益的方式，包括能够证明运用该无形资产生产的产品存在市场或无形资产自身存在市场；无形资产将在内部使用时，应当证明其有用性。

（4）有足够的技术、财务资源和其他资源支持，以完成该无形资产的开发，并有能力使用或出售该无形资产。

（5）归属于该无形资产开发阶段的支出能够可靠计量。

（三）行业背景

近些年来，医药行业高速增长。在国家政策的扶持下，医药行业的收益相比其他行业也更高。目前，医药行业正进入转型期，由于并购重组的热潮持续不断，大量资金涌入，医药企业也要进行大量融资、投资活动，而研究开发活动的进行又会直接影响企业价值与盈利能力。医药企业为了在资本市场上表现出足够的防御能力，必然会慎重考虑对于研发支出进行会计处理的方式。

三、案例的分析要点

（一）需要学生识别的关键问题

1.《企业会计准则》是如何区分研发支出的研究阶段和开发阶段的？

2.研发支出的两个阶段是如何进行账务处理的？

3.结合本案例，思考医药行业是如何划分研发支出资本化的时间点的。

4.结合本案例，请进一步分析思考恒瑞医药为何将其研发支出全部费用化而不进行资本化处理。

（二）推荐的解决问题方案

1.《企业会计准则》是如何区分研发支出的研究阶段和开发阶段的？

《企业会计准则讲解》对于研究阶段和开发阶段给出的解释是这样的：

（1）研究阶段。

研究是指为获取新的技术和知识等进行的有计划的调查。

研究阶段的特点在于其属于探索性的过程，是为了进一步开展开发活动进行资料及相关方面的准备。从已经进行的研究活动来看，将来是否能够转入开发、开发后是否会形成无形资产等具有较大的不确定性。为此，企业在研究阶段发生的支出应予以费用化。企业应根据自行研究开发项目在研究阶段发生的支出，借记“研发支出——费用化支出”科目，贷记有关科目；期末，应根据发生的全部研究支出，借记“管理费用”科目，贷记“研发支出——费用化支出”科目。

（2）开发阶段。

开发是指在进行商业性生产或使用前，将研究成果或其他知识应用于某项计划或设计，以生产出新的或具有实质性改进的材料、装置、产品等。

开发阶段相对于研究阶段而言，应当是完成了研究阶段的工作，在很大程度上形成一项新产品或新技术的基本条件已经具备。企业自行研究开发项目在开发阶段发生的支出，同时满足下列条件的，才能予以资本化，确认为无形资产：

①完成该无形资产以使其能够使用或出售在技术上具有可行性。

②具有完成该无形资产并使用或出售的意图。

③无形资产产生未来经济利益的方式，包括能够证明运用该无形资产生产的产品存在市场或无形资产自身存在市场；无形资产将在内部使用的，应当证明其有用性。

④有足够的技术、财务资源和其他资源支持，以完成该无形资产的开发，并有能力使用或出售该无形资产。

⑤归属于该无形资产开发阶段的支出能够可靠地计量。

2.研发支出的两个阶段是如何进行账务处理的？

（1）研究阶段和开发阶段能够合理区分的。

①研究阶段发生的支出：

借：研发支出——费用化支出

　贷：银行存款/应付职工薪酬等

期末：

借：管理费用

　贷：研发支出——费用化支出

②开发阶段发生的支出：

第一，不符合资本化条件的。

借：研发支出——费用化支出

　贷：银行存款/应付职工薪酬等

期末：

借：管理费用

　贷：研发支出——费用化支出

第二，符合资本化条件的。

借：研发支出——资本化支出

　贷：银行存款/应付职工薪酬等

期末又分两种情况：

一是无形资产研发完成：

借：无形资产

贷：研发支出——资本化支出

二是无形资产未研发完成：

若无形资产未研发完成，将“研发支出——资本化支出”科目的期末余额列示于资产负债表的“开发支出”项目。

（2）研究阶段和开发阶段无法区分。

无法区分研究阶段和开发阶段的支出，应当在发生时费用化，计入当期损益。

借：研发支出——费用化支出

贷：银行存款等

期末：

借：管理费用

贷：研发支出——费用化支出

3.结合本案例，思考医药行业是如何划分研发支出资本化的时间点的。

考虑到医药行业细分领域众多，因此需要区别对待研发支出资本化的时间点划分。综合市场上各家医药企业公布的研发支出资本化政策，整理如下：

（1）研发支出不进行资本化。市场上目前仅恒瑞医药一家这样做。恒瑞医药一直采取较为谨慎的财务政策，研发支出全部费用化计入当期损益。

（2）临床Ⅲ期试验通过后进行资本化。大部分药企采用此会计政策，主要是由于通过临床Ⅲ期试验的新药研发成功率最高，一旦通过此次临床试验，基本上就只需要申请生产批件，其上市成功率较高，同时后期也会继续发生为生产做研究和准备的费用。当然，也有企业在通过临床Ⅱ期试验时就对研发支出进行资本化处理。

（3）有效性临床试验后进行资本化。我国目前的创新药研发仍然以一些大型研发企业为主，而大部分中小企业仍然以研发仿制药为主，其所仿制的药品由于在国外已进行多年市场销售，基本上属于有效药物，其试验数据都比较准确、可靠，因此仿制药研发不需要再进行临床分期试验，一般通过了临床Ⅰ期试验，证明药物具有足够的安全性，后续通过有效性试验的概率较大。因此，企业对于仿制药以临床Ⅰ期试验作为资本化分界点较为合理。

（4）拿到生产批件后进行资本化。此类药物主要是已有国家药品标准的原料或制剂，由于此类药物基本上不存在研发支出，大部分药物无须做临床试验，上市也不存在困难，因此拿到生产批件即可进行资本化处理。

4.结合本案例，请进一步分析思考恒瑞医药为何将其研发支出全部费用化而不进行资本化处理。

（1）出于会计谨慎性原则。由于医药行业的不确定性高，生产产品的风险高，药品的研发周期长、环节多，很容易受到各种不确定因素的影响，我国对于医药行业研发支出资本化的时间点也没有明确的标准，恒瑞医药选择全部进行费用化处理其实符合会计谨慎性与稳健性原则，操作也比较简单。此外，结合恒瑞医药近几年的财务数据可以看出，恒瑞医药由于近年来营业收入不断上升，没有盈利方面的压力，所以在研发支出上相对保守、稳健地全部进行费用化处理。

（2）从盈余管理的角度出发，一般来说，企业会利用盈余管理将一部分研发支出资本化，调高企业的利润。但是恒瑞医药选择将研发支出完全费用化，是因为它在业绩优秀的前提下没有必要把利润做得更高。将研发支出全部费用化可以起到节税的作用。此外，由于药物研发过程长，不确定因素很多，企业将来可能会出现经济效益不好或其他暂时性问题，出于稳健性考量，为了维持企业的稳定发展，那时再选择将研发支出资本化，这也是企业战略意识的体现。

恒瑞医药与业绩较差的海正药业近年来财务数据的对比可以清楚地证明这一点，见表1-5。从营业收入看，恒瑞医药2014—2018年的营业收入都呈现稳定增长的趋势，而海正药业的营业收入在2015年出现了大幅度下滑。海正药业对营业收入下降的解释是：控股子公司海正辉瑞的辉瑞产品和海正产品销量减少而导致主营业务收入减少。

从利润上看，恒瑞医药的净利润稳步上升，海正药业的净利润一直在走下坡路，在2016年和2018年甚至出现了净利润为负的情况。如果扣除非经营性损益，海正药业的净利润将更低。

恒瑞医药由于近年来营业收入不断上升，没有盈利方面的压力，所以在研发支出上相对保守、稳健地全部进行费用化处理。而海正药业近年来营业收入不断下降，净利润走低，为了缓解利润方面的压力，就采用研发支出高资本化这种相对过激的处理方式。

（3）从信号传递的角度出发，研发投入的数额大小反映了企业对于产品研发的重视程度，而对研发支出的资本化或费用化处理在某种程度上反映了企业研发项目未来的盈利能力。然而，正是因为信息不对称，管理层往往会通过盈余管理向市场传递虚假信号。

恒瑞医药并没有选择通过将研发支出资本化来体现企业高新技术的成功率，是因为企业在年报中将其研发过程已经全部披露。对于利益相关者而言，比起单纯的利润，年报中的披露内容更值得信任。以2016年恒瑞医药的年报为例，其中就对药（产）品研发情况进行了详细披露，包括研发总体情况、研发投入情况、主要研发项目的基本情况，报告期内呈交监管部门审批、完成注册或取得生产批文的药（产）品情况，以及报告期内研发项目取消或药（产）品未获得审批情况等。

从表1-6中可以详细得知恒瑞医药这一年的研发项目的名称、药品信息及所处的研发阶段、进展情况和累计研发投入等。这样的年报内容充分展示了恒瑞医药对于研发的重视以及药品研发所取得的重大进步和优异表现。对于投资者来说，这些信息远比单纯的数字更为可靠和真实。恒瑞医药无须依赖高额的权益资本数字，靠真实的年报披露就能够向市场传递有效且值得信赖的信息，并且当新药研发成功、审批通过后，就可以在药监局查到相应的批号，对于投资者来说，这是最佳也是最值得信赖的信息。所以，恒瑞医药无须通过提高研发支出资本化率来进行信号传递。

四、教学组织方式

（一）问题清单及提问顺序

1.《企业会计准则》是如何区分研发支出的研究阶段和开发阶段的？

2.研发支出的两个阶段是如何进行账务处理的？

3.结合本案例，思考医药行业是如何划分研发支出资本化的时间点的。

4.结合本案例，请进一步分析思考恒瑞医药为何将其研发支出全部费用化而不进行资本化处理。

（二）课时分配

1.课后自行阅读和查阅资料：约5小时；

2.小组讨论并提交分析报告提纲：约2小时；

3.课堂小组代表发言、进一步讨论：约2小时；

4.课堂讨论总结：约0.5小时。

（三）讨论方式

本案例可以采用小组式讨论。

（四）课堂讨论总结

课堂讨论总结的关键是：归纳发言者的主要观点，重申其重点及亮点；根据本说明书中提供的解决问题方案，指导学生对其中的要点进行总结；提醒大家对焦点问题或有争议观点进行进一步思考，建议大家对本案例进行扩展研究和深入分析。

案例2

企业并购“暗雷”之高供应商/客户集中度：成也萧何，败也萧何

——基于国旅联合并购新线中视的案例分析

案例正文

适用课程： 企业并购与合并会计报表；财务管理理论与实务

编写目的： 本案例从2016年、2017年国旅联合两次并购新线中视出发，引导学生关注和思考并购过程中高供应商/客户集中度所带来的风险问题，促使学生了解并掌握对相关并购风险进行识别和应对的方法，同时对并购标的选取、价值评估及业绩对赌协议等问题予以深度思考。

知识点： 高供应商/客户集中度风险；并购标的；价值评估；业绩对赌

关键词： 并购；供应商/客户集中度；风险识别；风险应对；价值评估；业绩对赌

案例摘要： 国旅联合收购新线中视是一次典型的跨界并购，对于旨在将体育产业与文娱产业作为发展双引擎的国旅联合具有重要意义。本案例介绍了国旅联合收购新线中视的完整过程，展示了并购过程中标的企业的动态价值变化，并分析了高供应商/客户集中度风险和对赌协议给并购带来的不利影响。本案例旨在引导学生对并购风险和企业价值评估加以关注，思考并购过程中相关风险的识别和应对问题，以及不同价值评估方法和业绩对赌所带来的影响。

随着经济的快速发展，并购被越来越多的企业看做实现迅速扩张或者转型的有效手段。正如著名经济学家斯蒂格勒所言，没有一家美国大公司不是通过某种程度、某种方式的兼并而成长起来的。近年来，国内外并购案例层出不穷，如吉利并购沃尔沃汽车、中信证券收购里昂证券，以及美的集团并购世界领先的工业机器人制造商库卡等。但是，就在这风生水起的并购背后，也频频出现由于并购失败而导致企业衰败的例子。究其原因，恐怕与并购方对并购中的相关风险不够重视或者误判不无联系。在众多风险中，一种新型的风险——高供应商/客户集中度风险——正逐渐引起交易各方以及监管层的高度重视。那么，高供应商/客户集中度风险到底是不是企业并购的“暗雷”？为什么会出现一个供应商/客户=一半估值的奇怪现象？业绩对赌究竟是放大了收益法对未来的过度贴现，还是真正实现了业绩锁定的功能呢？读完本案例，相信大家可以得出自己的答案。

一、案例概况

（一）并购方——国旅联合简介

1.控制权的转移

国旅联合股份有限公司（以下简称国旅联合）成立于1998年12月，两年后经中国证监会批准，于2000年9月22日在上海证券交易所挂牌上市（股票代码：600358)，原第一大股东——中国国旅集团有限公司持有上市公司总股本的17.03%。

2014年1月10日，中国国旅集团有限公司与当代资管签订了股份转让协议，约定由当代资管受让其持有的国旅联合7 355万股股份；2014年3月31日，上述股份转让的全部过户手续完成。本次股权转让完成后，国旅联合第一大股东变更为当代资管。

2016年1月，经中国证监会核准，国旅联合向当代旅游、金汇丰盈非公开发行股份共计7 293万股。本次非公开发行完成后，当代资管持有国旅联合14.57%的股份，当代资管及其一致行动人当代旅游、金汇丰盈合计持有1.46亿股股份，占本次发行后总股本的比例为29.01%。至此，当代资管成为国旅联合的控股股东，当代资管及当代旅游的实际控制人王春芳先生成为国旅联合的实际控制人。国旅联合注册资本5.04亿元。

2.发展战略的拓展

国旅联合原主营业务是温泉主题公园，着重发展以温泉为核心资源的休闲度假项目。

2014年，在当代集团的大力支持下，国旅联合调整发展战略，以户外文体娱乐为主，同时，以体育产业作为新的发展引擎，进一步加大在该产业及周边领域的投资力度，力争成为在国内具有强大竞争力，拥有高度专业化的集投资开发、经营服务为一体的全业务型知名企业。

近年来，国旅联合积极进行相关产业的布局，实现了向户外文体娱乐行业的延伸拓展。国旅联合先后注册成立了国旅联合体育发展有限公司和苏州国旅联合文体投资中心（有限合伙）等企业，作为发展户外文体娱乐业务的平台；投资参股了北京猫眼视觉科技有限公司和厦门风和水航海文化发展有限公司等企业，以实现户外文体娱乐发展战略的落地并提前介入相关产业细分领域。国旅联合以体育和文化娱乐为主要投资方向，进行并购与产业整合。

（二）标的方——新线中视简介

新线中视创立于移动互联网浪潮汹涌的2013年，在册员工81人，注册资本100万元。新线中视的主营业务是互联网广告。新线中视通过整合上游客户资源和下游媒体渠道资源，在深入了解客户核心需求和目标受众行为偏好的基础上，依托核心创意团队，为客户提供产品营销策略制定、广告创意及执行、社会化媒体传播、媒介策略制定与广告采买等全方位的市场营销服务，帮助客户有效提高互联网营销的针对性和转化效果，降低营销成本，更好地实现营销目的。

新线中视的客户主要集中在游戏行业，新线中视依托自己的核心团队在游戏行业互联网广告领域的影响力以及过往成功推广的案例，其互联网媒体资源整合和推广能力获得了广泛认可。新线中视已和完美世界（北京）数字科技有限公司（以下简称完美世界）、网易、腾讯等多家著名游戏公司建立合作关系，为多款热门游戏，如Dota2、射雕英雄传手游、问道手游等进行了高效、精准的产品推广。新线中视专注于游戏行业互联网广告的创意营销，精心服务游戏行业广告主客户，已迅速形成了客户资源、媒体资源、上下游资源整合、人才团队等多项核心优势。

（三）收购历程

2016年4月5日，国旅联合发布停牌公告，拟筹划重大资产重组。

2016年7月11日，国旅联合召开董事会，审议通过了《关于公司发行股份及支付现金购买资产并募集配套资金暨关联交易方案的议案》。该议案提出：公司拟以发行股份及支付现金的方式，合计作价4亿元购买新线中视100%的股权，并向厦门当代集团非公开发行股份募集配套资金，配套资金总额不超过1.925亿元。

第一次重组方案受到中国证监会多次问询及反馈，在第二次问询中，中国证监会重点指出标的方业绩的真实性需要专项核查，尤其需要全面梳理并补充披露标的方与其第一大供应商/客户——完美世界所有商业合同的签署情况，并披露双方是否存在暂停合同签署或停止业务合作的情形。

2016年年末，新线中视与完美世界已经基本停止业务合作。2016年12月10日，国旅联合发布了《关于终止重大资产重组暨继续停牌公告》。

2017年3月14日，国旅联合再次发布公告，拟以现金收购新线中视增资前40%的股权，同时拟以现金认购增资新线中视。与前次发行股份及支付现金收购的方案不同，本次方案调整为现金收购及增资。本次交易转为现金收购的非行政许可方式，由于不构成重组上市的现金收购方案不需要上会，所以本次方案监管门槛有所降低。本次重组完成后，国旅联合将持有新线中视51%的股权，股权转让及增资的交易价款总计人民币1.25亿元。

与前次方案中以2016年3月31日为评估基准日的评估值4.01亿元相比，本次方案标的方估值出现“腰斩”，仅为2.12亿元，下调了48%，且本次方案仅收购51%的股权。在失去了分别占2015年、2016年第一季度营业收入41.80%、55.75%的第一大客户，且占同期总采购金额31.82%和13.75%的第一大供应商后，新线中视在相距不足一年的第二次估值中身价缩水近一半。2017年5月，相关工商变更登记手续完成，新线中视正式变更为国旅联合的控股子公司。

（四）新线中视2014—2016年前五大供应商/客户情况

对比前后两个重组方案，标的方新线中视的估值、供应商/客户资源以及业绩承诺都发生了重大变化，很难让人不怀疑，客户集中度过高的风险“兑现”以及完美世界的流失就是造成上述现象的关键原因。

报告期内，新线中视对前五大客户的销售比例较高，国旅联合的收购方案中将其解释为新线中视尚处于业务开拓期、达成合作关系的客户数量有限，以及游戏行业集中程度较高、主要游戏厂商广告投放金额所占的市场份额较大所致。报告期内新线中视前五大客户及供应商分别见表2-1和表2-2。

表2-1　**新线中视2014—2016年前五大客户及销售情况**　金额单位：万元

期间	序号	客户名称	销售收入	占营业收入比例
2016年1—3月	1	完美世界（北京）数字科技有限公司	2 205.84	55.75%
	2	北京好赚网络科技有限公司	292.45	7.39%
	3	上海熊猫互娱文化有限公司	170.97	4.32%
	4	网易（杭州）网络有限公司	166.47	4.21%
	5	厦门雷霆网络科技有限公司	161.77	4.09%
		合计	2 997.50	75.76%
2015年	1	完美世界（北京）数字科技有限公司	1 809.86	41.80%
	2	北京蓝色光标品牌管理顾问股份有限公司	761.19	17.58%
	3	上海阅文信息技术有限公司	291.63	6.74%
	4	南京钱宝信息传媒有限公司	197.62	4.56%
	5	心动网络股份有限公司	143.55	3.32%
		合计	3 203.85	73.99%
2014年	1	完美世界（北京）数字科技有限公司	499.63	72.22%
	2	北京蓝色光标品牌管理顾问股份有限公司	125.83	18.19%
	3	逐风者（北京）文化发展有限公司	27.09	3.92%
	4	雷尚（天津）科技有限公司	14.41	2.08%
	5	威海市广播电视台	14.56	2.10%
		合计	681.52	98.52%

资料来源：根据新线中视2014—2016年公开披露的财务数据、公告以及媒体报道整理。尾数四舍五入。

由表2-1可以发现，2014年至2016年第一季度，新线中视前五大客户销售收入占比均稳定在70%以上，而第一大客户始终未发生变化，都是完美世界，其销售收入占比都在40%以上，2014年甚至达到72%，第一大客户实至名归。

表2-2　**新线中视2014—2016年前五大供应商及采购情况**　金额单位：万元

期间	序号	供应商名称	采购金额	占采购总额比例
2016年1—3月	1	完美世界（北京）数字科技有限公司	388.17	13.75%
	2	北京广新科技发展有限公司	303.91	10.77%
	3	多盟睿达科技（中国）有限公司	166.27	5.89%
	4	广州逸新广告有限公司	127.53	4.52%
	5	北京冠游时空数码技术有限公司	116.71	4.14%
	合计		1 102.59	39.07%
2015年	1	完美世界（北京）数字科技有限公司	856.67	31.82%
	2	北京圣恩文化传媒有限公司	210.97	7.84%
	3	上海轩奈文化传播有限公司	132.74	4.93%
	4	北京分子互动文化传播有限公司	132.45	4.92%
	5	上海进拓文化传播有限公司	118.44	4.40%
	合计		1 451.27	53.91%
2014年	1	北京新线动视科技有限公司	309.00	80.65%
	2	逐风者（北京）文化发展有限公司	39.00	10.18%
	合计		348.00	90.83%

资料来源：根据新线中视2014—2016年公开披露的财务数据、公告以及媒体报道整理。

由表2-2可以发现，除2014年前两大供应商采购额占比达到90%以上外，2015年至2016年第一季度，新线中视前五大供应商采购额占比保持在39%~54%，而这一期间的第一大供应商即其第一大客户——完美世界。

在给监管层的数次问询回复中，国旅联合将这一现象解释为：由于完美世界旗下同时拥有游戏业务及互联网媒体渠道资源，因此，报告期内新线中视不仅为完美世界提供针对其游戏业务的策略创意及在其他互联网媒体的广告推广服务，同时亦向其采购互联网媒体资源，用于新线中视其他客户的广告投放。由此可见，完美世界作为标的方新线中视的第一大供应商和客户，对其业绩的稳定及增长亦是至关重要的。

（五）一个供应商/客户=一半估值？

在这个案例中，标的方客户集中度过高，甚至出现了一个供应商/客户=一半估值的现象，这是否会成为并购中继商誉后的又一个“暗雷”呢？事实上，一个供应商/客户=一半估值也间接体现了并购重组中收益法估值对未来的“过分贴现”所带来的市值空心化问题。

《资产评估执业准则——企业价值》规定，注册资产评估师执行企业价值评估业务，应当分析收益法、市场法、资产基础法三种资产评估方法的适用性，恰当选择一种或者多种资产评估基本方法。

两次收购方案均选用了收益法和资产基础法，排除市场法的原因在于相关案例较少，市场公开资料较缺乏，选取参照物较困难。事实上，两次重组在资产基础法下评估值相差并不大，具体见表2-3。

表2-3 **资产基础法估值结果汇总表** 金额单位：万元

项目	评估基准日：2016年3月31日			评估基准日：2016年12月31日		
	账面价值	评估价值	增值率（%）	账面价值	评估价值	增值率（%）
流动资产	6 343.31	6 343.31	0	8 052.90	8 052.90	0
非流动资产	25.79	21.64	−16.09	31.43	390.10	1 141.34
长期股权投资	0	0	0	0	365.32	365.32
固定资产	25.79	21.64	−16.09	26.88	20.23	−24.74
其他资产	0	0	0	4.55	4.55	0
资产总计	6 369.10	6 364.95	−0.07	8 084.33	8 443.00	4.44
流动负债	5 036.02	5 036.02	0	5 847.88	5 847.88	0
负债总计	5 036.02	5 036.02	0	5 847.88	5 847.88	0
净资产	1 333.08	1 328.94	−0.31	2 236.45	2 595.12	16.04

资料来源：根据新线中视2014—2016年公开披露的财务数据、公告以及媒体报道整理。

表2-3分别呈现了资产基础法下两次重组方案的估值结果。在第一次方案中，以2016年3月31日为评估基准日，总资产账面价值为6 369.10万元，评估价值为6 364.95万元，增值率为−0.07%。净资产账面价值为1 333.08万元，评估价值为1 328.94万元，增值率为−0.31%。在第二次重组方案中，以2016年12月31日为评估基准日，总资产账面价值为8 084.33万元，评估价值为8 443.00万元，增值率为4.44%。净资产账面价值为2 236.45万元，评估价值为2 595.12万元，增值率为16.04%。可以发现，无论是总资产还是净资产，两次方案的评估结果差距尚在可接受范围内。

尽管在资产基础法下评估值较为接近，但国旅联合还是依照收益法来实施最终的收购。国旅联合披露的原因为：新线中视为轻资产企业，其核心价值是通过移动互联网广告高速发展态势、管理团队丰富的行业经验、优质的客户资源、设立以来创造的良好市场口碑等因素综合体现出来的。这些给企业带来持续经济利益的资源并未在会计报表中体现。收益法在评估过程中不仅考虑了被评估单位申报的账内、账外资产，也考虑了上述综合因素对获利能力产生的重大影响，选用收益法能够更加充分、准确地反映被评估单位的全部权益价值。

在本案例中，通过收益法进行评估时，采用的是现金流量折现法中的自由现金流模型，对新线中视的未来财务数据预测以其2014—2016年的经营业绩为基础，并依据2017—2021年的规模及财务预测。因新线中视自2017年起不再和完美世界合作，为方便对比，特别列示了2016年剔除完美世界相关业务后的相关指标。新线中视2014—2016年主营业务收入及毛利率水平分别见表2-4和表2-5。

表2-4　**新线中视2014—2016年主营业务收入情况**　金额单位：万元

项目	2014年	2015年	2016年 未剔除	2016年 剔除后	2016年 完美世界占比（%）
广告投放业务	0	2 376.57	15 998.94	12 211.19	23.68
策略创意业务	691.78	1 593.41	4 768.63	1 035.64	78.28
合计	691.78	4 329.98	20 767.56	13 246.83	36.21

表2-5　**新线中视2014—2016年各类业务毛利率水平**　单位：%

项目	2014年	2015年	2016年 未剔除	2016年 剔除后	2016年 变化值
广告投放业务	0	10.03	10.57	7.88	−2.69
策略创意业务	34.30	67.04	58.37	62.67	4.30
合计	34.30	31.01	21.54	23.13	1.59

资料来源：根据新线中视2014—2016年公开披露的财务数据、公告以及媒体报道整理。

由表2-4可以发现，自2015年新线中视开展广告投放业务以来，其营收急剧上涨。完美世界虽为其第一大客户，但其业务主要集中在策略创意上，达到78.28%；广告投放业务占比并不高，仅为23.68%。尽管如此，完美世界在2016年的营收占比依然达到了惊人的36.21%，堪称不折不扣的第一大客户。

反观毛利率水平，表2-5呈现了稍微不一样的结果。在剔除来源于完美世界的部分后，广告投放业务的毛利率下降2.69%，而策略创意业务的毛利率则上涨4.30%，综合毛利率上涨1.59%。可见，与其他客户相比，作为第一大客户的完美世界拥有更具优势的议价能力。

基于谨慎考虑，在本次评估中，新线中视预测期内营业收入未含来源于完美世界的部分，营业收入及对应成本亦相应有所降低。具体盈利业绩预测见表2-6。

表2-6 **新线中视各年度盈利业绩预测情况** 单位：万元

项目	2016年	2017年	2018年	2019年
前次评估预测净利润	3 585.28	4 629.71	6 045.78	—
本次评估预测净利润	—	2 071.91	2 520.08	3 055.03
前次评估值/前次预测期三年平均净利润	8.43			
本次评估值/本次预测期三年平均净利润	8.22			

资料来源：根据新线中视2014—2016年公开披露的财务数据、公告以及媒体报道整理。

由表2-6可以发现，相较于前次评估，本次评估的盈利业绩预测也相应“腰斩”，2017年和2018年的预测净利润均不足前次评估值的一半。

最终的收益法评估结果见表2-7。

表2-7 **收益法评估结果汇总表** 金额单位：万元

项目	评估基准日：2016年3月31日				评估基准日：2016年12月31日			
	账面价值	评估价值	增减值	增值率（%）	账面价值	评估价值	增减值	增值率（%）
净资产	1 333.08	40 067.69	38 734.60	2 905.64	2 236.45	21 172.44	18 935.99	846.70

资料来源：根据新线中视2014—2016年公开披露的财务数据、公告以及媒体报道整理。

表2-7呈现了两次方案的收益法评估结果。前次评估的净资产账面价值为1 333.08万元，评估价值为40 067.69万元，增值率达到惊人的2 905.64%；本次评估的净资产账面价值为2 236.45万元，评估价值为21 172.44万元，增值率则回落至846.70%。

在自由现金流模型下，其他重要指标未发生太大变化，但预测期自由现金流量近乎减半，从而导致一个供应商/客户=一半估值的现象至少从企业价值评估原理的视角是可以得到解释的。

（六）业绩对赌：推波助澜还是锁定业绩

值得注意的是，根据中国证监会发布的《上市公司重大资产重组管理办法》的规定，凡是采用收益现值法、假设开发法等基于未来收益预期的方法对拟购买资产进行评估或者估值并作为定价参考依据的，需要进行业绩承诺，标的方应当与并购方签订明确可行的补偿协议。

回到本案例中来，第二次收购方案除估值减半外，标的方新线中视还相应下调了承诺业绩，具体见表2-8。

由表2-8可以发现，在前次重组中，2016—2018年新线中视承诺业绩分别为3 600万元、4 700万元、6 100万元，本次则对2017—2019年承诺业绩进行了下调，分别为3 190万元、4 150万元、5 400万元。值得注意的是，前次承诺业绩相较于前

表2-8　**新线中视预测净利润与承诺业绩比较情况**　金额单位：万元

项目	2016年	2017年	2018年	2019年
前次评估预测净利润	3 585.28	4 629.71	6 045.78	—
前次承诺业绩	3 600	4 700	6 100	—
承诺业绩/预测净利润	1.00	1.00	1.00	—
本次评估预测净利润	—	2 071.91	2 520.08	3 055.03
本次承诺业绩	—	3 190	4 150	5 400
承诺业绩/预测净利润	—	1.54	1.65	1.77

资料来源：根据新线中视2014—2016年公开披露的财务数据、公告以及媒体报道整理。

次评估预测净利润相差无几，而在估值“腰斩”的情况下，本次承诺业绩却并未减半，承诺业绩与预测净利润之比分别达到1.54、1.65和1.77，分别比评估机构的预测高54.0%、64.7%、76.8%。

针对监管层及相关机构对收购方案中主要供应商/客户流失后持续盈利能力的担忧，新线中视的解释是：新线中视过去并不存在对完美世界业绩的依赖，完美世界之所以成为第一大客户，是因为地域以及人力资源调配等因素造成的，并非不可替代。新线中视的核心竞争力是“我们的人，并不是拥有某个大客户或者大资源”。依照预案，新线中视开展业务主要倚重核心团队，核心人员的流失将对业绩产生重大影响。但从本次交易方案来看，方案中仅约定新线中视尽最大努力促使其5名核心人员5年内在新线中视持续任职，且非因国旅联合认可的原因违反任职期限要求的，新线中视应按该人员离职前一年从该公司取得的工资总额的2倍赔偿给国旅联合，核心人员离职所带来的生产经营稳定性风险并未有效解决。

回到业绩承诺上来，那么，本案例中的业绩对赌究竟是放大了收益法对未来的过度贴现，还是真正实现了业绩锁定的功能呢？

2019年8月31日，国旅联合发布了《关于北京新线中视文化传播有限公司2018年度未完成业绩承诺实施业绩补偿的议案》，其中就披露了新线中视2017年和2018年的主要经营指标，具体见表2-9。

由表2-9可以发现，新线中视仅2017年勉强达到了承诺净利润；2018年实际净利润为2 131.20万元，仅为承诺净利润4 150万元的一半多一点；尽管2019年报尚未正式发布，但从半年报来看，上半年净利润仅为1 025.77万元，要达到承诺净利润5 400万元难度不小，实现的可能性也比较低。

新线中视2018年未完成业绩承诺实施业绩补偿的方案最终确定为：新线中视向国旅联合支付现金1 939.36万元作为补偿款，且自2019年6月11日起还需按每年8%的收益率向国旅联合支付资金占用费。补偿款及资金占用费分2次支付：2019年12月20日前支付50%的应付款项，2020年6月20日前支付剩余的款项。

表2-9　　**新线中视2017—2018年实际与承诺经营情况比较**　　单位：万元

项目	2017年	2018年	2019年
承诺净利润	3 190	4 150	5 400
实际净利润	3 230.62	2 131.20	1 025.77（半年）
截至当前期末累积承诺净利润	3 190	7 340	12 740
截至当前期末累积实际净利润	3 230.62	5 361.82	—
业绩承诺期内各会计年度承诺净利润总和	12 740		
本次交易价款总额	12 490		
当期补偿金额	—	1 939.36	—

资料来源：根据新线中视2017—2019年公开披露的财务数据、公告以及媒体报道整理。

二、问题讨论

国旅联合两次并购新线中视，在第一大供应商/客户流失的情况下，短短一年时间，标的方估值惨遭"腰斩"，实际业绩离承诺业绩也相距甚远，这起典型的带有业绩对赌性质的高估值、高溢价的跨界并购也给我们带来很多值得深思的东西。针对本案例资料，重点思考如下问题：

1.结合本案例，分析应如何识别并购中的高供应商/客户集中度风险。

2.结合本案例，分析应如何应对并购中的高供应商/客户集中度风险。

3.作为企业价值评估的两大主流方法，你认为收益法和市场法的有效运用需要分别设置哪些前提条件？它们各自存在哪些优缺点？

4.如果你是本案例中并购方国旅联合的CEO，现在想收购存在高供应商/客户集中度风险的新线中视（假定新线中视刚与完美世界结束合作），结合当前的制度背景，你认为除本案例中所采用的方案外，还有哪些收购方案可供选择？你会选择哪种呢？（暂不考虑过会与否，仅从财务角度考虑价值评估方法和业绩对赌协议的选择。）

参考文献

[1] 程敏英，郑诗佳，刘骏．供应商/客户集中度与企业盈余持续性：保险抑或风险［J］．审计与经济研究，2019（4）：75-86.

[2] 褚剑，方军雄．客户集中度与股价崩盘风险：火上浇油还是扬汤止沸［J］．经济理论与经济管理，2016（7）：44-57.

[3] 李欢，郑杲娉，李丹．大客户能够提升上市公司业绩吗？——基于我国供应链客户关系的研究［J］．会计研究，2018（4）：58-65.

[4] 王立荣，周德明，王伊，等．供应商、客户集中度对企业绩效的影响——

基于高端制造业上市公司的实证研究［J］. 南京财经大学学报，2017（1）：81-90.

［5］国旅联合. 关于北京新线中视文化传播有限公司2018年度未完成业绩承诺实施业绩补偿的议案［R］. 南京：国旅联合，2019-08-31.

［6］国旅联合. 2016—2019年报告［R］. 南京：国旅联合，2016—2019.

［7］中国证监会. 上市公司重大资产重组管理办法［S］. 北京：中国证监会，2016-09-08.

案例说明书

一、案例的教学目标

本案例旨在引导学生关注并思考高供应商/客户集中度所带来的并购风险问题，促使学生了解并掌握对此类风险进行识别和应对的方法，进一步引导学生从供应商/客户集中度角度对并购标的选取、企业价值评估及业绩对赌协议等问题予以深度思考。

二、案例讨论的准备工作

为了有效实现本案例目标，学生应该具备下列相关知识背景：

（一）理论背景

供应商/客户集中度风险，是指由于对单一供应商/客户或相关的一群供应商/客户的依赖程度过高，一旦主要供应商/客户流失，企业将遭受业绩下滑或无法维持正常经营的潜在风险。供应商/客户集中度高，单个供应商/客户的采购额或销售量较大，会造成企业抗风险能力较差，如果供应商/客户发生变化或遭受风险，可能会对企业的正常经营产生不利影响。此外，如果企业和供应商/客户之间还存在关联关系，那么，可能的利益输送、交易价格非公允等行为会进一步加大此类风险。

《资产评估准则——企业价值》规定，注册资产评估师在执行企业价值评估业务时，应当分析收益法、市场法、资产基础法3种资产评估方法的适用性，恰当选择一种或者多种资产评估基本方法。

（二）政策背景

2014年10月23日，中国证监会颁布了《上市公司重大资产重组管理办法》①，第三十五条规定，采取收益现值法、假设开发法等基于未来收益预期的方法对拟购买资产进行评估或者估值并作为定价参考依据的，上市公司应当在重大资产重组实施完毕后3年内的年度报告中单独披露相关资产的实际盈利数与利润预测数的差异情况，并由会计师事务所对此出具专项审核意见；交易对方应当与上市公司就相关

① 2016年9月8日根据中国证监会令第127号《关于修改〈上市公司重大资产重组管理办法〉的决定》修订，2019年10月18日中国证监会发布《关于修改〈上市公司重大资产重组管理办法〉的决定》。

资产实际盈利数不足利润预测数的情况签订明确可行的补偿协议。

2016年6月17日，中国证监会发布了《关于上市公司业绩补偿承诺的相关问题与解答》，其中明确规定重组方不得变更其作出的业绩补偿承诺。

2019年10月18日，中国证监会颁布了《上市公司重大资产重组管理办法（2019修正）》，第十一条规定，重大资产重组所涉及的资产定价公允，不存在损害上市公司和股东合法权益的情形；第四十三条规定，上市公司发行股份购买资产，应当充分说明并披露本次交易有利于提高上市公司资产质量、改善财务状况和增强持续盈利能力。

（三）市场背景

作为资本市场融资渠道的两大途径，IPO和并购重组联系紧密。自2012年11月16日—2014年1月17日第七次暂停IPO以来，国内并购重组市场迎来新的发展阶段，2013年甚至被称为“并购元年”。在这一时期，高溢价收购同时伴有对赌协议的矛盾特性成为一大特色。

从对赌协议的内容来看，高估值和高业绩承诺是其核心特征。一方面，并购标的之所以给出不切实际的业绩承诺，与标的背后股东谋求高估值、高退出回报不无关系；另一方面，并购方本身也存在通过高溢价收购来提振二级市场股价的动机。

业绩承诺与现有经营利润相差过大，为后续产业整合埋下隐患。Wind数据显示，以2016年12月31日为报告期，在16家实际净利润为负的业绩对赌案例中，高达13家未完成对赌协议，占比高达81.25%，实际净利润与承诺净利润差距最大的为7.76亿元。

三、案例的分析要点

（一）需要分析的关键问题

1.结合本案例，分析应如何识别并购中的高供应商/客户集中度风险。

2.结合本案例，分析应如何应对并购中的高供应商/客户集中度风险。

3.作为企业价值评估的两大主流方法，你认为收益法和市场法的有效运用需要分别设置哪些前提条件？它们各自存在哪些优缺点？

4.如果你是本案例中并购方国旅联合的CEO，现在想收购存在高供应商/客户集中度风险的新线中视（假定新线中视刚与完美世界结束合作），结合当前的制度背景，你认为除本案例中所采用的方案外，还有哪些收购方案可供选择？你会选择哪种呢？（暂不考虑过会与否，仅从财务角度考虑价值评估方法和业绩对赌协议的选择。）

（二）推荐的解决问题方案

1.结合本案例，分析应如何识别并购中的高供应商/客户集中度风险。

风险识别是指在风险事故发生之前，人们运用各种方法系统且连续地认识所面临的各种风险并分析风险事故发生的潜在原因。风险识别过程包含感知风险和分析风险两个环节。

（1）感知风险，即了解客观存在的各种风险，它是风险识别的基础。只有先感知风险，才能进一步在此基础上进行分析，寻找导致风险事故发生的各种因素，为拟订风险处理方案、进行风险管理决策服务。

在本案例中，在国旅联合提出第一次收购方案以前，2015年和2016年第一季度，新线中视向完美世界提供服务所取得的收入占各期营业收入的比例分别为41.80%和55.75%；2015年和2016年第一季度，新线中视对完美世界的采购额占各期采购总额的比例分别为31.82%和13.75%。可以看出，完美世界不仅是新线中视2015年和2016年第一季度的第一大客户，也是其第一大供应商。

除此之外，还可以发现，新线中视2015年和2016年第一季度前五大客户中，除完美世界（占比五成以上）外，其余的全部不相同。2016年第一季度，新线中视的4个主要客户为新增客户，主要客户存在较大不稳定性。同样的，新线中视同时期前五大供应商中，除完美世界（占比近三成）外，其余亦不相同。

这充分反映出新线中视在供应链和客户资源方面存在两个极不稳定的因素：一是供应商/客户占比过于集中，大部分资源都集中投放到完美世界上；二是供应商/客户变动过于频繁，缺少固定的供应链和客户资源。这两点在面对不确定的外部变化时将变得尤为危险。

（2）分析风险，即分析引起风险事故的各种因素，它是风险识别的关键。根据《重大资产并购重组管理办法》的相关规定，监管层尤其看重标的方的持续盈利能力，具体而言，可归纳为“历史业绩的真实性+未来业绩增速的合理性”。

①历史业绩的真实性。在本案例中，标的方可归属于互联网、游戏、营销等轻资产行业，业绩的真实性及可持续性尤为关键。标的方营业收入在一定时期出现大幅增长时，业绩的真实性最为监管层所看重。从本案例的资料来看，自2015年开展广告投放业务以来，标的方营收开始急剧增长，从2014年的691.78万元增长至2015年的4 329.98万元；2016年（未剔除完美世界）更是达到了2.1亿元，约为2014年的30倍。新线中视在收购方案中并未对这一点加以详细披露。

②未来业绩增速的合理性。依据本案例的资料，在第二次收购方案中，新线中视给出的承诺业绩与预测净利润之比分别达到1.54、1.65和1.77，分别比评估机构的预测高54.0%、64.7%和76.8%。针对这一反常现象以及监管层及相关机构对收购方案中主要供应商/客户流失后持续盈利能力的担忧，新线中视的解释是：新线中视的核心竞争力是核心团队，而非某个大供应商/客户。但从本次交易方案来看，仅约定新线中视尽最大努力促使其5名核心人员5年内在该公司持续任职，且非因国旅联合认可的原因违反任职期限要求的，新线中视应按该人员离职前一年从该公司取得的工资总额的2倍赔偿给国旅联合，核心人员离职所带来的生产经营稳定性风险并未得到有效解决。

同时，在本案例中，完美世界既为新线中视的第一大客户又为其第一大供应商，其中是否存在关联关系以及交易往来中定价等是否公允也是供应商/客户集中度风险的重要来源，同时还是监管层关注的重点。

2.结合本案例，分析应如何应对并购中的高供应商/客户集中度风险。

在本案例中，主打营销产品的新线中视在中国证监会审核过程中，出现了主要客户流失及持续盈利能力风险，不过坚持“产业转型”的国旅联合依然选择继续收购新线中视。那么，当面临供应商/客户集中度高的标的时，该如何有效应对呢？

具体举措主要围绕业绩对赌的设置展开，也即将高供应商/客户集中度风险分散或转移至标的方，业内所谓的“Earn-out机制”也是围绕这一原则展开的。

所谓Earn-out机制，是指由于交易双方对价值和风险的判断不一致，将传统的一次性付款方式转变成按照未来一定时期内的业绩表现进行支付的交易模式。Earn-out是一种定价和支付机制，接近“或有对价”，同时具有某种对赌效果，即达成某种条件才对卖方支付特定金额的价款。在实际应用中，与Earn-out机制挂钩的指标通常有以下三种：

（1）能够反映和体现企业经营状况的相关财务指标，例如最常见的净利润、GMV、EBITDA等，主要用于衡量标的企业的经营情况。本案例中所采用的即是基于净利润的Earn-out现金支付方案。

（2）是否达成会对标的企业价值产生重大影响的某些特定目标，例如是否能够拿到某一特定合同、某些特定的监管许可等，主要用于特定目标将会对标的企业价值产生重大影响的交易。

（3）某些会影响标的方经营的外部市场相关指标，例如大宗商品的单价等，主要用于降低和分散由于外部市场的不确定性而产生的风险。

此外，为进一步规避高供应商/客户集中度风险给标的方带来的潜在支付影响，Earn-out机制也不再局限于传统的现金支付、股份支付等，其具体支付设置逐渐向更具弹性的方向发展，如股份质押+分期支付（万方发展收购执象网络等）、使用净利润估计数计算概率（神开股份收购杭州丰和等）、化业绩承诺为标的企业期末减值的补偿义务（岭南控股收购大股东旗下旅游资产等）等。

3.作为企业价值评估的两大主流方法，你认为收益法和市场法分别需要设置哪些前提条件？它们各自存在哪些优缺点？

（1）所谓收益法，即通过估算标的企业或资产的未来预期收益并折算成现值以确定其价值的评估方法。最常用的收益法是自由现金流模型。采用收益法需要满足若干前提条件：一是投资主体愿意支付的价格不应超过标的按未来预期收益折算所得的现值；二是标的未来收益和风险能合理予以量化；三是标的应具有持续盈利能力。

收益法的优点有：一是有助于企业实现价值最大化；二是有助于企业在并购重组中对标的合理定价；三是有助于动态反映企业的价值变化；四是有助于企业进行理性的投资决策；五是有助于企业进行业绩评价。

收益法的缺点有：一是要求企业有准确的财务数据做基础，否则评估结果的可信度将受到质疑；二是折现系数难以准确估计；三是没有考虑企业在不确定环境下不可预测的各种投资机会；四是由于该方法的技术性较强以及预测的不确定性较大，评估结果难免掺杂评估人员的主观意识。

（2）所谓市场法，即利用与标的企业（资产）相同或相似的已交易企业（资产）的价值作为参照，通过对比分析以及必要的调整，确定标的企业（资产）价值的评估方法。市场法主要包括市盈率法、市净率法、收入乘数法。采用市场法需要满足以下前提条件：一是要有活跃的公开市场；二是在这个市场上要有与评估对象相同或相似的参照物；三是能够收集到与评估相关的有效信息。

市场法的优点有：一是简洁。所有的评估对象及参照对象都可用一个简单的比率进行比较。二是高效。无论是市盈率法、市净率法还是收入乘数法，所涉及的比率都可以直观地从数据库或公开的财务报告中获取。

市场法的缺点有：一是仅根据某个比率或一组可比公司进行评估，容易忽略关键的价值决定变量；二是由于市场法是根据可比公司的市场价格开展工作的，当可比公司本身的价格不公允时，评估结果也会变得不那么可靠。

4. 如果你是本案例中并购方国旅联合的CEO，现在想收购存在高供应商/客户集中度风险的新线中视（假定新线中视刚与完美世界结束合作），结合当前的制度背景，你认为除本案例中所采用的方案外，还有哪些收购方案可供选择？你会选择哪种呢？（暂不考虑过会与否，仅从财务角度考虑价值评估方法和业绩对赌协议的选择。）

要回答这个问题，首先要充分了解并购的制度背景。

2016年6月17日，中国证监会发布了《关于上市公司业绩补偿承诺的相关问题与解答》，其中明确规定重组方不得变更其作出的业绩补偿承诺。这也意味着并购时业绩对赌方案的选择必须慎重。

针对重组承诺履行中出现的各种问题，2019年10月18日，中国证监会颁布了《上市公司重大资产重组管理办法（2019修正）》，要求加强重组业绩承诺监管。在该办法第五十九条增加一款，明确指出，重大资产重组的交易对方作出业绩补偿承诺的，应当严格履行补偿义务。超期未履行或违反业绩补偿承诺的，可以对其采取相应的监管措施，从监管谈话直至认定为不适当人选（这也意味着给出的业绩对赌方案必须履行到位）。

除本案例中所采用的方案外，还可大致归纳出以下三种方案：采用市场法，无业绩对赌方案；采用市场法，设置弹性的业绩对赌方案；采用收益法，设置弹性的业绩对赌方案。

（1）采用市场法，无业绩对赌方案。

在本案例中，并未采用市场法，而是采用了资产基础法和收益法，且最终收购方案仅依据收益法来设置。不过根据《上市公司重大资产重组管理办法》的规定，凡是采取收益现值法、假设开发法等基于未来收益预期的方法对拟购买资产进行评估或者估值并作为定价参考依据的，需要进行业绩承诺，标的方应当与并购方签订明确可行的补偿协议，即业绩对赌方案。

换言之，若不采取收益现值法、假设开发法等进行企业价值评估，而改用市场法，是不需要设置业绩对赌方案的。但采用市场法等评估标的价值，也需要满足若干前提条件，参照对象的选取是否合理亦是监管的重点。

（2）采用市场法，设置弹性的业绩对赌方案。

虽然采用市场法未被要求设置业绩对赌方案，但在不必要的情况下依旧设置业绩对赌方案可视为向市场发送积极信号，有助于提升标的方的估值和二级市场股价。不过依照《关于上市公司业绩补偿承诺的相关问题与解答》的规定，重组方不得变更其作出的业绩补偿承诺规定。

若选择这种并购方案，从降低未来业绩承诺履行风险的角度来看，最优做法应是充分把握标的方近几年的发展状况，设置一种肯定能够被履行的业绩对赌方案。

（3）采用收益法，设置弹性的业绩对赌方案。

这种做法大体与本案例中国旅联合的做法类似，所不同的是，本案例中的业绩对赌方案较为简单，仅依照并购后3年的净利润作出承诺。事实上，本案例中的新线中视也的确未实现承诺的业绩，最后需要分两次支付补偿款。不过，仅依照净利润来设置业绩对赌方案会忽视并购整合在其他方面带来的积极影响，如企业创新、市场占有率等。

因而，采用收益法，设置弹性的业绩对赌方案不仅有助于满足并购双方市值管理的短期需要，亦有助于降低未来的履行风险。至于业绩对赌方案应与哪些具体指标挂钩，其实应该看国旅联合在这起并购中究竟想从新线中视获取什么：是快速进入新领域，获取其核心团队、客户资源还是其他方面？国旅联合应从这一点出发，寻找合适的指标来设置业绩对赌方案。

假定我是国旅联合的CEO，现在想收购新线中视，我更倾向于选择第三种方案，即采用收益法，设置弹性的业绩对赌方案。原因在于：一方面，随着2019年科创板的设立以及IPO的监管趋于宽松，当前并购重组市场整体处于回落期，此时如果选择市场法，可能会因为所选取的可比对象本身估值偏低而影响标的方的价值；另一方面，选择市场法本身也可能会向市场传递力图规避需要进行业绩对赌的负面信号。

四、教学组织方式

（一）问题清单及提问顺序

1.结合本案例，分析应如何识别并购中的高供应商/客户集中度风险。

2.结合本案例，分析应如何应对并购中的高供应商/客户集中度风险。

3.作为企业价值评估的两大主流方法，你认为收益法和市场法的有效运用需要分别设置哪些前提条件？它们各自存在哪些优缺点？

4.如果你是本案例中并购方国旅联合的CEO，现在想收购存在高供应商/客户集中度风险的新线中视（假定新线中视刚与完美世界结束合作），结合当前的制度背景，你认为除本案例中所采用的方案外，还有哪些收购方案可供选择？你会选择哪种呢？（暂不考虑过会与否，仅从财务角度考虑价值评估方法和业绩对赌协议的选择。）

（二）课时分配

1.课后自行阅读和查阅资料：约5小时；

2.小组讨论并提交分析报告提纲：约2小时；

3.课堂小组代表发言、进一步讨论：约2小时；

4.课堂讨论总结：约0.5小时。

（三）讨论方式

本案例可以采用小组式讨论。

（四）课堂讨论总结

课堂讨论总结的关键是：归纳发言者的主要观点，重申其重点及亮点；根据本说明书中提供的解决问题方案，指导学生对其中的要点进行总结；提醒大家对焦点问题或有争议观点进行进一步思考，建议大家对本案例进行扩展研究和深入分析。

案例3

金亚科技：信息披露违法违规案例

案例正文

适用课程：会计案例

编写目的：本案例旨在引导学生关注上市公司信息披露违规问题；讨论上市企业信息披露现状和常见的违规手段，注册会计师的法律责任、独立性等会计理论和实务问题。

知识点：上市公司信息披露；信息披露的基本原则；信息披露违规；审计机构的独立性；IPO；保荐机构的职责

关键词：金亚科技；欺诈上市；财务造假；违法违规

案例摘要：2015年6月，金亚科技实控人周旭辉收到中国证监会的调查通知书，周旭辉和该公司涉嫌违法违规，被立案调查。后经查实，金亚科技在首次公开发行（IPO）申报材料中虚增2008年、2009年1—6月营业收入，骗取了IPO核准；2014年，金亚科技通过虚构客户、伪造合同、伪造银行单据、伪造材料产品收发记录、隐瞒费用支出等方式在年度报告中虚增利润总额80 495 532.40元。金亚科技的这些行为严重违反了信息披露制度，严重破坏了市场诚信，给投资者造成了巨大的损失。根据本案例提供的资料，学生要分析上市公司会计信息披露现状，了解如何识别信息造假行为，分析审计机构和保荐机构承担的责任，掌握相关的知识点。

2015年6月5号，金亚科技突发公告，称其实控人周旭辉收到中国证监会的调查通知书，周旭辉和该公司涉嫌违法违规，被立案调查。2015年6月9号，金亚科技停牌自查，直到次年3月份才复牌；复牌后，股价连续5日跌停，一泻千里，从停牌时的38.35元/股跌至2.3元/股，股价下跌幅度达94%。2018年6月25日深夜，金亚科技又发公告：该公司当日收到深交所发来的关于通报该公司涉嫌犯罪案被中国证监会移送公安机关的函，该公司因涉嫌欺诈发行股票等违法行为，已被中国证监会移送公安机关，该公司股票存在暂停上市风险。同时，深交所接到中国证监会稽查局《关于通报金亚科技股份有限公司涉嫌犯罪被依法移送公安机关情况的函》（稽查局函〔2018〕527号），同时对金亚科技启动强制退市机制。

2016年8月22日，中国证监会对金亚科技涉嫌欺诈发行股票等违法行为立案调查。后经查实，该公司确实有上述违法行为，根据《中华人民共和国刑法》（以下简称《刑法》）及《最高人民检察院、公安部关于公安机关管辖的刑事案件立案追诉标准的规定（二）》的有关规定，金亚科技上述行为涉嫌构成欺诈发行股票罪。根据《行政执法机关移送涉嫌犯罪案件的规定》及有关规定，中国证监会已将该案移送公安机关。2019年5月13日，深交所正式对外公布，暂停金亚科技股票上市，金亚科技极可能成为继欣泰电气之后第二家因欺诈发行而被强行退市的创业板公司。

一、金亚科技简介

成都金亚科技股份有限公司（以下简称金亚科技）成立于2000年，注册资金1.1亿元，占地50余亩。其生产的产品涵盖了数字电视终端系列设备（有线数字电视机顶盒、地面波数字电视机顶盒）、有线电视双向网络设备（EOC机顶盒、CM机顶盒）、数字电视运营支撑系统（单双向CAS、SMS/BOSS、EPG等）、数字电视增值业务平台，以及满足“三网融合”多运营主体不同需求的各类数字电视机顶盒、IPTV等。该公司同时拥有4项软件著作权、2项外观设计专利及多项非专利技术，软件产品均为自主知识产权，是一家高新技术企业。金亚科技先后获得过“新世纪中国企业形象AAA级”“质量体系认证企业”“国家重点新产品”“成都市科技进步奖三等奖”等奖项和荣誉称号。2009年10月，金亚科技成功登陆深交所创业板，股票代码300028。正是这样一家明星科技企业，有着诸多荣誉，作为第一批创业板挂牌上市的28家公司之一，上市后受到一众机构的追捧，股价屡创新高，最高达到52.47元/股，却被爆出财务造假，且造假金额巨大、触目惊心。该公司上市前通过虚构业务、虚增利润等方式骗取IPO核准，上市后又继续通过同样的手段造假，向市场投放误导投资者的信息，导致股价虚高，投资者损失惨重，是典型的欺诈上市和财务造假行为。

二、欺诈上市

2009年，中国创业板举行开板启动仪式，为中小企业和高科技企业提供了融资渠道和成长空间，此时创业板的挂牌要求是两年净利润累计不少于1 000万元，或者最近一年盈利，最近一年营业收入不少于5 000万元。金亚科技2006—2008年财务报表显示，该公司的营业收入分别为10 162.17万元、14 926.06万元、15 744.29万元，同比增长率为46.88%、5.48%；净利润分别为1 080.90万元、2 818.75万元、4 010.36万元，同比增长率为160.78%、42.27%。从披露的数据来看，金亚科技是符合条件的，但是2008年该公司净利润的增长速度显著大于营收的增长速度，说明该公司的非经常性项目收益很高。此外，从表3-1中可以看出，金亚科技的应收账款和其他应收款增幅显著，但是需要提前支付的预付账款反而减少。此外，财报中列示2006—2008年购买商品、接受劳务的费用分别为9 532.93万元、9 649.41万元、9 136.56万元，也是大幅下降，这不符合正常的交易情形。一般来说，应收账款的增加意味着生产经营规模的扩大，需要向供货商购买更多的商品和劳务，且要提前支付部分预付款，但预付账款与应收账款并没有同步增加，反而出现减少的趋势。从利润表上看，金亚科技的主营业务是机顶盒和软件服务，毛利率均值达到40%以上，超出该行业平均毛利率20%的一倍多，这些数据存在很大疑点。后经中国证监会查实，金亚科技在IPO申报材料中虚增2008年、2009年1—6月营业收入，分别占当期公开披露营业收入的47.49%、68.97%；虚增2008年、2009年1—6月利润，分别占当期公开披露利润的85.96%、109.33%。稽查人士发现该公司造假的手段可谓多种多样，例如虚构交易，从客户到合同、发货单、发票、银行和客户的公章等全部凭证都进行造假；夸大业务规模，不仅虚增来自客户的收入，而且虚增来自客户下属每个子公司的收入；伪造分期收款，与客户伪造协议，将较大的销售额确认为分期收款，再伪造收入确认条件达到，最后提前确认收入。

表3-1　**金亚科技有关资产相关数据**　单位：元

资产	2009-06-30	2008-12-31	2007-12-31	2006-12-31
流动资产				
货币资金	62 458 351.58	38 143 494.20	24 760 380.28	2 803 179.44
交易性金融资产	—	—	—	—
应收票据	—	—	—	—
应收账款	79 601 600.46	70 461 091.03	39 819 393.74	39 152 158.32
预付账款	3 402 384.02	7 058 052.89	20 101 352.80	30 568 660.41
应收利息	—	—	—	—
其他应收款	7 397 244.71	7 870 924.10	2 470 425.90	1 363 063.12
存货	29 336 263.75	43 124 879.80	26 002 722.39	26 106 042.95

三、财务造假

以下内容摘录自行政处罚单：金亚科技2013年大幅亏损，为了扭转亏损，时任董事长周旭辉在2014年年初定下了当年利润为3 000万元左右的目标。每个季度末，金亚科技时任财务负责人会将真实利润数据和按照年初确定的年度利润目标分解的季度利润数据报告给周旭辉，最后由周旭辉确定各季度对外披露的利润数据。在周旭辉确认各季度利润数据以后，财务负责人在每个季度末将该季度利润数据告诉金亚科技财务部工作人员，要求他们按照这个数据来做账，虚增收入、成本，配套地虚增存货、往来款和银行存款，并将这些数据分解到月，相应地记入每个月的账中。金亚科技的会计核算设置了006和003两个账套。003账套核算的数据用于内部管理，以真实发生的业务为依据进行记账。006账套核算的数据用于对外披露，伪造的财务数据都记录于006账套。

从行政处罚单披露的造假过程可以看出，金亚科技通过006账套伪造财务数据，并依据该账套的数据披露2014年报。其造假方式包括虚构交易、虚增营收和利润、虚列预付工程款等。

（一）虚列预付工程款3.1亿元

中国证监会调查发现，2014年，金亚科技的子公司成都金亚智能技术有限公司建设项目，由四川宏山建设工程有限公司施工，建设面积385 133平方米，每平方米造价约2 000元，按40%的预付比例估算，需要预付工程款3.1亿元。为此，金亚科技制作了假的建设工程合同，填制了虚假银行付款单据3.1亿元，减少银行存款3.1亿元，同时增加3.1亿元预付工程款。后经证实，这笔预付工程款完全是虚构的，四川宏山建设工程有限公司本身也是一家问题企业，在2015年就被吊销了营业执照，并被列入失信名单。

（二）虚增银行存款2.18亿元

金亚科技的银行账户中显示余额为2.19亿元，而实际余额仅为138.94万元。同时，立信会计师事务所为金亚科技出具的审计报告意见是“标准无保留意见”，对重大合同的异常情况也未提出异议，该会计师事务所的独立性和专业胜任能力也令人怀疑。

（三）伪造收入和净利润

金亚科技采用造假手法在2014年度共计虚增营业收入7 363.51万元，虚增营业成本1 925.33万元，少计期间费用1 295.88万元和营业外支出1 317.39万元，最终虚增利润总额共计8 049.55万元，这一操作使该公司2014年度利润总额由亏损变为盈利。2015年8月31日，金亚科技发布了《关于对以前年度重大会计差错更正与追溯调整的公告》，对2014年度财务报表进行会计差错更正并追溯调整相关财务数据，导致更正前后营业利润、利润总额、净利润、净资产的变动幅度超过50%，且未分配利润差异金额达30 761.49万元、净资产差异金额达31 433.13万元、净利润差异金额达1 931.11万元；2016年1月18日，金亚科技发布了《关于自查报告的公告》，对上述调整做了进一步补充说明；2017年4月26日，金亚科技再次主动发布公告进行会计差错调整，调减货币资金220 945 449.02元，调减应收账款32 132 674.44元，调减营业收入30 331 722.31元，调减营业成本16 286 330.70

元，导致营业利润调减14 154 722.10元。

附件一　处罚依据

一、《刑法》

第一百六十条【欺诈发行股票、债券罪】在招股说明书、认股书、公司、企业债券募集办法中隐瞒重要事实或者编造重大虚假内容，发行股票或者公司、企业债券，数额巨大、后果严重或者有其他严重情节的，处五年以下有期徒刑或者拘役，并处或者单处非法募集资金金额百分之一以上百分之五以下罚金。

单位犯前款罪的，对单位判处罚金，并对其直接负责的主管人员和其他直接责任人员，处五年以下有期徒刑或者拘役。

第一百六十一条【违规披露、不披露重要信息罪】依法负有信息披露义务的公司、企业向股东和社会公众提供虚假的或者隐瞒重要事实的财务会计报告，或者对依法应当披露的其他重要信息不按照规定披露，严重损害股东或者其他人利益，或者有其他严重情节的，对其直接负责的主管人员和其他直接责任人员，处三年以下有期徒刑或者拘役，并处或者单处二万元以上二十万元以下罚金。

二、《最高人民检察院、公安部关于公安机关管辖的刑事案件立案追诉标准的规定（二）》

第五条【欺诈发行股票、债券案】在招股说明书、认股书、公司、企业债券募集办法中隐瞒重要事实或者编造重大虚假内容，发行股票或者公司、企业债券，涉嫌下列情形之一的，应予立案追诉：

（一）发行数额在五百万元以上的；

（二）伪造、变造国家机关公文、有效证明文件或者相关凭证、单据的；

（三）利用募集的资金进行违法活动的；

（四）转移或者隐瞒所募集资金的；

（五）其他后果严重或者有其他严重情节的情形。

第六条【违规披露、不披露重要信息案】依法负有信息披露义务的公司、企业向股东和社会公众提供虚假的或者隐瞒重要事实的财务会计报告，或者对依法应当披露的其他重要信息不按照规定披露，涉嫌下列情形之一的，应予立案追诉：

（一）造成股东、债权人或者其他人直接经济损失数额累计在五十万元以上的；

（二）虚增或者虚减资产达到当期披露的资产总额百分之三十以上的；

（三）虚增或者虚减利润达到当期披露的利润总额百分之三十以上的；

（四）未按照规定披露的重大诉讼、仲裁、担保、关联交易或者其他重大事项所涉及的数额或者连续十二个月的累计数额占净资产百分之五十以上的；

（五）致使公司发行的股票、公司债券或者国务院依法认定的其他证券被终止上市交易或者多次被暂停上市交易的；

（六）致使不符合发行条件的公司、企业骗取发行核准并且上市交易的；

（七）在公司财务会计报告中将亏损披露为盈利，或者将盈利披露为亏损的；

（八）多次提供虚假的或者隐瞒重要事实的财务会计报告，或者多次对依法应当披露的其他重要信息不按照规定披露的；

（九）其他严重损害股东、债权人或者其他人利益，或者有其他严重情节的情形。

三、《深圳证券交易所创业板股票上市规则》

13.1.1 上市公司出现下列情形之一的，本所可以决定暂停其股票上市：

（一）最近三年连续亏损（以最近三年的年度财务会计报告披露的当年经审计净利润为依据）；

（二）因财务会计报告存在重要的前期差错或者虚假记载，对以前年度财务会计报告进行追溯调整，导致最近三年连续亏损；

（三）最近一个年度的财务会计报告显示当年年末经审计净资产为负；

（四）因财务会计报告存在重要的前期差错或者虚假记载，对以前年度财务会计报告进行追溯调整，导致最近一年年末经审计净资产为负；

（五）最近两个年度的财务会计报告均被注册会计师出具否定或者无法表示意见的审计报告；

（六）因本规则12.4条或者12.6条所述情形，财务会计报告被中国证监会或者本所责令改正但公司未在规定期限内披露改正后的财务会计报告和审计报告，并在规定期限届满之日起四个月内仍未改正；

（七）在法定披露期限届满之日起两个月内仍未披露年度报告或者半年度报告；

（八）因欺诈发行受到中国证监会行政处罚，或者因涉嫌欺诈发行罪被依法移送公安机关；

（九）因重大信息披露违法受到中国证监会行政处罚，或者因涉嫌违规披露、不披露重要信息罪被依法移送公安机关；

（十）因本规则12.11条或者12.12条所述情形，公司股权分布或者股东人数不具备上市条件，公司在本所规定的期限内提交了股权分布或者股东人数问题的解决方案并实施，但公司股票被复牌后的六个月内其股权分布或者股东人数仍不具备上市条件；

（十一）股本总额发生变化不再具备上市条件，在本所规定期限内仍未达到上市条件；

（十二）本所规定的其他情形。

附件二　中国证监会行政处罚决定书

（金亚科技股份有限公司、周旭辉、张法德等17名责任人员）

证监罚字〔2018〕10号

当事人：金亚科技股份有限公司（以下简称金亚科技），住所：四川省成都市蜀西路50号。

周旭辉，男，1968年6月出生，金亚科技实际控制人，2004年至2015年7月任金亚科技董事长，系金亚科技2014年度报告签字董事。住址：四川省成都市金牛区。

张法德，男，1972年1月出生，2012年5月至2014年6月任金亚科技财务负责人。住址：江苏省无锡市惠山区。

丁勇和，男，1972年1月出生，2014年6月至2015年10月任金亚科技副总经理兼财务负责人。住址：四川省成都市武侯区。

罗进，男，1964年2月出生，2013年9月至2015年8月任金亚科技总经理，系金亚科技2014年度报告签字董事。住址：四川省成都市武侯区。

何苗，女，1977年8月出生，2013年9月至2015年7月任金亚科技董事会秘书、副董事长，系金亚科技2014年度报告签字董事。住址：重庆市南岸区。

李国路，男，1966年8月出生，2013年10月至今任金亚科技财务部经理。住址：四川省成都市成华区。

刘红，女，1981年5月出生，2013年至今系金亚科技财务人员。住址：四川省犍为县。

曾兵，男，1971年9月出生，周旭辉的朋友。住址：四川省成都市金牛区。

王海龙，男，1971年3月出生，2013年9月至今任金亚科技副总经理、董事，系金亚科技2014年度报告签字董事。住址：四川省成都市青羊区。

陈维亮，男，1969年10月出生，2013年9月至2015年5月任金亚科技独立董事，系金亚科技2014年度报告签字独立董事。住址：四川省成都市龙泉驿区。

陈宏，男，1956年9月出生，2013年9月至今任金亚科技独立董事，系金亚科技2014年度报告签字独立董事。住址：四川省成都市成华区。

张晓庆，女，1990年2月出生，2013年至2015年5月系金亚科技出纳。住址：四川省广汉市向阳镇。

曾兴勇，男，1981年10月出生，2014年年初至2015年4月任金亚科技监事。住址：四川省成都市新都区。

张世杰，男，1960年1月出生，2013年9月至2015年9月任金亚科技监事，系金亚科技2014年度报告签字监事。住址：四川省彭州市天彭镇。

刘志宏，男，1960年12月出生，2013年9月至今任金亚科技监事，系金亚科技2014年度报告签字监事。住址：四川省成都市新都区。

舒稚寒，女，1981年2月出生，2010年至今任金亚科技商务部经理。住址：四川省成都市金牛区。

依据《中华人民共和国证券法》（以下简称《证券法》）的有关规定，我会对金亚科技信息披露违法违规行为进行了立案调查、审理，并依法向当事人告知了作出行政处罚的事实、理由、依据及当事人依法享有的权利。应部分当事人的要求，我会举行听证，听取了其陈述、申辩意见。本案现已调查、审理终结。

经查明，当事人存在以下违法事实：

一、金亚科技2014年伪造财务数据情况

金亚科技2013年大幅亏损，为了扭转公司的亏损，时任董事长周旭辉在2014年年初定下了公司当年利润为3 000万元左右的目标。每个季末，金亚科技时任财务负责人（2014年6月20日之前是张法德，之后是丁勇和）会将真实利润数据和按照年初确定的年度利润目标分解的季度利润数据报告给周旭辉，最后由周旭辉来确定当季度对外披露的利润数据。

在周旭辉确认季度利润数据以后，张法德、丁勇和于每个季度末将季度利润数据告诉金亚科技财务部工作人员，要求他们按照这个数据来做账，虚增收入、成本，配套地虚增存货、往来款和银行存款，并将这些数据分解到月，相应地记入每个月的账中。参与伪造财务数据的人员包括周旭辉、张法德、丁勇和、李国路、刘红、张晓庆、舒稚寒、曾兵。

金亚科技的会计核算设置了006和003两个账套。003账套核算的数据用于内部管理，以真实发生的业务为依据进行记账。006账套核算的数据用于对外披露，伪造的财务数据都记录于006账套。

2015年4月1日，金亚科技依据006账套核算的数据对外披露了《金亚科技股份有限公司2014年度报告》。

二、2014年度报告虚增利润总额80 495 532.40元

金亚科技通过虚构客户、伪造合同、伪造银行单据、伪造材料产品收发记录、隐瞒费用支出等方式虚增利润。经核实，金亚科技2014年度报告合并财务报表共虚增营业收入73 635 141.10元，虚增营业成本19 253 313.84元，少计销售费用3 685 014元，少计管理费用1 320 835.10元，少计财务费用7 952 968.46元，少计营业外收入19 050.00元，少计营业外支出13 173 937.58元，虚增利润总额80 495 532.40元，占当期披露的利润总额的比例为335.14%，上述会计处理使金亚科技2014年度报告利润总额由亏损变为盈利。

三、2014年度报告虚增银行存款217 911 835.55元

2014年年末，金亚科技在中国工商银行成都高新西部园区支行账户银行存款日记账余额为219 301 259.06元，实际银行账户余额为1 389 423.51元，该账户虚增银行存款217 911 835.55元，占当期披露的资产总额的比例为16.46%。

四、2014年度报告虚列预付工程款3.1亿元

2014年，金亚科技的子公司成都金亚智能技术有限公司建设项目，由四川宏山建设工程有限公司施工，建设面积385 133平方米，每平方米造价约2 000元，按40%的预付比例估算，需要预付工程款3.1亿元。为此金亚科技制作了假的建设工程合同，填制了虚假银行付款单据3.1亿元，减少银行存款3.1亿元，同时增加3.1亿元预付工程款。

五、2014年度报告签署情况

2015年4月1日，金亚科技董事会审议通过了2014年度报告，签字董事为周旭辉、罗进、王海龙、何苗、陈宏、陈维亮、周良超。同日，金亚科技监事会审议通过了2014年度报告，签字监事为张世杰、刘志宏。4月3日在《金亚科技股份有限公司监事会关于2014年度报告书面审核意见》上签字的监事为张世杰、刘志宏。同日在《金亚科技股份有限公司董事、高级管理人员关于2014年度报告的书面确认意见》上签字的董事为周旭辉、罗进、王海龙、何苗、陈宏、陈维亮、周良超，签字的高级管理人员为罗进、王海龙、何苗、丁勇和。财务报表签字人员为法定代表人周旭辉、主管会计工作负责人丁勇和、会计机构负责人李国路。

曾兴勇为金亚科技监事，参加并主持召开了审议金亚科技2014年度财务报告的监事会，因个人原因未签字即离会，后同意补签，但未补签。

以上事实，有金亚科技003账套和006账套、金亚科技2014年度报告、董事会决议、监事会决议、定期报告书面确认意见、当事人询问笔录等证据证明，足以认定。

综上，金亚科技披露的2014年度报告虚假记载的行为，违反了《证券法》第六十三条有关“发行人、上市公司依法披露的信息，必须真实、准确、完整，不得有虚假记载、误导性陈述或者重大遗漏”的规定，构成《证券法》第一百九十三条所述“发行人、上市公司或者其他信息披露义务人未按照规定披露信息，或者披露的信息有虚假记载、误导性陈述或者重大遗漏”的行为。对金亚科技的上述违法行为，周旭辉为直接负责的主管人员，张法德、丁勇和、罗进、何苗、周良超、李国路、刘红、曾兵、王海龙、陈维亮、陈宏、张晓庆、曾兴勇、张世杰、刘志宏、舒稚寒为其他直接责任人员。其中对周良超另案处理。

当事人金亚科技、周旭辉、何苗、罗进、陈维亮要求陈述申辩，要求听证；当事人张世杰仅要求陈述申辩，未要求听证；当事人张法德、丁勇和、李国路、刘红、曾兵、王海龙、陈宏、张晓庆、曾兴勇、刘志宏、舒稚寒未要求陈述申辩，未要求听证。

金亚科技及其代理人在听证及申辩材料中提出：第一，金亚科技所涉信息披露违法违规事项未经公司董事会、办公会等会议决定，不能体现金亚科技的独立意志，完全是时任董事长周旭辉个人超越职权范围决定实施的，请求对金亚科技不予处罚，或从轻、减轻处罚。第二，金亚科技被立案调查后，通过开展全面自查并根据自查结果对以前年度重大会计差错进行更正和回溯调整，主动消除或者减轻违法行为危害后果，依法应当从轻或者减轻处罚。第三，金亚科技能够积极配合调查，请求在量罚时对此进行考虑。第四，金亚科技事实上为上海某公司提供了设备、软件及技术服务，因不知晓周旭辉与上海某公司法定代表人蔡某关于免费提供设备折抵配合办理资质对价的私下约定，故合理地对前述交易进行了财务处理并最终收到了全部货款，认定该交易金额属于虚增营业收入，缺少充足的事实和法律依据。上海某公司实付4 900万元的设备、软件及技术服务款对应的经济利益已在事实上流入金亚科技，该事项属于主动消除或者减轻违法行为危害后果的情形，依法应当从轻或者减轻处罚。

周旭辉及其代理人在听证及申辩材料中提出：第一，行政处罚事先告知书认定周旭辉存在的违法违规行为系同一主体作出的同一违法违规行为，依据《中华人民共和国行政处罚法》第二十四条的规定，不应给予两次罚款。第二，周旭辉被立案后能够积极配合调查，并且主动采取辞职、锁定股份、作出不减持承诺、为金亚科技正常经营提供资金保障等诸多措施，属于主动消除或者减轻违法行为危害后果的情形，请求从轻或减轻处罚。

何苗及其代理人在听证及申辩材料中提出：第一，何苗未组织、策划，也未直接参与金亚科技所涉的虚增利润行为，信息披露违法违规情节较轻，并主动配合中国证监会调查、采取措施减轻金亚科技信息披露违法违规的危害后果，应当从轻或者减轻处罚。第二，何苗不存在严重扰乱证券市场秩序、严重损害投资者利益或者在重大违法活动中起主要作用等情节，信息披露违法情节较轻，对何苗采取5年证券市场禁入措施的处罚过重，请求对何苗从轻、减轻或者不予采取市场禁入措施。

罗进及其代理人在听证及申辩材料中提出：第一，罗进未组织、策划，也未直接参与金亚科技所涉的虚增利润行为，仅作为董事签署金亚科技2014年度报告，信息披露违法违规情节较轻，应依法从轻或减轻处罚。第二，罗进不符合应被采取证券市场禁入措施的情形，中国证监会应依据金亚科技信息披露违法违规行为所涉责任人员的情节和责任大小，统一裁判尺度，对罗进免予采取证券市场禁入措施。

陈维亮在听证及申辩材料中提出：第一，独立董事是公司的外部人员，其保证公司所披露的信息真实、准确、完整必须依赖公司董事、监事和高级管理人员的真实报告情况和外部审计机构的意见。第二，陈维亮在金亚科技2014年度报告上签字系因周旭辉和相关人员刻意隐瞒，并且相信了外部审计机构立信会计师事务所出具的“标准无保留意见”审计报告，其本人不应对签字行为承担责任。第三，中国证监会的量罚过重。第四，陈维亮认为其在2015年5月金亚科技拟发行新股收购成都天象互动科技有限公司股权项目文件中没有签字，并且后来辞去独立董事职务，构成重大立功，依法应当从轻或减轻处罚。

张世杰在申辩材料中提出：第一，其不知悉金亚科技财务造假。第二，其签字是相信会计师事务所的审计意见。

经复核，我会认为：

第一，上市公司依法披露的信息，必须真实、准确、完整，不得有虚假记载、误导性陈述或者重大遗漏。金亚科技2014年度报告披露的财务数据与事实不符，存在虚假记载，金亚科技是信息披露违法违规的责任主体，理由如下：

1.金亚科技违法信息披露属于公司行为，金亚科技披露2014年度报告的同时也披露了相应董事会和监事会决议。

2.金亚科技所谓的积极主动消除或减轻违法行为危害后果是在被立案调查后采取的措施，不属于主动消除或减轻违法行为危害后果的情形。

3.对金亚科技的量罚已经综合考虑了其违法行为的严重程度和配合调查的情节。

4.金亚科技对上海某公司4 900万元服务费的财务处理应当认定为虚增营业收入。从周旭辉、上海某公司法定代表人蔡某的询问笔录看，周旭辉与上海某公司有免费提供设备折抵配合办理资质对价的私下约定，上海某公司向金亚科技转回4 900万元是在金亚科技被立案调查之后发生的，不能证明该4 900万元系真实发生的收入。

综上，我会对金亚科技及其代理人的陈述申辩意见不予采纳。

第二，周旭辉作为时任金亚科技董事长，在2014年度报告上签字，承诺保证相关文件真实、准确、完整，其应对金亚科技违反证券法律法规行为承担直接负责的主管人员的法律责任。同时，周旭辉作为金亚科技实际控制人，策划、组织公司内部及外部多名人员共同实施财务造假及信息披露违法行为，违法情节特别严重，已构成“指使”从事上述违法行为。我会根据《证券法》相关规定分别对周旭辉两项行为进行处罚，并不违反法律规定，对其量罚幅度已综合考虑了其违法行为性质和社会危害程度。

综上，我会对周旭辉及其代理人的陈述申辩意见不予采纳。

第三，上市公司依法披露的信息，必须真实、准确、完整，要求全体董事、监事和高级管理人员勤勉尽责，对上市公司依法披露信息的真实性、准确性、完整性负责。何苗、罗进作为董事，应当了解并持续关注上市公司的生产经营情况、财务状况和已经发生或者即将发生的重大事件及其影响，应当主动调查、获取决策所需要的资料，积极问询，提出质疑，提供建议。何苗在周旭辉不在公司期间代行董事长职责，应勤勉尽责，及时发现公司异常情况。罗进作为金亚科技时任总经理，应当全面了解、掌握公司生产经营活动情况。金亚科技信息披露违法表现为财务数据造假，虚假的财务数据一般会对应异常的经营活动，不知情、不了解、未参与不能成为免责事由。相反，在正常履职的情况下，不知情、不了解、未参与恰恰是其未勤勉尽责的证明。我会已综合考虑相关当事人任职的年限、岗位职责、履职和勤勉尽责情况，并结合本案违法情节和造成的恶劣影响来认定责任和确定处罚幅度。

综上，我会对何苗、罗进及其代理人的陈述申辩意见不予采纳。

第四，陈维亮作为上市公司的独立董事、张世杰作为上市公司的监事，应当对上市公司依法披露信息的真实性、准确性、完整性负责，应当具备与职责相匹配的专业知识和专业水平，独立发表专业意见和专业判断，即使借鉴其他机构或者个人的专业意见，也要独立承担责任。不能以其他机构或者个人未发现、未指出为由，请求免除其责任。发生信息披露违法时，其他主体是否发现、是否指出错误、是否存在过错、是否被追究责任，均不能免除董事、监事和高级管理人员的责任。对其量罚是综合考虑其专业知识、违法情节后作出的，于法有据、公平合理。

陈维亮的行为不构成重大立功。重大立功应该表现为当事人积极主动作为，向证券监督管理机关检举、揭发、反映证券违法违规行为，经查证属实，被认定为重大立功的行为。根据金亚科技的相关公告，陈维亮对金亚科技收购成都天象互动科技有限公司的提案只是因病未表决，其辞职的理由也是身体原因和精力不济，陈维亮并未对金亚科技的财务记录、公司运营和高级管理人员履职尽责情况发表过意见，其行为不构成重大立功。

综上，我会对陈维亮、张世杰的陈述申辩意见不予采纳。

根据当事人违法行为的事实、性质、情节与社会危害程度，依据《证券法》第一百九十三条第一款、第三款的规定，我会决定：

1.对金亚科技给予警告，并处以60万元的罚款；

2.对周旭辉给予警告，并处以90万元的罚款，其中作为直接负责的主管人员罚款30万元，作为实际控制人罚款60万元；

3.对张法德、丁勇和给予警告，并分别处以30万元的罚款；

4.对罗进、何苗、李国路给予警告，并分别处以25万元的罚款；

5.对刘红、曾兵给予警告，并分别处以20万元的罚款；

6.对王海龙、陈维亮、陈宏、张晓庆给予警告，并分别处以15万元的罚款；

7.对曾兴勇、张世杰、刘志宏、舒稚寒给予警告，并分别处以10万元的罚款。

上述当事人应自收到本处罚决定书之日起15日内，将罚款汇交中国证券监督管理委员会（财政汇缴专户），开户银行：中信银行总行营业部，账号：7111010189800000162，由该行直接上缴国库，并将注有当事人名称的付款凭证复印件送中国证券监督管理委员会稽查局备案。当事人如果对本处罚决定不服，可在收到本处罚决定书之日起60日内向中国证券监督管理委员会申请行政复议，也可在收到本处罚决定书之日起6个月内直接向有管辖权的人民法院提起行政诉讼。复议和诉讼期间，上述决定不停止执行。

中国证监会

2018年3月1日

参考文献

［1］财联社．金亚科技财务造假或成创业板退市第二股［EB/OL］．（2019-05-14）．https：//www.cls.cn/depth/346227.

［2］普天星．公司内外部治理与财务舞弊的相关性研究——以金亚科技财务舞弊案为例［J］．财会研究，2019（3）：50-54.

［3］股票直播．金亚科技四大违法问题被证监会处罚［EB/OL］．（2018-03-18）https：//new.qq.com/omn/20180308/20180308B13I4Q.html.

［4］李维．金亚科技IPO造假内幕还原：从“无中生有”到“假戏真做”［N］．

21世纪经济报道，2018-07-04.

案例说明书

一、案例的教学目标

本案例旨在引导学生关注上市公司信息披露违规问题；讨论上市公司信息披露现状和常见的违规手段，注册会计师的法律责任、独立性等会计理论和实务问题。

二、案例讨论的准备工作

为了有效实现本案例目标，学生应该具备下列相关知识背景：

（一）理论与制度背景

财务会计理论、公司财务理论、证券市场理论，上市公司财务报表披露现状、常见造假手段、会计师事务所的独立性和专业性。

（二）行业背景

金亚科技是一家研发、生产、销售数字电视前端系列设备的公司，属于通信及相关设备制造业，是高新技术企业，于2009年10月在深交所创业板上市，股票代码：300028。从企业的主营业务构成来看，机顶盒设备及软件服务是企业主要营业收入来源。以2017年为例，该部分收入为417.11万元，占企业所有主营业务收入的85.47%；此外是代加工收入，为57.27万元，占企业所有主营业务收入的11.74%。从业务收入来源地区来看，华北、东北两个地区的收入分别占到主营业务收入的37.76%和30.24%。随着三网融合、媒体融合进程的深入推进，有线电视行业传统的封闭状态已被打破，金亚科技也加强了对新业务、新技术的开发，打造"平台+内容+终端+应用"的产品和服务新格局，开发相关游戏软件的增值业务平台，通过增值服务及信息精准推送等多维度实现收益。

三、案例的分析要点

（一）需要学生识别的关键问题

什么是会计信息披露的原则？上市公司应该如何正确地披露公司信息？上市公司财务造假有哪些常见手段？注册会计师的审计责任有哪些？IPO保荐机构应履行什么义务？

（二）推荐的解决问题方案

1.什么是会计信息披露的原则？

企业披露出来的会计信息将直接或间接地对使用者作出决策产生影响，企业应将重要会计信息以公开报告的形式提供给信息使用者。我国上市公司会计信息披露需遵循以下四个原则：（1）披露的会计信息必须真实和完整；（2）按照会计准则的统一要求披露会计信息；（3）披露的会计信息应有助于信息使用者作出正确的决策；（4）会计信息披露必须遵循重要性原则。由上述原则可知，会计信息披露质量的关键在于披露的信息是否真实可靠，以及是否可以满足使用者的需求。

2.上市公司应该如何正确地披露公司信息？

信息披露制度也称公开披露制度、公示制度，是证券市场监管和保障投资者利益的必要手段和核心制度。证券市场上信息繁纷复杂，投资者难以分辨真假，这时就需要有一定强制性的制度约束企业公布真实的会计信息，使投资者能根据这些信息作出理性判断。企业需定期向公众公开或报告企业自身的经营状况和财务状况，这种公开既包括发行前的披露，也包括上市后的持续信息公布。上市公司在披露信息时应遵守相关监管部门颁布的政策、法规的规定，如中国证监会颁布的《上市公司信息披露管理办法》第二条至第六条就提出，信息披露义务人应当真实、准确、完整、及时地披露信息，不得有虚假记载、误导性陈述或者重大遗漏，信息披露义务人应当同时向所有投资者公开披露信息。在境内、境外市场发行证券及其衍生品种并上市的公司在境外市场披露的信息，应当同时在境内市场披露。发行人、上市公司的董事、监事、高级管理人员应当忠实、勤勉地履行职责，保证披露信息的真实、准确、完整、及时、公平。在内幕信息依法披露前，任何知情人不得公开或者泄露该信息，不得利用该信息进行内幕交易。信息披露文件主要包括招股说明书、募集说明书、上市公告书、定期报告和临时报告等。上市公司及其他信息披露义务人依法披露信息，应当将公告文稿和相关备查文件报送证券交易所登记，并在中国证监会指定的媒体发布。

3.上市公司财务造假有哪些常见手段？

上市公司财务造假问题由来已久，严重损害了投资者的利益，扰乱了市场经济秩序，不利于资本市场的可持续发展。从动因上看，企业财务造假的目的主要是发行新股或上市、满足业绩考核要求、迎合和吸引投资者等。因此，虽然财务造假的手段五花八门，但最终目的仅有一个，就是粉饰财务报表使业绩更加美观，也就是对报表中收入、利润、费用、资产和负债进行人为的调节。虽然我国会计准则在相关会计事项的确认和出具财务报告方面有非常严格的标准，但有些会计事项的确认是基于会计人员的主观估计和判断，因此具有人为操纵的空间。总结起来，常用的财务造假手段主要有以下几种：

（1）对收入方面的调节，主要的造假手段有虚构收入、提前或推迟收入确认的时间和隐瞒收入等。一方面，通过虚开与关联企业或非关联企业的发票，达到虚增销售收入的目的；另一方面，将不满足确认条件的收入提前确认，或将已满足确认条件的收入推迟到以后会计期间确认，达到操纵本年度收入的目的。

（2）对费用成本方面的调节，主要的造假手段有转移费用、费用资本化、多提或少提资产减值等。一方面，企业可以通过计提折旧和存货计价等方式将应在本期确认的收入和费用递延到以后会计期间确认，或者将费用转移给集团中其他公司承担；另一方面，将不符合资本化条件的费用进行资本化处理，或利用资产减值准备提前或推迟确认损失，以达到调节当期费用的目的。

（3）其他造假手段，例如虚增资产，高估存货或固定资产价值；利用偶发的、一次性的非经常性损益项目达到短期调节利润的目的；利用会计准则的漏洞或对会计原则不恰当应用达到调节会计要素的目的；通过与关联企业或集团中其他公司的内部交易、资产重组、递延担保、兼并收购等方式创造利润或收入。

4.注册会计师应承担的审计责任有哪些？

注册会计师的审计责任主要是“运用恰当的审计技术和方法保质保量地实现审计目标”。根据《中国注册会计师审计准则第1501号——对财务报表形成审计意见和出具审计报告》的规定，注册会计师对财务报表审计的责任应当包括下列内容：（1）说明注册会计师的目标是对财务报表整体是否不存在由于舞弊或错误导致的重大错报获取合理保证，并出具包含审计意见的审计报告；（2）说明合理保证是高水平的保证，但并不能保证按照审计准则执行的审计在某一重大错报存在时总能发现；（3）说明错报可能由于舞弊或错误导致。在说明错报可能由于舞弊或错误导致时，注册会计师应当从下列两种做法中选取一种：描述如果合理预期错报单独或汇总起来可能影响财务报表使用者依据财务报表作出的经济决策，则通常认为错报是重大的；根据适用的财务报告编制基础，提供关于重要性的定义或描述。若会计师事务所与被审计单位合谋，注册会计师因未保持应有的职业谨慎，过失出具不实报告的，则承担补充赔偿责任，即对被审计单位、出资人的财产依法强制执行后仍不足以赔偿损失的，由会计师事务所承担相应的赔偿责任。在本案例中，金亚科技是由立信会计师事务所负责审计的，且出具的是无保留意见审计报告。很明显，立信会计师事务所在对金亚科技财务报表的审计上并未勤勉尽责，出具了存在虚假记载的审计报告，而后中国证监会也依法对立信会计师事务所的这些违法行为作出了处罚，包括没收业务收入和处以罚款，同时立信会计师事务所被追加为金亚科技投资者索赔的共同被告。

5.IPO保荐机构应履行什么义务？

保荐机构又称保荐人，主要是具有证券经营牌照的证券交易商，负责将符合条件的企业推荐上市。也就是说，保荐机构在企业能否上市方面具有核查把关的责任，应谨慎选择和推荐上市企业。根据《保荐人尽职调查工作准则》的相关要求，保荐人应履行如下义务：对公司进行尽职调查；对公司主要股东、董事、监事和高级管理人员等进行辅导和专业培训，帮助其了解与股票发行上市有关的法律法规，知悉上市公司及其董事、监事和高级管理人员的法定义务和责任；帮助发行人完善组织结构和内部管理，规范企业行为，明确业务发展目标和募集资金投向等；组织发行人和中介机构制作发行申请文件，并依法对公开发行募集文件进行全面核查，向中国证监会尽职推荐并出具发行保荐报告；组织发行人和中介机构对中国证监会的审核反馈意见进行回复或整改；负责证券发行的主承销工作，组织承销团承销；

与发行人共同组织路演、询价和定价工作；在发行人证券上市后，持续督导发行人履行规范运作、信守承诺、披露信息等义务。在本案例中，金亚科技的保荐机构是联合证券（现已更名为华泰联合证券），如果金亚科技欺诈发行股票罪成立，联合证券（华泰联合证券）也会被追责，且中国证监会已开始对该机构及其从业人员的执业行为进行全面调查。

四、教学组织方式

（一）问题清单及提问顺序

1.金亚科技违反了会计信息披露的哪些原则？

2.金亚科技采取了哪些财务造假手段？

3.上市公司常见的财务造假手段有哪些？

4.如何识别上市公司财务会计报表造假？

5.是否需要向金亚科技IPO的保荐机构联合证券（华泰联合证券）追责？

6.金亚科技的审计报告是由立信会计师事务所出具的，该会计师事务所要承当相关责任吗？

7.投资者应该如何避免“踩雷”？

（二）课时分配

1.教师或一个学生简要介绍本案例：5分钟；

2.每个小组发言：35分钟；

3.课堂讨论：35分钟；

4.小组总结：15分钟；

5.老师点评总结：10分钟。

（三）讨论方式

本案例可以采用小组协作式讨论。学生事先准备，收集资料，由教师提出问题，学生围绕问题进行讨论。

（四）课堂讨论总结

课堂讨论总结的关键是：由授课教师根据讨论情况进行总结，再一次点明本案例中的关键点，包括本案例所包含的理论；指出本案例讨论中存在的不足和长处，进一步加深学生对本案例的理解；对本案例素材进行扩展研究，给学生创设更加广阔的思维空间，启发学生多层次、多角度去发现问题和思考问题。

案例4

唯品会双重股权结构实施与绩效

案例正文

适用课程： 财务管理；财务会计

编写目的： 本案例以我国双重股权结构公司上市改革为背景，对唯品会2014年实施双重股权结构改革的实践进行分析，从财务与会计角度描述事件的专业属性，分析唯品会股权结构改革对公司绩效的影响，并试图说明我国双重股权结构公司上市改革的意义，以及双重股权结构在实施过程中可能产生的弊端。

知识点： 公司战略；双重股权结构；财务分析

关键词： 双重股权结构；实施；公司绩效

案例摘要： 近年来，越来越多的中国企业，如百度和京东等，选择在美国等海外市场上市，并采用了双重股权结构的资本模式。本案例以中国电商企业唯品会在美国上市为研究对象，对比分析了上市前后公司绩效的变化，得出结论并总结了双重股权结构对公司治理的正反两方面影响。目前我国已允许用双重股权结构上市，这对我国资本市场来说是一种创新，在可以运用双重股权结构上市的今天，这种股权制度必然会引发一系列思考。

企业创始人作为所创办企业的最早的发起者，在企业经营、发展、壮大过程中通常扮演着非常重要的角色，他们创立企业、经营企业，逐步形成自己特有的经营理念、商业模式和独特的企业文化，在企业的持续发展过程中，如何将其发展并传承下去，无疑对企业成长非常重要。大多数初创期的企业在发展中都有相似的特点：有一群志同道合的创业者（人力资本），有很多创新的想法和商业模式（知识资本），但往往缺少资金（财务资本）。这时候企业创始人面对的首要问题就是融资。天使轮、种子轮、A轮、B轮、C轮……多轮融资过后，企业创始人的股权不断被稀释，一些创业公司的创始人就会慢慢失去对企业发展方向、运营模式的控制权，企业的经营理念在外部投资者手中很可能无法传承发展下去。公司治理的主流原则是“一股一票”，即每股普通股附有一票，投票权相等。双重股权结构不遵循每股一票的规则。普通股分为两种，每种的投票权有所差异，从而将普通股的现金流权和投票权分开。以前的双重股权结构把普通股分为两类：A类与B类。A类股票无投票权或每股投票权一票以内，B类股票投票权每股一票。后来，双重股权结构进行了调整。A类股票投票权遵循每股一票的规则，B类股票投票权为A类股票的几倍，通常是10倍，有的高达150倍。股权结构的变化会极大地影响管理层和控股股东的权益，这种变化也会影响IPO企业的长期绩效。我国长期以来坚持并认同传统的“一股一权”的股权结构，但自从百度、京东、阿里巴巴等企业相继以双重股权结构在美国上市以来，双重股权结构开始受到我国企业和专业人员的广泛关注。

一、唯品会概况

唯品会信息科技有限公司（以下简称唯品会）成立于2008年8月，总部设在广州，旗下网站于同年12月8日上线。唯品会的主营业务为互联网在线销售品牌折扣商品，涵盖名品服饰鞋包、美妆、母婴、居家等各大品类。2012年3月23日，唯品会在美国纽约证券交易所（NYSE）上市。目前，唯品会已经成为电商界仅次于天猫及京东的第三大电商平台。2016年9月，唯品会以4.3亿元的代价收购了浙江贝付科技100%的股权，将其更名为浙江唯品会支付服务有限公司，并将开发唯品会的互联网支付渠道。唯品会在中国开创了“名牌折扣+限时抢购+正品保障”的创新电商模式，并持续深化为“精选品牌+深度折扣+限时抢购”的正品特卖模式，这一模式被形象地誉为“线上奥特莱斯”。在《财富》杂志发布的2018年中国500强榜单中，唯品会位列第108名，是B2C电商的第三名。截至2019年第二季度，唯品会已连续27个季度保持盈利。唯品会现有58 000名员工，累计合作品牌近20 000个，其中2 200多个为全网独家合作。目前，唯品会注册会员3.3亿个，截至2019年第二季度，唯品会超级VIP会员数量已达350万个。

二、唯品会股权结构演化

（一）首次公开招募前唯品会的股权结构

唯品会在2008年8月成立时，创始人包括沈亚、洪晓波，以及吴彬（道生资本）、彭星（法派集团）、徐宇（欧时力）三位天使投资人，五人共筹集3 000万元人民币作为创始资金。2010年10月，唯品会获得DCM和红杉资本共2 000万美元的融资。因部分业务为限制外资进入行业，而融资的是美元基金，唯品会开始搭建VIE（Variable Interest Entities，可变利益实体）架构，2010年8月在开曼群岛注册成立了唯品会控股有限公司。2011年5月，唯品会再次获得DCM和红杉资本5 000万美元的融资。这两家投资机构拥有否决权、共同销售权、优先购买权、转换权、清算权等特权，并各派一名董事。2012年3月23日，唯品会在美国上市，股票代码为VIPS，首次公开发行价格为每股6.50美元。唯品会上市时采用单一投票权结构，并未采用互联网公司常见的AB股双重投票权结构。创始人、董事长沈亚持股比例为23.5%，为第一大股东。联合创始人、副董事长洪晓波持股比例为18.1%，为第四大股东。红杉和DCM两家投资机构持股比例相当，分别为19.3%、19.2%，是第二和第三大股东。三位天使投资人持股比例约为20%，具体见表4-1。

表4-1 上市前唯品会股权结构

股东	出资比例（%）
沈亚	23.50
红杉	19.30
DCM	19.20
洪晓波	18.10
天使投资人	19.90
合计	100.00

上市前唯品会融资并不多，2012年3月上市时募集资金约7 000万美元。2013年3月，唯品会增发800万股普通股，筹集资金约9 140万美元。2014年3月，唯品会发行5.5亿美元高级可转换票据及ADS（American Depositary Shares，美国存托股份或美国存托凭证）。随着多次募资和增资扩股，沈亚等人的股权被不断稀释，至2014年3月31日，沈亚的持股比例已降为14.6%，洪晓波的持股比例为10.3%。随着唯品会持续盈利，其股价一路攀升，2014年7月22日以204.20美元收盘，该公司市值已超过100亿美元。以投资营利为目的的投资人也开始减持，至2014年3月31日，红杉的持股比例降到9.4%，DCM的持股比例降到7%；天使投资人徐宇的持股比例为4.2%；吴彬则减持更快，其持股比例降到2.6%；而彭星在上市没多久就辞去董事职位，因他不是主要股东也不是董事，不再披露其持股比例。

（二）实行双重股权结构后唯品会的股权结构

2014年9月15日，唯品会召开股东大会，将之前的单一投票权结构改为AB股双重投票权结构，B股有10倍的投票权，全部B股由沈亚持有。2014年10月14日，唯品会发布公告，新股东T.Rowe以11.4%的持股比例成为第二大股东。2014年11月，唯品会调整每股ADS和普通股比率，将ADS拆股比率调整为1拆10。此后唯品会股价持续上涨，到2015年4月，该公司市值达180亿美元，而投资人也随股价上涨继续减持。至2015年3月31日，投资人的持股比例如下：红杉的持股比例降至5%，DCM的持股比例降至3.1%；天使投资人徐宇的持股比例降为3.4%，吴彬的持股比例降至1.6%。与此相反，在原投资人减持的同时，新股东T.Rowe却在增持，持股比例增至12.6%，成为继沈亚之后的第二大股东。此时创始人沈亚的持股比例为14.3%，洪晓波的持股比例降为7.7%，两人的持股比例加起来只有22%，而新股东T.Rowe的持股比例已达到12.6%。至2018年3月31日，唯品会的股权结构如下：第一大股东为创始人沈亚，持股12.7%，有58.9%的投票权，可决定普通事项；第二大股东为腾讯，持股7%，持有一股一票的A股；第三大股东为联合创始人洪晓波，持股6.8%，持有一股一票的A股；第四大股东为京东，持股5.5%，持有一股一票的A股；其他管理层，含董事、独立董事、副总裁等共持股1.4%。上述股东共持股33.4%，有79.6%的投票权，已超过2/3，可决定特别事项，掌握股东大会的控制权。其他股东和公众虽持股高达66.6%，但持有的都是A股，共有20.4%的投票权。这些股东股权分散，单个股东持股低于5%，不能对唯品会的决策造成影响，见表4-2。

表4-2 **2018年3月31日唯品会股权结构**

股东	出资比例（%）	投票权比例（%）
沈亚	12.70	58.90
腾讯	7.00	7.00
洪晓波	6.80	6.80
京东	5.50	5.50
其他高管	1.40	1.40
合计	33.40	79.60

三、双重股权结构对绩效的影响

（一）杜邦分析

通过对唯品会公布的年报的各项重要财务指标进行对比分析，可以评估实行双重股权结构对其绩效的影响。首先，我们将ROE用杜邦分析法进行拆解，见表4-3。

表4-3 **杜邦分析结果**

项目	2018年	2017年	2016年	2015年	2014年
ROE（%）	13.49	19.47	43.94	44.49	41.96
销售净利率（%）	2.52	2.60	3.52	3.75	3.25
资产周转率（%）	2.07	2.31	2.51	3.53	1.98
权益乘数（%）	2.53	2.67	4.34	5.54	6.21

从表4-3可以发现，唯品会在实行双重股权结构后有两个财务指标的变化比较明显：一是销售净利率不断降低；二是权益乘数持续走低。销售净利率下降说明其盈利能力下降，这或许与唯品会不断进行品牌促销的理念有关。在短短几年内，唯品会迅速增加入驻品牌的种类，并不断进行品牌促销，从而降低了销售净利率。权益乘数不断降低的主要原因在于双重股权结构的控制权相对集中，创始人团队有理由运用此特权，以自己的经营理念进行决策，降低企业负债比例，从而降低所承担的财务风险。综合分析双重股权结构对ROE的影响，权益乘数的降低并没有导致该公司绩效的降低，反而抵消了周转率的不利影响，使该公司并没有通过大规模举债而扩大经营范围，也没有因为盲目投资导致亏损，而是持续保持盈利状态。

（二）偿债能力分析

根据杜邦分析结果，我们进一步分析唯品会的负债情况，以考查其资本结构与偿债能力，见表4-4和表4-5。

表4-4 **唯品会的资本结构**

资本结构	2018年	2017年	2016年	2015年	2014年
资产负债率（%）	60.49	62.48	76.96	81.97	84.08
权益乘数（%）	2.53	2.67	4.34	5.54	6.28
产权比率（%）	1.53	1.66	3.37	4.64	5.59
流动资产/总资产（%）	62.73	68.23	58.10	60.66	77.99
非流动资产/总资产（%）	37.27	31.77	41.90	39.34	22.01

表4-5 **唯品会的偿债能力**

偿债能力	2018年	2017年	2016年	2015年	2014年
流动比率（%）	1.05	1.35	1.00	1.00	1.30
速动比率（%）	0.85	0.98	0.66	0.62	0.95
货币资金/流动负债（%）	36.77	51.79	28.18	27.33	47.17
营业利润/流动负债（%）	9.33	13.97	18.57	17.02	8.31
营业利润/负债合计（%）	9.19	11.34	14.02	12.61	5.92

表4-4和表4-5的数据显示，唯品会上市后一直处于盈利状态，其资产负债率持续平稳下降，流动比率及速动比率均以较缓慢的速度下降。实行双重股权结构之后，融资较多，总体负债率逐渐下降。唯品会在未实行双重股权结构之前，资产负债率过高，原因在于企业需站在股东利益最大化的角度，降低营业风险，不断增加收益，所以资产负债率居高不下。唯品会经过几轮融资后采用双重股权结构顺利上市，这时资产负债率持续下降，短短五年从84.08%降到60.49%。采用双重股权结

构前，唯品会的产权比率偏高，连年亏损。更换股权结构后，创始人团队在企业扩大规模后降低了产权比率，降低了财务风险，在战略决策上更倾向于稳中求利润。2014年唯品会实行双重股权结构上市后，权益乘数明显降低，权益乘数体现的是资产与股东权益的比值，数值越大代表企业外部融资的比例越大，承担的风险也越高，所以根据数据分析，双重股权结构大大降低了唯品会的财务风险。

唯品会前期处于亏损状态，在改成双重股权结构上市的一年中，毛利率也不高，但是从2015年开始扭亏为盈。与此同时，唯品会大手笔投入仓储和物流，打造属于自己的物流专线。此决策大大提高了顾客的好感度，解决了唯品会扩大规模后的仓储和发货问题，解除了后顾之忧。双重股权结构的决策权掌握在创始人团队中，其作出的决策有利于企业的长期发展，也增强了企业的盈利能力。上市一段时间之后，唯品会营业额上升，连续盈利，降低了企业的负债率，使企业平稳发展。这也从侧面反映了实行双重股权结构后，唯品会的盈利能力显著提高，而且业务量和公司规模也极速扩大，表明双重股权结构对唯品会的盈利能力具有积极影响。

（三）营运能力分析

根据杜邦分析以及资本结构和偿债能力分析结果，我们进一步分析唯品会的营运能力，具体数据见表4-6。

表4-6 **唯品会的营运能力**

营运能力	2018年	2017年	2016年	2015年	2014年
存货周转率（%）	10.94	9.51	9.04	11.78	6.68
流动资产周转率（%）	3.18	3.60	4.23	5.63	2.38
固定资产周转率（%）	11.13	13.10	15.26	24.68	22.71
总资产周转率（%）	2.51	3.53	1.98	2.31	2.44

与杜邦分析的情况一致，表4-6中的存货周转率的变动显示出唯品会的周转情况在采用双重股权结构后呈上升状态。唯品会刚采用双重股权结构时为6.68%，属于行业内的正常水平，之后每年都呈明显上升趋势。存货周转率越大，可变现能力就越强，占用资金的比例越低。唯品会的存货周转率是互联网电商行业的领先者，这归功于它自己建立的物流仓储系统，提高了配送效率，减少了存货堆积。流动资产和固定资产周转率呈降低趋势，但并未出现大幅度下滑。这两部分的周转率下降或许源于唯品会的货到付款制度，使应收账款居高不下，但应收账款的增加并没有影响唯品会的盈利能力。虽然应收账款增加，但唯品会创造了一种全新的消费理念，吸引了大批忠实客户，在一定程度上刺激了消费，提高了存货周转率和盈利能力。在单一股权结构下，股东为了在短期内营利，几乎很难作出此类决策，双重股权结构对公司的营运能力具有深远而积极的影响。

（四）盈利能力分析

作为互联网电商行业最重要的盈利能力分析，唯品会的具体数据见表4-7。

表4-7 **唯品会的盈利能力**

盈利能力	2018年	2017年	2016年	2015年	2014年
销售毛利率（%）	20.19	22.35	24.03	24.62	24.87
销售净利率（%）	2.52	2.60	3.52	3.75	3.25
净资产收益率平均（%）	13.49	19.47	43.94	80.49	41.96
总资产净利率（%）	5.22	6.18	9.03	13.96	7.22
投入资本回报率（%）	6.85	7.96	10.84	17.12	10.27

营运能力优势能否转化为盈利能力值得关注。在未采用双重股权结构之前，唯品会连年亏损，直到2014年推出新的股权政策，采用AB股后，才逆转了连年亏损的局面。唯品会的销售毛利率一直在24%左右，2017年和2018年有所下降。综上可以看出，实行双重股权结构后，唯品会的盈利能力稳中有升，销售毛利率也一直处于同行业的领先水平。这说明创始人团队的决策是成功的，此商业模式深受资本市场和客户的青睐。由于互联网行业竞争激烈，需要投入大量资金开拓市场，争夺客户资源，扩张客户的种类和数量，所以需要在盈利方面作出让步。虽然其销售净利率从2014年起不断下滑，但是唯品会仍不断盈利，销售成本率也逐渐降低，销售毛利率下降缓慢。另外，还需要关注的是在负债和持续营收向好的过程中控制现金流量的能力。在这一绩效指标上，唯品会的表现也比较理想。

采用双重股权结构之后，唯品会不仅扭亏为盈，还积累了后期发展的资本，公司业绩也是稳步增长，截止到2018年年底已经连续18个季度盈利，其中最重要的原因就是唯品会的战略决策。在唯品会上市初期，它与京东、苏宁等大型电商企业还是有一定差距的，而依赖其优异的股权结构和创始人团队的战略决策，唯品会目前已成为国内第三大电商平台。唯品会的营运与盈利能力并没有因为企业的扩张而大幅度降低，持续盈利带来的现金流使企业在迅速扩大规模的同时仍能保证高速稳健发展。采用双重股权结构上市后，唯品会吸引了大批优秀的专业人员，这使其人力资源结构不断优化，团队更专业、更高效，不受外界干扰；利用双重股权结构上市融资又不影响创始人团队进行决策，唯品会取得了后发优势。

四、结语

实行双重股权结构是战略性选择。随着互联网行业的竞争越来越激烈，风险也越来越高，创业初期的唯品会处在这样的行业环境中，需要投入大量的资金来维持发展。与此同时，该公司领导人为了保持对该公司的绝对控制权，选择实行双重股权结构，这是明智的决策，只有这样才能产生相应的效果。由于该公司需要一个相对稳定的外部环境和持续的领导层来实现既定的目标，所以选择双重股权结构，因为它能促进唯品会的长远发展。前文的数据表明，采用双重股权结构不但没有削弱唯品会的竞争力，还让它持续增长。从现有的财务情况看，采用双重股权结构对于唯品会盈利能力的稳步提升和业绩的持续提高，以及对整个行业的发展是利大于弊的。唯品会的创始人团队也是唯品会发展战略的制定者，他们对于唯品会的发展有着深远的影响。

在看到双重股权结构的正面影响的同时，也不能忽视其所带来的弊端。在双重股权结构下，企业对外融资的程度较单一股权结构高，通常具有较高的财务杠杆，可能会面临更大的经营风险。为了规避风险，需要完善公司的资本结构，加强对B股超级投票权的监督，通过内外部监督机制，监管内部股东权利的行使。除此之外，还要改善我国证券市场的环境，加大力度保护中小股东的利益。只有遵守市场法律规范，才能创造一个健康稳健运转的资本市场，使各公司有空间选择适合自己的股权结构。

五、讨论

1.唯品会双重股权结构对公司绩效的影响路径是什么？

2.根据唯品会2019年各季度财报（见表4-8和表4-9），比较分析唯品会2019年的绩效有何变化？

3.单一股权结构与双重股权结构对公司治理各有何利弊？

4.如何在企业融资过程中通过相应的制度设计或者制度创新保持创始人控制权，以有利于企业的长期可持续发展？

5.在双重股权结构下如何约束创始人的控制行为，保护其他投资者的利益不受侵害？

表4-8　**资产负债表**　单位：元

报告期	2019年三季报	2019年中报	2019年一季报	2018年报	2018年三季报
现金与现金等价物	57.28亿	68.37亿	58.00亿	95.41亿	61.80亿
短期投资	5 754.50万	2.38亿	4 025.90万	23.21亿	19.02亿
总现金	57.86亿	70.75亿	58.41亿	118.62亿	80.82亿
应收账款	24.54亿	40.00亿	45.03亿	56.75亿	43.27亿
存货	52.77亿	44.89亿	40.15亿	53.68亿	42.83亿
流动资产递延所得税	—	—	—	—	—
预付款项	28.78亿	25.84亿	28.94亿	35.95亿	37.30亿
流动资产特殊项目	15.98亿	18.38亿	8.77亿	8.26亿	6.77亿

续表

报告期	2019年三季报	2019年中报	2019年一季报	2018年报	2018年三季报
流动资产合计	179.93亿	199.85亿	181.29亿	273.26亿	211.00亿
固定资产总额	—	—	—	—	—
固定资产折旧	—	—	—	—	—
固定资产净额	106.13亿	91.94亿	86.75亿	85.31亿	76.65亿
股权投资和长期投资	51.96亿	25.08亿	23.98亿	21.38亿	18.84亿
商誉	3.71亿	3.56亿	3.67亿	3.67亿	3.67亿
无形资产净额	57.74亿	48.17亿	46.00亿	42.39亿	41.15亿
累计摊销	—	—	—	—	—
非流动资产递延所得税	5.05亿	4.47亿	4.64亿	3.89亿	3.81亿
非流动资产特殊项目	19.32亿	19.25亿	15.90亿	5.73亿	6.47亿
非流动资产合计	243.90亿	192.48亿	180.92亿	162.37亿	150.60亿
资产特殊项目	—	—	—	—	—
资产合计	423.83亿	392.33亿	362.22亿	435.63亿	361.60亿
短期借款	15.37亿	11.31亿	9.69亿	66.39亿	69.95亿
应付账款	101.72亿	107.62亿	95.41亿	116.30亿	69.30亿
应缴所得税	—	—	—	—	—
应计负债	55.24亿	49.85亿	46.94亿	55.13亿	32.41亿
流动负债递延收入	3.83亿	3.87亿	3.50亿	3.68亿	2.80亿
流动负债特殊项目	18.60亿	14.40亿	15.62亿	17.96亿	14.00亿
流动负债合计	194.76亿	187.06亿	171.15亿	259.46亿	188.47亿
长期借款	3.40亿	—	—	0	4.94亿
递延所得税负债	1.18亿	5 126.70万	3 424.50万	496.00万	511.10万
非流动负债递延收入	6.71亿	4.55亿	4.07亿	4.01亿	3.80亿
非流动负债特殊项目	10.71亿	7.20亿	3.84亿	0	—
非流动负债合计	22.00亿	12.27亿	8.25亿	4.06亿	8.79亿
负债特殊项目	—	—	—	—	—

续表

报告期	2019年三季报	2019年中报	2019年一季报	2018年报	2018年三季报
负债合计	216.76亿	199.33亿	179.41亿	263.52亿	197.26亿
股东权益					
优先股	—	—	—	—	—
普通股	8.70万	8.70万	8.70万	8.60万	8.60万
额外实收资本	100.18亿	97.67亿	95.58亿	93.85亿	92.76亿
未分配利润	104.69亿	95.93亿	87.80亿	79.07亿	72.20亿
库存股	—	—	—	—	—
累计损益	−3 991.30万	−2 118.10万	−1 252.90万	−3 088.30万	−1 134.40万
归属于母公司股东权益特殊项目	—	—	—	—	—
归属于母公司股东权益合计	204.47亿	193.40亿	183.25亿	172.62亿	164.85亿
归属于少数股东权益	2.60亿	−3 953.80万	−4 388.90万	−5 102.20万	−5 088.00万
权益特殊项目	—	—	—	—	—
股东权益合计	207.07亿	193.00亿	182.81亿	172.11亿	164.34亿

表4−9 **利润表** 单位：元

报告期	2019年三季报	2019年中报	2019年一季报	2018年报	2018年三季报
营业收入	606.59亿	421.82亿	204.60亿	845.24亿	564.99亿
其他收入	30.16亿	18.81亿	8.59亿	—	19.41亿
营业总收入	636.75亿	440.62亿	213.19亿	845.24亿	584.41亿
营业成本	499.96亿	346.17亿	169.62亿	674.55亿	467.56亿
营业毛利润	136.79亿	94.45亿	43.56亿	170.69亿	116.85亿
市场、销售和管理费用	60.17亿	30.34亿	14.50亿	59.15亿	57.40亿
研发支出	12.06亿	8.05亿	3.83亿	20.01亿	14.68亿
净利息费用	−7 547.60万	−6 811.5万	−3 857.70万	−8 312.80	−5 053.40万
利息收入	1.47亿	1.12亿	7 056.00万	2.43亿	1.72亿
利息支出	7 126.40万	4 417.7万	3 198.30万	1.60亿	1.22亿
营业支出特殊项目总计	34.59亿	37.78亿	16.60亿	67.32亿	30.59亿

续表

报告期	2019年三季报	2019年中报	2019年一季报	2018年报	2018年三季报
营业支出总计	106.06亿	75.49亿	34.55亿	145.65亿	102.16亿
营业利润	30.73亿	18.97亿	9.02亿	25.04亿	14.68亿
子公司股权权益收入	2 469.40万	3 708.70万	4 665.90万	-4 699.9万	1 332.00万
税前营业收入特殊项目	1.48亿	2.18亿	1.72亿	2.43亿	2.93亿
税前利润	32.46亿	21.52亿	11.21亿	27.00亿	17.74亿
所得税	6.70亿	4.57亿	2.44亿	5.67亿	3.35亿
税后利润	25.76亿	16.95亿	8.77亿	21.33亿	14.39亿
净利润	25.76亿	16.95亿	8.77亿	21.33亿	14.39亿
归属于普通股股东的净利润	25.61亿	16.86亿	8.72亿	21.29亿	14.40亿
少数股东损益	1 515.70万	903.30万	468.20万	468.50万	-64.00万
归属优先股股东的净利润及其他	0	0	—	—	0
归属母公司股东的净利润	25.61亿	16.86亿	8.72亿	21.29亿	14.40亿
其他综合收益	—	—	—	—	—
综合收益总额	0	0	—	21.26亿	0
其中：归属于少数股东的综合收益	0	0	—	468.50万	0
归属于母公司股东的综合收益	0	0	—	21.22亿	0
每股收益	—	—	—	—	—
基本每股收益	3.84	2.53	1.31	16.09	2.17
稀释每股收益	—	—	1.27	15.61	—

参考文献

[1] 齐宇，刘汉民. 国外同股不同权制度研究进展 [J]. 经济社会体制比较，2019 (4)：169-178.

[2] 于文成，刘新民，王垒. 基于异质股东的混合股权结构对国企双重任务的影响分析 [J]. 统计与信息论坛，2018，33 (4)：49-57.

[3] 宋建波，文雯，张海晴. 科技创新型企业的双层股权结构研究——基于京东和阿里巴巴的案例分析 [J]. 管理案例研究与评论，2016 (8)：340-350.

案例说明书

一、案例的教学目标

通过本案例了解我国双重股权结构公司上市现状，结合双重股权结构制度改革，分析唯品会股权结构改革对公司绩效的影响，掌握我国双重股权结构制度改革的意义，夯实和完善课程案例教学体系，培养学生用财务知识系统分析问题和解决问题的能力。

二、案例讨论的准备工作

为了有效实现本案例目标，学生应该具备下列相关知识背景：

（一）理论与制度背景

1.双重股权结构

双重股权结构也称双重股权制，就是在持股数量相同的情况下，基于持股等级的差异，部分股东可获得更多的投票权。与通常的单一股权制中一股一票、股东投票权一致的公司表决结构不同，双重股权结构中的优级股（通常是B股）每股所拥有的表决权大于一般股（通常是A股）。双重股权结构在世界范围内被广泛采纳，但每个国家或地区则有所不同。目前在加拿大、德国、丹麦、瑞士、挪威、芬兰、瑞典、意大利、墨西哥、巴西和韩国，双重股权结构较为普遍；而在美国、英国、法国、澳大利亚、中国香港、南非和智利则不多见。据统计，采用双重股权结构的上市公司占美国上市公司的8%。

2.双重股权激励理论

双重股权结构可以激励管理层，在公司高速发展的同时，使公司管理层作出有利于企业长远发展的决策，而不是为了眼前的利益忽略扩大企业市场份额。因此，双重股权结构能够有效解决代理问题，降低了代理成本，提高了企业绩效，还有效地保护了中小股东的权益。

3.财务绩效

财务绩效是企业战略及其实施和执行为最终的经营业绩作出的贡献。财务绩效能够全面地反映企业在成本控制、资产运用管理、资金来源调配等方面的工作效果，以及股东权益报酬率的组成。财务绩效主要体现在以下四个方面：

（1）盈利能力。盈利能力考核的立足点是经济增加值（EVA）和销售收入（利润）增长率。用EVA代替以往的权益报酬率、总资产报酬率、每股收益等指标，能更好地反映资本净收益和资本增值的状况，是企业绩效评价指标改进的发展趋势。销售收入（利润）增长率指标可以用来衡量企业的成长性。

（2）营运能力。营运能力可以促进企业加强资产管理，提高资产使用效率，增强企业的盈利能力。营运能力的主要评价指标包括存货周转率、应收账款周转率和固定资产周转率。

（3）偿债能力。偿债能力体现企业经济实力和财务状况，也是衡量企业经营是否稳健的重要尺度。偿债能力的主要指标有资产负债率、流动比率和速动比率。

（4）抗风险能力。抗风险能力是指企业抵御经营中各种不确定因素带来的不利影响的能力，可以从抗经营风险和抗财务风险两方面设置指标。

（二）行业背景

中国品牌电商的发展经历了价格阶段、品牌阶段，现已进入品质发展阶段。一方面，消费者对品质与个性化消费的追求不断增强，消费者的需求变化越来越快，品牌电商对消费者需求定位难度加大，对品牌产品及时满足终端消费者的要求越来越高；另一方面，新兴电商渠道迅速发展，消费者分布不集中，消费者触达难度增大，品牌电商的销售压力随之增加，因此品牌电商对获取多渠道流量的需求也增强了。针对需求的变化，在这一阶段，品牌电商不打价格战，也不盲目崇尚大品牌，而是开始注重精细化运营，建立成熟的品牌体系，加快多元渠道布局，同时利用大数据不断提高精细化运营能力。2018年，中国品牌电商服务市场规模达到1 613.4亿元，保持了45.7%的高速增长。电商在经历快速增长期之后，在整体稳健的状态下增速回落，品牌电商服务市场规模在未来同样具有体量不断增大、增速放缓的趋势。

我国人均可支配收入持续提高，加之国内持续减税政策不断刺激消费市场，这都将提高电商行业发展的天花板，并进一步吸引国外品牌涌入，丰富行业的运营品类。同时，国内消费升级，人们对品质生活的需求不断提高，为欧、美、日等国际中高端品牌提供了不断增长的市场空间，这将进一步加速国外中高端品牌进入中国的速度，为行业发展提供强劲驱动力。品牌电商服务行业经过几年的转型发展，建立了一定的进入壁垒，服务水平整体提升，同时出现了一批优质的高端服务商，引领行业快速发展。规模较大、资金及供应链实力较强的服务商强势崛起，已逐渐建立较强的竞争优势，行业头部效应凸显。

三、案例的分析要点

（一）需要学生识别的关键问题

本案例选取的财务指标都是比较有代表性的，并且是公开透明的，对这样的财务指标进行分析，能够客观地反映双重股权结构对公司绩效的影响。其中，偿债能力排在最前面，是由于企业的债务人拥有优先对企业财产的处置权。企业的债务情况和偿债能力直接影响企业的存续。然后是盈利能力，由于股东掌握公司股票的目的是分配利润，盈利能力的结果对其产生直接影响，所以盈利能力排在第二位。唯品会的主要盈利方式为商品的销售，选取的指标主要是回报率，主要包括销售毛利率和销售净利率。接下来是营运能力，唯品会属于电子商务，电子商务的存货问题一直备受争议，所以唯品会强调存货周转率和自有的物流系统，这两方面对公司绩效的影响较大。唯品会的自有物流系统也是唯品会经营的一大特色，它在物流系统上耗费了很多资金，是管理团队着重建设的对象。

（二）双重股权结构问题及评价

在本案例的学习过程中，学生需要围绕以下三个问题对双重股权结构进行评价和分析：

1.单一股权结构与双重股权结构对公司治理各有何利弊？

2.如何在企业融资过程中通过相应的制度设计或者制度创新保持创始人控制权，以有利于企业的长期可持续发展？

3.在双重股权结构下如何约束创始人的控制行为，保护其他投资者的利益不受侵害？

四、教学组织方式

（一）问题清单及提问顺序

1.百度、阿里巴巴、腾讯、京东等很多优秀的互联网公司为什么不在国内上市？

2.列举中国电商十大品牌。

3.唯品会成功的商业模式是什么？

4.简述唯品会上市与双重股权结构改革的关系。

5.唯品会采取双重股权结构后绩效有何变化？

6.双重股权结构的实施可能产生哪些问题？

7.唯品会2019年的绩效有何变化？

（二）课时分配

1.课后自行阅读和查阅资料：约3小时；

2.小组讨论并提交分析报告提纲：约1.5小时；

3.课堂小组代表发言、进一步讨论：约1.5小时；

4.课堂讨论总结：约0.5小时。

（三）讨论方式

本案例可以围绕“上市公司是否应该采用双重股权结构”这一主题进行辩论。

（四）课堂讨论总结

课堂讨论总结要点：归纳发言者的主要观点，对亮点予以肯定，对不足之处予以指导；针对本说明书中的分析要点进行重点点评，并要求学生进行归纳、提炼；对焦点问题或有争议观点鼓励进一步搜集、阅读扩展资料，引导学生深入、系统思考双重股权结构给公司治理带来的影响。

案例5

跨境通宝电子商务股份有限公司股权激励机制研究

案例正文

适用课程：财务管理；管理会计等

编写目的：通过本案例的教学与讨论分析，帮助学生了解公司治理模式、公司激励体制以及股权结构；通过跨境通宝电子商务股份有限公司先后5次股权激励方案，了解股权激励在该公司中的重要地位，以及对该公司今后发展产生的影响。

知识点：股权结构；股东；股权激励政策

关键词：股权激励；股东；盈利能力

案例摘要：股权激励政策一直以来被很多上市公司所采用，这种激励机制在一定程度上能够激发公司员工的积极性，并且与公司的整体战略保持一致。跨境通宝电子商务股份有限公司（以下简称跨境通宝）作为一家上市公司也不例外，它从2015年开始实施股权激励政策，迄今为止，共实施了5次。在这5次股权激励中，激励的对象较少，主要针对该公司的高管人员以及核心团队。本案例通过解析跨境通宝的股权激励方案，对其产生的影响进行研究，多角度分析股权激励对该公司盈利能力以及其他方面的影响。

一、背景简介

（一）跨境通宝简介

跨境通宝的主营业务为跨境电商进出口，跨境出口的主要是服装类产品、电子类产品等，跨境进口的主要是母婴类产品、美妆类产品、保健品、食品等。目前，跨境通宝已成为中国A股市场上一家以品牌产品对外输出为主的跨境电商企业。跨境通宝在保留原有的服装零售业务的基础上，将国内各类3C电子产品、服装服饰、美容品等各类品牌产品供应给全球客户。跨境通宝的跨境电商业务已覆盖美国、加拿大、英国、德国、俄罗斯、法国、西班牙等200多个国家和地区。

跨境通宝的主要经营范围包括：电子产品的技术研发与销售；自营或代理各类商品和技术的进出口业务（国家限制或禁止的除外）；仓储服务，物流基地、物流中心的管理，包装服务，批发零售针纺织品、服装、缝纫机械、服装原材料、百货、皮革制品、家具、工艺品、文化用品、五金交电、建材；服装加工、生产；自有房屋租赁、物业管理、企业咨询。

（二）国内外跨境电商行业发展现状

跨境电商又称跨境电子商务，是指在不同关境的交易主体，借助电子商务平台进行交易和支付结算等活动，并利用跨境物流送达商品、完成交易的一种国际商业活动。按进出境货物流向划分，跨境电商分为跨境出口和跨境进口。随着信息技术、互联网技术和跨境物流的不断完善，跨境电商行业迅速发展，成为全球潜力巨大的新型贸易方式。

当前，我国主流的跨境电商业务模式主要有B2B和B2C两种。B2B模式通常是指企业通过线上渠道发布广告和信息，经由线下渠道成交和通关；B2C模式通常是指企业直接面向广大海外消费者，以销售个人消费品为主，进行销售活动。随着跨境电商行业的发展，B2C模式日益成为跨境电商行业的主流商业模式。B2C模式有两大类：一是电商企业通过建立独立的B2C网站进行销售活动；二是电商企业通过入驻第三方平台进行销售活动。

1.我国跨境电商行业快速发展

受国际经济环境的影响，我国传统外贸行业发展速度明显放缓，而跨境电商则保持较高的增长速度。据统计，2017年我国跨境电商总交易额达到7.6万亿元，同比增长20.63%。跨境电商占进出口贸易的比重也在逐年攀升，从2011年的7.38%上升至2017年的28.08%，增长了近3倍。跨境电商在我国进出口贸易领域展现出巨大的发展潜力，成为推动我国外贸发展的主要力量。

2.欧美跨境电商出口市场成熟稳定，发展中国家和地区市场快速崛起

随着移动互联网技术的发展和移动智能终端的迅速普及，社会物流服务体系逐渐升级，全球互联网的使用率和网购渗透率大幅提升。根据Ecommerce Foundation的数据，2017年全球各大洲及主要国家的网购渗透率、电商生产总值占公司GDP

比率、零售电商增长率见表5-1、表5-2和表5-3。

表5-1 **2017年网购渗透率**

地区	网购人群占总人口比例（%）
欧洲	58.0
北美	70.0
南美	43.5
亚太	43.5
中东与非洲	43.5
总体	50.4

表5-2 **2017年电商生产总值占公司GDP比率**

国家	电商生产总值占公司GDP比率（%）
英国	7.9
中国	5.8
法国	3.9
韩国	2.9
西班牙	2.7
德国	2.5
美国	2.3
澳大利亚	1.9
日本	1.6
土耳其	1.6
意大利	1.6

通过上述数据可以看出，全球超过50%的人有网购行为，电商发展在英国、中国和法国占比最高。我国跨境电商企业已经和世界上绝大部分国家和地区发生了贸易往来，其中，跨境电商出口的主要目标市场是欧洲、北美的发达国家和地区，澳大利亚、俄罗斯、中东、东南亚、巴西等国家与地区正在快速崛起。

（三）市场竞争状况、该公司的市场地位及竞争优势

1.综合跨境电商B2C平台竞争状况

近年来，跨境电商行业发展十分迅速，巨大的市场空间与不断完善的政策环境

表 5-3 **2017年零售电商增长率**

国家	零售电商增长率（%）
澳大利亚	40
土耳其	31
墨西哥	26
意大利	26
西班牙	25
俄罗斯	25
阿根廷	22
法国	21
印度尼西亚	20
中国	20
德国	18
印度	17
英国	16
日本	16
智利	15
韩国	15
巴西	14
沙特阿拉伯	11
加拿大	9
美国	9
以色列	8

为跨境电商平台的发展提供了充足的动力，新的跨境电商平台不断涌现。第三方数据平台Similarweb的数据显示，在全球排名前100的购物类网站中，共有B2C零售电商网站43个，其中，跨境电商网站27个，包括Amazon旗下11个网站与eBay旗下9个网站。按所属公司划分，该27个网站分别隶属Amazon、eBay、阿里巴巴、Wish、环球易购等9家公司。截至2018年3月，全球知名跨境电商平台和跨境电商B2C平台的运营数据见表5-4和表5-5。

表5-4　　全球知名跨境电商平台运营数据

运营指标	Amazon.com	eBay.com	Aliexpress.com	Rakuten.co.jp	Wish.com	Gearbest.com	Bestbuy.com
世界排名	17	38	52	108	245	357	429
月流量	2.596B	1.420B	718.7M	416.3M	134.9M	140.6M	126.8M
月浏览人数	539.7M	365.1M	220.8M	66.49M	49.20M	57.53M	57.82M
停留时长	00：06：25	00：06：22	00：09：04	00：07：04	00：07：49	00：03：54	00：04：01
跳出率	37.15%	38.16%	24.53%	35.83%	25.35%	47.66%	49.14%
直接浏览量	655.9M	303.0M	234.6M	64.54M	25.59M	28.10M	20.15M

表5-5　　跨境电商B2C平台运营数据

运营指标	Aliexpress.com	Gearbest.com	Banggood.com	SheIn.com	Tomtop.com	Jollychic.com
世界排名	52	357	780	2 043	7 789	25 096
月流量	718.7M	140.6M	71.33M	27.83M	10.82M	2.082M
月浏览人数	220.8M	57.53M	29.15M	13.02M	5.486M	0.741 M
停留时长	00：09：04	00：03：54	00：04：23	00：06：13	00：02：36	00：08：21
跳出率	24.53%	47.66%	47.00%	46.33%	42.13%	34.24%
直接浏览量	234.6M	28.10M	13.08M	6.967M	1.985M	0.201 M

从全球市场来看，跨境电商平台的进入门槛极高，市场集中度高，且市场竞争非常激烈。目前，跨境电商平台有超级电商平台Amazon、eBay、Aliexpress，新兴跨境电商平台Rakuten、Gearbest、Bestbuy、Wish、Newegg等发展势头良好。

跨境通宝旗下跨境电商B2C平台Gearbest的竞争优势在于：首先，主要布局小语种等新兴市场地区，避开了其他电商巨头的优势市场区域，在新兴市场拥有区位布局优势；其次，依托中国制造优势，已经基本建成了全球供应链管理体系、全球仓储物流体系，拥有较完善的业务服务支撑体系；再次，熟悉海外互联网营销推广特征，拥有强大的线上引流能力，可以快速获得用户，快速提升市场份额；最后，拥有强大的运营团队，能够有效地支持Gearbest的战略落地与执行。

2.服装类跨境电商B2C平台竞争状况

随着跨境电商行业的发展与行业竞争的加剧，服装类跨境电商B2C网站也开始呈现品牌化、非标化、平台化的特征。根据服装类跨境电商B2C零售网站的流量排名与行业知名度，我们选择以下具有行业代表性的服装类跨境电商B2C网站进行分析。截至2018年3月，全球知名服装类跨境电商B2C网站的运营数据见表5-6。

表5-6　　知名服装类跨境电商B2C网站运营数据

序号	网站名称	网站运营指标		
		每月流量	每月浏览人数（百万）	直接浏览量
1	Asos.com	64.46M	24.45	17.59M
2	Zozo.jp	47.69M	9.979	5.886M
3	Zaful.com	28.70M	16.43	5.463M
4	SheIn.com	27.83M	13.02	6.967M
5	Rosegal.com	21.10M	12.29	10.38M
6	Zappos.com	19.17M	10.37	4.151M
7	Zalando.de	18.98M	7.274	3.877M
8	Dafiti.com.br	17.94M	7.773	1.860M

Asos是英国一个专注于线上零售的服装快时尚网站，拥有自有品牌Asos，也进行第三方品牌销售，目前在服装类跨境电商B2C零售网站中排名第一；

Zozo是日本最大的时尚服装类跨境电商B2C零售网站；

Zaful是跨境通宝旗下子公司环球易购运营的快时尚零售网站，市场销售以北美、欧洲、澳大利亚等为主；

SheIn是南京领添信息技术有限公司运营的服装快时尚零售网站，其市场主要在北美、欧洲、印度等；

Rosegal是跨境通宝旗下子公司环球易购运营的以大码服装为主的时尚零售网站，市场销售以北美为主；

Zappos是美国一家以鞋类商品销售为主的垂直类零售网站，其经营非常注重用户体验，该网站已被亚马逊收购；

Zalando是一家在德国注册的欧洲最大的时尚服装类零售网站，其市场主要在欧洲；

Dafiti是拉丁美洲最大的时尚类跨境电商B2C零售网站，主营鞋类、运动服装、手袋及配件。

跨境通宝旗下子公司环球易购自营服装类网站的运营实行差异化发展与竞争策略，以服装品类为切入点，打造垂直领域的综合电商平台。其中，Zaful以泳装为突破口，带动时尚运动周边品类的销售，成为一个以时尚运动场景化运营的垂直类购物网站；Rosegal以大码服装为突破口，服务于体型偏胖的客户群体，拓展周边品类。

（四）历届高管人员名单

跨境通宝作为一家上市公司，先后实行了5次股权激励政策，针对的均为高管人员及核心团队人员。根据资料，跨境通宝历届高管人员名单见表5-7。

表5-7　跨境通宝高管人员名单

姓名	职务	起始日期
徐佳东	总经理	2017-03-15
鲁培刚	副总经理	2009-11-08
张红霞	副总经理	2015-11-23
周敏	副总经理	2018-04-26
李艳芳	副总经理	2018-04-26
安小红	财务负责人	2012-11-29
高翔	董事会秘书	2009-11-08

二、案例概况

（一）跨境通宝股权激励计划实施情况

1.第一期股票期权激励计划（见表5-8）

表5-8　跨境通宝第一期股权激励变动表

2015年3月3日	董事会审议通过了《关于〈股票期权激励计划（草案）〉及其摘要的议案》，向中国证监会上报了申请备案材料
2015年3月12日	中国证监会确认备案无异议
2015年4月23日	股东大会审议通过了《关于〈股票期权激励计划（草案）〉及其摘要的议案》
2015年4月28日	审议通过了《关于向激励对象授予股票期权的议案》
2015年5月27日	完成了激励计划的股票期权授予登记工作，期权简称：百圆JLC1，期权代码：037689
2016年11月11日	审议通过了《关于对股票期权激励计划之股票期权行权价格及授予总量进行调整的议案》《关于股票期权激励计划第一个行权期符合行权条件的议案》
2017年3月28日	股票期权第一个行权期行权，本次行权人数为11人，本次股票期权行权数量为2 400 000份，行权后公司总股本变更为1 431 510 371元
2017年5月27日	审议通过了《关于注销股票期权激励计划部分已获授但未行权股票期权的议案》，激励对象徐佳东因未在规定时间内缴纳第一期行权资金，按照相关规定，公司对其所获授的第一期股票期权120万份予以注销
2017年6月19日	审议通过了《关于对股票期权激励计划之股票期权行权价格进行调整的议案》和《关于股票期权激励计划第二个行权期符合行权条件的议案》，股票期权的行权价格由6.76元/份调整为6.704元/份
2017年7月12日	股票期权第二个行权期行权，本次行权人数为12人，本次股票期权行权数量为3 600 000份，行权后公司总股本变更为1 435 110 371元

（1）本次激励对象。

该激励计划涉及的激励对象共12人，包括跨境通宝的部分董事、核心骨干以及全资子公司环球易购的董事、高级管理人员和核心骨干，不包括独立董事、监事。激励对象人员名单及分配情况见表5-9。

表5-9 **跨境通宝第一期股权激励对象**

姓 名	职 位	获授的股票期权份数（万份）	获授股票期权占授予总数的比例（%）	获授股票期权占当前总股本比例（%）
徐佳东	董事、副总经理	100	33.33	0.47
核心骨干（包括子公司，共11人）		200	66.67	0.95
合 计		300	100.00	1.42

（2）行权条件和时间安排。

该激励计划对股票期权行权条件所确定的公司业绩考核指标为：在该激励计划有效期内，分年度进行考核。考核期内，若公司层面或激励对象个人层面考核结果不符合《山西百圆裤业连锁经营股份有限公司股票期权激励计划实施考核管理办法》的相关规定，则将按照该激励计划的相关规定注销激励对象相应考核年度内所获期权可行权份额。

①公司业绩考核要求。

等待期考核指标：股票期权/限制性股票在等待期/锁定期内，归属于上市公司股东的净利润及扣除非经常性损益净额后归属于上市公司股东的净利润不得低于授予日前最近三个会计年度的平均水平且不得为负。

行权期前一年度业绩考核要求：该激励计划在2015—2017年会计年度中，分年度对跨境通宝及其全资子公司环球易购的业绩指标进行考核，以达到业绩考核目标作为激励对象当年度的行权条件之一。业绩考核的指标为：公司净利润增长率及全资子公司净利润实现值。在该激励计划有效期内，跨境通宝对各年度财务业绩的考核目标见表5-10。

若跨境通宝在股权激励计划有效期内实施公开发行、非公开发行、重大资产重组等影响净资产的行为，则业绩指标值以扣除新增的净资产及该净资产所产生的净利润为计算依据。若期权的行权条件达成，则激励对象按照该激励计划规定比例行权；反之，若行权条件未达成，则按照该激励计划的相关规定，注销激励对象所获授期权当期可行权份额。

②个人绩效考核要求。

根据《山西百圆裤业连锁经营股份有限公司股票期权激励计划实施考核管理办法》，激励对象只有在上一年度达到公司业绩考核目标及个人绩效考核满足条件的

表5-10　　跨境通宝第一期股权激励计划行权安排表

行权期	行权时间	业绩考核条件	可行权占获授权益的比例（%）
第一个行权期	自授予日起12个月后的首个交易日起至授予日起24个月内的最后一个交易日当日止	以2014年业绩为基准，2015年公司实现的净利润较2014年增长不低于200%，且全资子公司环球易购2015年实现的净利润不低于10 000万元	20
第二个行权期	自授予日起24个月后的首个交易日起至授予日起36个月内的最后一个交易日当日止	以2014年业绩为基准，2016年公司实现的净利润较2014年增长不低于350%，且全资子公司环球易购2016年实现的净利润不低于15 500万元	20
第三个行权期	自授予日起36个月后的首个交易日起至授予日起48个月内的最后一个交易日当日止	以2014年业绩为基准，2017年公司实现的净利润较2014年增长不低于550%，且全资子公司环球易购2017年实现的净利润不低于22 500万元	60

前提下，才可行权，具体行权比例依据激励对象个人绩效考核结果确定。个人绩效考评结果按照S（优秀）、A（良好）、B（合格）、C（不合格）四个考核等级进行归类，各考核等级对应的考核分数和可行权比例见表5-11。

表5-11　　个人绩效考核要求表

考核分数	分数≥95	85≤分数<95	60≤分数<85	分数<60
考核等级	S（优秀）	A（良好）	B（合格）	C（不合格）
可行权比例（%）	100	90	80	0

2.第二期股权激励计划（限制性股票）（见表5-12）

（1）激励对象。

该激励计划涉及的激励对象共15人，包括跨境通宝的部分董事、高级管理人员及核心技术（业务）骨干，不包括独立董事、监事。激励对象人员名单及分配情况见表5-13。

（2）解锁时间安排。

该激励计划的有效期为限制性股票授予之日起至所有限制性股票解锁或回购注销完毕之日止，自限制性股票授予之日起48个月。

该激励计划授予的限制性股票自授予之日起满12个月后，满足解锁条件的，激励对象可以在未来36个月内按20%：30%：50%的比例分三期解锁。

表5-12 跨境通宝第二期股权激励计划变动表

2015年11月14日	董事会审议通过了《关于〈限制性股票激励计划（草案）〉及其摘要的议案》
2015年12月2日	股东大会审议通过了《关于〈限制性股票激励计划（草案）〉及其摘要的议案》
2015年12月4日	审议通过了《关于向激励对象授予限制性股票的议案》
2016年1月6日	完成限制性股票首次授予登记工作
2016年11月11日	审议通过了《关于对限制性股票激励计划之限制性股票回购价格及授予总量进行调整的议案》
2017年5月27日	审议通过了《关于限制性股票激励计划第一个解锁期解锁条件成就的议案》，董事会认为公司设定的限制性股票的第一个解锁期解锁条件已经成就
2017年6月19日	第一期可解锁的限制性股票上市流通，可解锁的股权激励对象共15名，解锁的限制性股票数量为360万股，占公司总股本比例为0.25%
2017年6月19日	审议通过了《关于对限制性股票激励计划之限制性股票回购价格进行调整的议案》，本次股权激励计划中限制性股票的回购价格由11.3335元/股调整为11.2775元/股

表5-13 跨境通宝第二期股权激励对象

姓名	职位	获授的股票期权份数（万份）	获授股票期权占授予总数的比例（%）	获授股票期权占当前总股本比例（%）
徐佳东	董事、总经理	700	38.89	0.49
核心骨干（包括子公司，共14人）		1 100	61.11	0.77
合计		1 800	100.00	1.26

（3）解锁条件。

该激励计划对限制性股票解锁条件所确定的公司业绩考核指标为：在该激励计划有效期内，分年度进行考核。考核期内，若公司层面或激励对象个人层面考核结果不符合《跨境通宝电子商务股份有限公司限制性股票激励计划实施考核管理办法》的相关规定，则将按照该激励计划的相关规定回购并注销激励对象相应考核年度内可解锁的限制性股票。

①公司业绩考核要求。

锁定期考核指标：在限制性股票锁定期内，各年度归属于上市公司股东的净利润及扣除非经常性损益的净利润均不得低于授予日前最近三个会计年度的平均水平且不得为负。

解锁期前一年度业绩考核要求：该激励计划在2016—2018年会计年度中，分年度对跨境通宝及其全资子公司环球易购的业绩指标进行考核，以达到业绩考核目标作为激励对象当年度的解锁条件之一。业绩考核的指标为：公司净利润增长率及全资子公司环球易购净利润。在该激励计划有效期内，跨境通宝对各年度财务业绩的考核目标见表5-14。

表5-14　　**跨境通宝第二期股权激励计划解锁条件安排表**

解锁期安排	业绩考核指标
限制性股票第一次解锁	以2015年业绩为基准，2016年公司实现的净利润较2015年增长不低于20%，且全资子公司环球易购2016年实现的净利润不低于20 500万元
限制性股票第二次解锁	以2015年业绩为基准，2017年公司实现的净利润较2015年增长不低于70%，且全资子公司环球易购2017年实现的净利润不低于28 500万元
限制性股票第三次解锁	以2015年业绩为基准，2018年公司实现的净利润较2015年增长不低于100%，且全资子公司环球易购2018年实现的净利润不低于35 500万元

若限制性股票的解锁条件达成，激励对象持有的限制性股票按照该激励计划规定比例逐年解锁；反之，若解锁条件未达成，则按照该激励计划的相关规定，以回购价格回购限制性股票并注销。

②个人绩效考核要求同第一期股权激励计划。

3.第三期股票期权激励计划（见表5-15）

表5-15　　**跨境通宝第三期股权激励计划变动表**

2017年8月17日	董事会审议通过了《关于〈跨境通宝电子商务股份有限公司第三期股票期权激励计划（草案）〉及其摘要的议案》
2017年9月5日	临时股东大会审议通过了《关于〈跨境通宝电子商务股份有限公司第三期股票期权激励计划（草案）〉及其摘要的议案》
2017年9月11日	审议通过了《关于向第三期股票期权激励计划激励对象授予股票期权的议案》，确定股票期权的授权日为2017年9月11日
2017年10月16日	完成了第三期股票期权激励计划所涉的股票期权授予登记工作，期权简称：跨境JLC2，期权代码：037750

（1）授予对象，见表5-16。

该激励计划的有效期为自股票期权授权日起至所有股票期权行权或注销完毕之日止，最长不超过36个月。该激励计划授予的股票期权自授权日起满12个月后，满足行权条件的，激励对象可以在未来24个月内按50%：50%的比例分两期行权。具体安排见表5-17。

表 5-16　　**跨境通宝第三期股权激励对象**

姓名和职位	获授的股票期权份数（万份）	获授股票期权占授予总数的比例（%）	获授股票期权占当前总股本比例（%）
帕拓逊管理层及核心骨干（共12人）	370	100	0.26

表 5-17　　**跨境通宝第三期股权激励计划行权安排表**

行权期	行权时间	可行权数量占获授期权数量比例（%）
第一个行权期	自股票期权授权日起12个月后的首个交易日起至股票期权授权日起24个月内的最后一个交易日当日止	50
第二个行权期	自股票期权授权日起24个月后的首个交易日起至股票期权授权日起36个月内的最后一个交易日当日止	50

（2）股票期权行权条件。

①公司业绩考核要求。

该激励计划授予股票期权的行权考核年度为2017年、2018年两个会计年度，每个会计年度考核一次，各年度业绩考核目标见表5-18。

表 5-18　　**跨境通宝第三期股权激励计划行权条件表**

行权期	业绩考核指标
第一个行权期	帕拓逊2017年实现的归属于母公司的净利润达到1.8亿元
第二个行权期	帕拓逊2018年实现的归属于母公司的净利润达到2.8亿元

该激励计划中所指净利润或计算过程中所需使用的净利润均以扣除非经常性损益前后归属于上市公司股东的净利润的孰低者为依据。期权的行权条件达成，则激励对象按照规定比例行权；反之，若行权条件未达成，则按照该激励计划的相关规定，注销激励对象所获授期权当期可行权份额。

②个人绩效考核要求同第一期股权激励计划。

4.第四期股票期权激励计划（见5-19）

（1）跨境通宝第四期股票期权激励计划授予数量为994万份，授予人数为147名，见表5-20。

该激励计划的有效期为自股票期权授权日起至所有股票期权行权或注销完毕之日止，最长不超过60个月。该激励计划首次授予的股票期权自本期激励计划授予完成登记之日起满18个月后，满足行权条件的，激励对象可以在未来36个月内分三期行权。

（2）首次授予期权行权期及各期行权时间安排，见表5-21。

表5-19　　跨境通宝第四期股权激励计划变动表

2017年11月13日	董事会审议通过了《关于〈跨境通宝电子商务股份有限公司第四期股票期权激励计划（草案）〉及其摘要的议案》
2017年11月29日	临时股东大会审议通过了《关于〈跨境通宝电子商务股份有限公司第四期股票期权激励计划（草案）〉及其摘要的议案》。
2017年12月5日	审议通过了《关于调整第四期股票期权激励计划首次授予激励对象人员名单及授予数量的议案》和《关于向第四期股票期权激励计划激励对象首次授予股票期权的议案》，根据2017年第六次临时股东大会的授权，董事会对第四期股票期权激励计划首次授予激励对象人员名单及授予数量进行调整，将本次股票期权激励计划首次授予的激励对象人数由原151名调整为147名，授予的股票期权数量由原1 002万份调整为994万份，并确定首次授予股票期权的授权日为2017年12月5日
2018年1月15日	完成了第四期股票期权激励计划的首次授予登记工作，期权简称：跨境JLC3，期权代码：037764

表5-20　　跨境通宝第四期股权激励对象

激励对象	获授的股票期权份数（万份）	获授股票期权占授予总数的比例（%）	获授股票期权占当前总股本比例（%）
环球易购管理层及核心骨干（共147人）	994	83.39	0.69
预留权	198	16.61	0.14
合计	1 192	100.00	0.83

表5-21　　跨境通宝第四期股权激励计划行权条件表

行权期	行权时间	可行权数量占获授期权数量比例（%）
首次授予的股票期权第一个行权期	自首次授予的股票期权授予完成登记之日起18个月后的首个交易日起至首次授予的股票期权授予完成登记之日起30个月内的最后一个交易日当日止	30
首次授予的股票期权第二个行权期	自首次授予的股票期权授予完成登记之日起30个月后的首个交易日起至首次授予的股票期权授予完成登记之日起42个月内的最后一个交易日当日止	30
首次授予的股票期权第三个行权期	自首次授予的股票期权授予完成登记之日起42个月后的首个交易日起至首次授予的股票期权授予完成登记之日起54个月内的最后一个交易日当日止	40

（3）股票期权行权条件。

①公司业绩考核要求。

该激励计划授予股票期权的行权考核年度为2018—2020年三个会计年度，每个会计年度考核一次，各年度业绩考核目标见表5-22。

表5-22　　跨境通宝第四期股权激励计划行权业绩要求表

行权期	业绩考核指标
首次/预留的股票期权的第一个行权期	环球易购2018年实现的净利润达到4.92亿元
首次/预留的股票期权的第二个行权期	环球易购2019年实现的净利润达到5.62亿元
首次/预留的股票期权的第三个行权期	环球易购2020年实现的净利润达到6.32亿元

若期权的行权条件达成，则激励对象按照规定比例行权；反之，若行权条件未达成，则按照该激励计划的相关规定，注销激励对象所获授期权当期可行权份额。

②个人绩效考核要求同第一期股权激励计划。

5.第五期股票期权激励计划

第五期股票期权激励计划拟向激励对象授予的股票期权总量为7 000万份，约占该激励计划签署时该公司股本总额155 804.1330万股的4.49%。每份股票期权赋予激励对象在满足行权条件的情况下，在可行权日以行权价格购买1股公司股票的权利。股票来源为向激励对象定向发行公司A股普通股股票。

（1）授予对象，见表5-23。

表5-23　　跨境通宝第五期股权激励计划变动表

姓名	职位	获授的股票期权份数（万份）	获授股票期权占授予总数的比例（%）	获授股票期权占当前总股本比例（%）
鲁培刚	副总经理	100	1.43	0.06
李艳芳	副总经理	100	1.43	0.06
核心骨干（共计20人）		6 800	97.14	4.36
合计（22人）		7 000	100	4.49

授予的股票期权自该激励计划授予完成登记之日起满12个月后，激励对象应在未来36个月内分三期行权。

（2）授予期权行权期及各期行权时间安排，见表5-24。

激励对象只有在同时满足下列条件时，才能获授股票期权：

①公司未发生以下任一情形：一是最近一个会计年度财务会计报告被注册会计师出具否定意见或者无法表示意见的审计报告；二是最近一个会计年度财务报告内部控制被注册会计师出具否定意见或无法表示意见的审计报告；三是上市后最近36个月内出现过未按法律法规、公司章程、公开承诺进行利润分配的情形；四是法律法规规定不得实行股权激励的；五是中国证监会认定的其他情形。

表5-24　　**跨境通宝第五期股权激励计划行权条件安排表**

行权期	行权时间	可行权数量占获授期权数量比例（%）
第一个行权期	自授予的股票期权授予完成登记之日起12个月后的首个交易日起至授予的股票期权授予完成登记之日起24个月内的最后一个交易日当日止	30
第二个行权期	自授予的股票期权授予完成登记之日起24个月后的首个交易日起至授予的股票期权授予完成登记之日起36个月内的最后一个交易日当日止	30
第三个行权期	自授予的股票期权授予完成登记之日起36个月后的首个交易日起至授予的股票期权授予完成登记之日起48个月内的最后一个交易日当日止	40

②激励对象未发生以下任一情形：一是最近12个月内被证券交易所认定为不适当人选的；二是最近12个月内被中国证监会及其派出机构认定为不适当人选的；三是最近12个月内因重大违法违规行为被中国证监会及其派出机构行政处罚或者采取市场禁入措施的；四是具有《中华人民共和国公司法》（以下简称《公司法》）规定的不得担任公司董事、高级管理人员情形的；五是法律法规规定不得参与上市公司股权激励的；六是中国证监会认定的其他情形。

（3）股票期权的行权条件。

发生上述第①条规定情形之一的，所有激励对象根据该激励计划已获授但尚未行权的股票期权应当由公司注销；

某一激励对象发生上述第②条规定情形之一的，该激励对象根据该激励计划已获授但尚未行权的股票期权应当由公司注销。

激励对象行使已获授的股票期权，除满足上述授予条件中的第①、②条外，还必须同时满足如下条件：

①公司业绩考核要求。

该激励计划授予股票期权的行权考核年度为2018—2020年三个会计年度，每个会计年度考核一次，各年度业绩考核目标见表5-25。

表5-25　　**跨境通宝第五期股权激励计划业绩要求表**

行权期	业绩考核指标
第一个行权期	跨境通宝2018年实现的净利润不低于（含）10亿元
第二个行权期	跨境通宝2019年实现的净利润不低于（含）13亿元
第三个行权期	跨境通宝2020年实现的净利润不低于（含）15亿元

②激励对象所在组织的绩效考核及个人绩效考核要求。

根据《跨境通宝电子商务股份有限公司第五期股票期权激励计划实施考核管理办法》，激励对象只有在规定的考核年度内达到公司业绩目标，所在组织业绩考核结果达到60分以上，以及个人绩效考核为“合格”时，即考核综合评分60分以上（含60分），才可具备获授股票期权本年度的行权资格。个人当期可行权比例的计算公式如下：

$$\text{个人当期可行权比例}=\text{个人所在组织绩效考核结果对应的比例}\times\text{个人绩效考核结果对应的比例}$$

个人所在组织绩效考核结果对应的比例规定具体见表5-26。

表5-26　　跨境通宝第五期股权激励计划个人所在组织考核表

个人所在组织绩效考核结果	组织绩效考核结果对应的比例（%）
90以上（含90）	100
80（含80）~90	90
70（含70）~80	80
60（含60）~70	70
60以下（不含60）	0

③个人绩效考核结果对应的比例同第一期股权激励计划。

三、跨境通宝股权激励对公司的影响

（一）业绩影响

1.盈利能力（见表5-27和图5-1）

表5-27　　跨境通宝2013—2017年盈利能力

项目＼年份	2013	2014	2015	2016	2017
加权净资产收益率（%）	4.62	4.18	8.81	13.55	16.62
毛利率（%）	46.34	52.52	55.60	48.34	49.77
净利率（%）	6.41	3.40	4.20	5.01	5.47

从表5-27可以看出，跨境通宝2013—2017年盈利能力整体呈现平缓递增趋势，盈利情况良好。其中，加权净资产收益率在2015—2017年递增趋势尤为明显，毛利率和净利率整体平缓。可见，在实施股权激励后，跨境通宝的整体盈利能力是有所上升的。

2.盈利质量

本案例利用跨境通宝经营活动现金流量净额与净利润对比，并计算出跨境通宝的盈利现金比率，见表5-28和图5-2；跨境通宝应收账款周转天数见表5-29和图5-3。

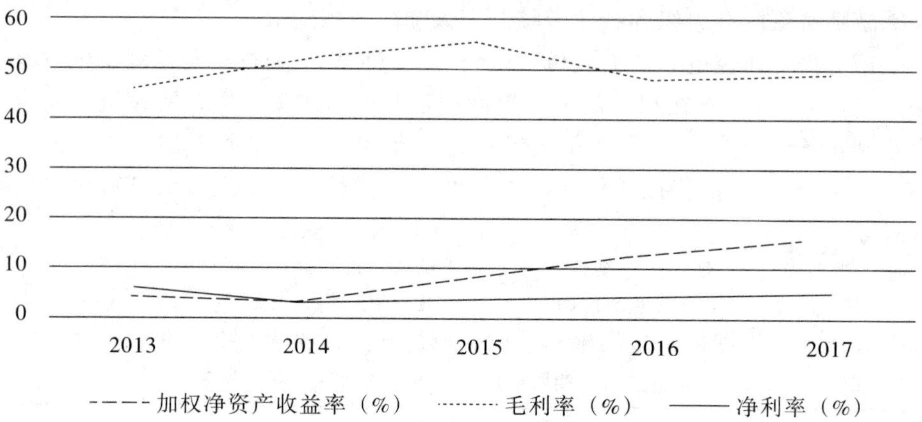

图 5-1　跨境通宝 2013—2017 年盈利能力趋势图

表 5-28　　**跨境通宝 2013—2017 年盈利质量**

项目 \ 年份	2013	2014	2015	2016	2017
净利润（万元）	2 861.47	2 865.91	16 636.76	42 803.97	76 652.28
经营活动现金流量净额（万元）	-4 837.32	-1 312.93	-1 294.39	-105 946.63	-29 212.39
盈利现金比率（%）	-169.05	-45.81	-7.78	-247.52	-38.11

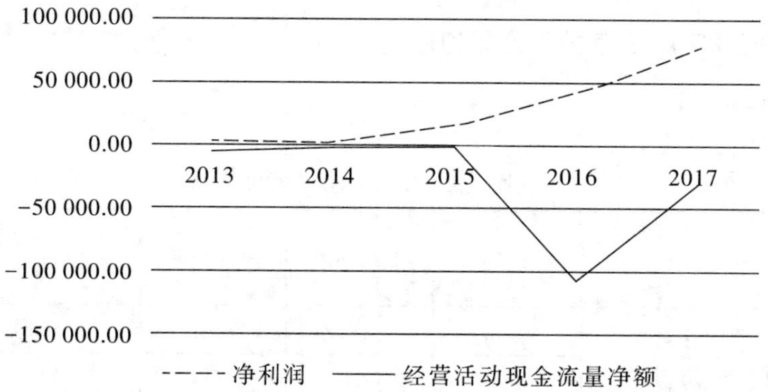

图 5-2　跨境通宝 2013—2017 年盈利质量（单位：万元）

表 5-29　　**跨境通宝 2013—2017 年应收账款周转天数表**

项目 \ 年份	2013	2014	2015	2016	2017
应收账款周转天数	197.77	140.72	29.16	17.56	15.72

从上述图表可以看出，跨境通宝 2013—2017 年净利润整体呈现上升趋势，但经营活动现金流量净额一直是负数，特别是 2016 年下降趋势尤为明显。根据其年报得知，跨境通宝 2015—2017 年营业收入一直是递增状态，同时，应收账款从

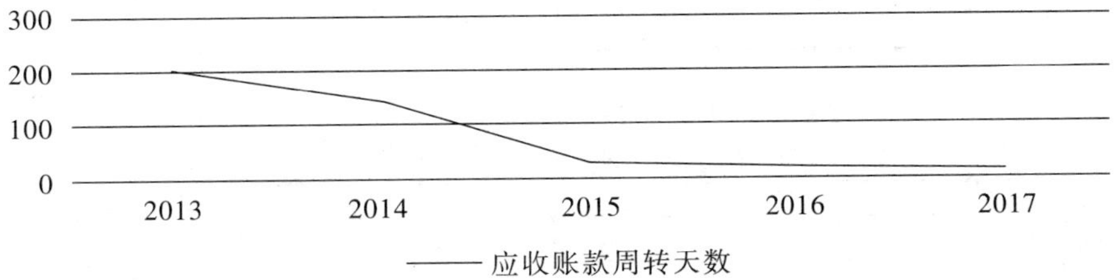

图5-3　应收账款周转天数图

2015年的2.72亿元上升到2016年5.608亿元，上升幅度达到106.18%；2016—2017年由5.608亿元上升到6.631亿元，上升幅度为18.24%。另外，跨境通宝应收账款周转天数整体下降趋势明显，这说明跨境通宝自实施股权激励以来，应收账款变现能力逐渐加强。从常理来看，经营现金流量净额应该也是递增趋势，但2016年经营现金流量净额出现了急剧下降的趋势，这是为什么呢？根据跨境通宝2016年报的解释，经营现金流量净额变动的主要原因是该公司规模的扩张以及为应对旺季销售储备大量存货，所以造成2016年在净利润和应收账款上升的情况下，出现了不稳定的现金流，从而导致了财务数据不佳的盈利质量。

从净利润与经营活动现金流量净额上并不能完全看出跨境通宝的盈利质量，我们还可以通过盈利现金比率这个指标来看，如图5-4所示。盈利现金比率=经营活动现金流量净额/净利润。从盈利能力来看，跨境通宝的盈利能力是有所提升的，但就盈利质量来看，其经营活动现金流量净额与盈利现金比率自2015年起呈现波动较大的状态。是什么原因造成了这种现象呢？在实施股权激励后，在盈利能力有所上升的情况下，盈利质量却呈现下降趋势，并且变动较大，这是值得我们去思考的问题。我们已经得知2016年因为旺季备货导致现金流不稳定，那2017年现金流的上升是因为什么呢？

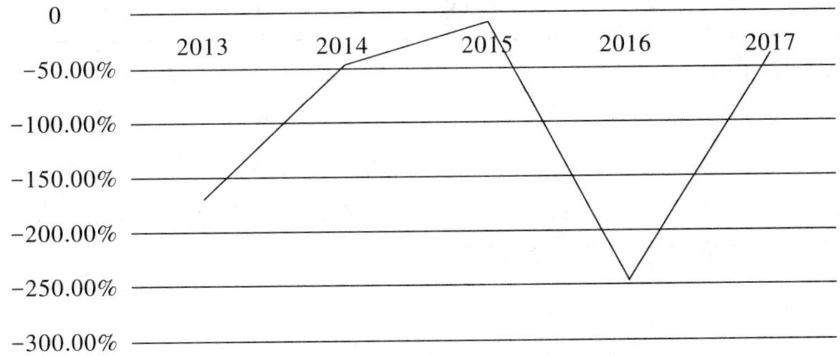

图5-4　跨境通宝2013—2017年盈利现金比率图

由于2017年和2016年经营活动现金流量净额变动原因基本相同，我们根据年报收集存货数据来进行分析，见表5-30和图5-5。

从表5-30和图5-5可以看出，跨境通宝2015—2017年存货数量急剧上升，年报中也解释了存货增加的原因主要是旺季销售，所以2016年经营活动现金流量净额

表 5-30　　**跨境通宝 2013—2017 年存货增长趋势**　　单位：亿元

年份	2013	2014	2015	2016	2017
存货	1.408	2.943	8.093	25.73	38.8

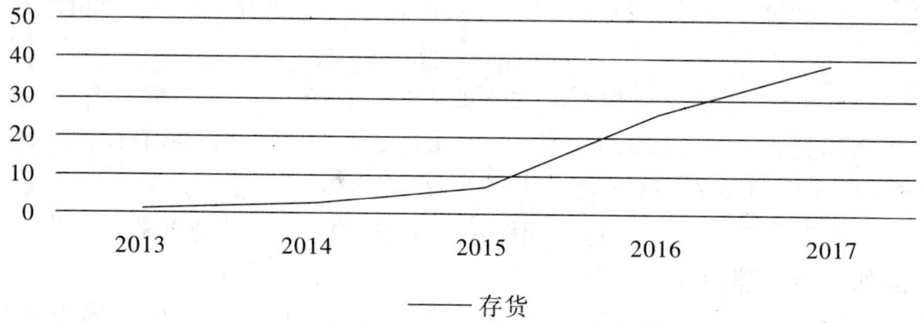

图 5-5　跨境通宝 2013—2017 年存货增长趋势（单位：亿元）

骤减的原因是为应对旺季销售储备存货，2017 年经营规模趋于稳定，存货储备量较 2016 年而言上升幅度较小，从而造成了 2017 年经营活动现金流量净额有所回升。

一般而言，净利润的增长往往有现金流的支撑，跨境通宝作为一个跨境电商平台，由于其特殊性质，需要储备存货以应对旺季销售，从而造成净现金流的大幅波动。但 2017 年经营活动现金流量净额的回升也表明，该公司在实施股权激励后，确实激发高管人员自主创造收益，盈利质量有所改善。

（二）股价影响（见表 5-31 和图 5-6）

表 5-31　　**跨境通宝 2013—2017 年股价**

年份	2013	2014	2015	2016	2017
股价（元/股）	15.42	29.02	33.30	18.30	19.14

在 2013—2017 年间，跨境通宝每年均有分红，2015 年 9 月 29 日每 10 股转增 20 股。从图 5-6 来看，跨境通宝在 2013—2015 年间，股价一直呈现上升趋势，且上升趋势十分明显，在一定程度上也体现了该公司发展状态较好。除权后的 2015 年 9 月 29 日—2017 年，股价呈现缓慢上升趋势，看来在 2015 年以后，实施股权激励对于该公司在股价方面的影响并不是很大。

（三）总结

根据股权激励计划对公司业绩和股价方面的影响，我们可以看到，实施股权激励政策对于跨境通宝的盈利能力是有所提升的。此外，在盈利质量方面，经营活动现金流量净额却又呈现很大的波动，这是由于该公司为应对旺季销售，储备大量存货而导致的。股价方面的波动比较平缓，说明股权激励对于股价的影响较小。

综上所述，跨境通宝实施的股权激励政策在一定程度上激发了高管人员自主创造收益的热情，使该公司资本规模以及经营规模有所扩张，对企业的发展起到了积

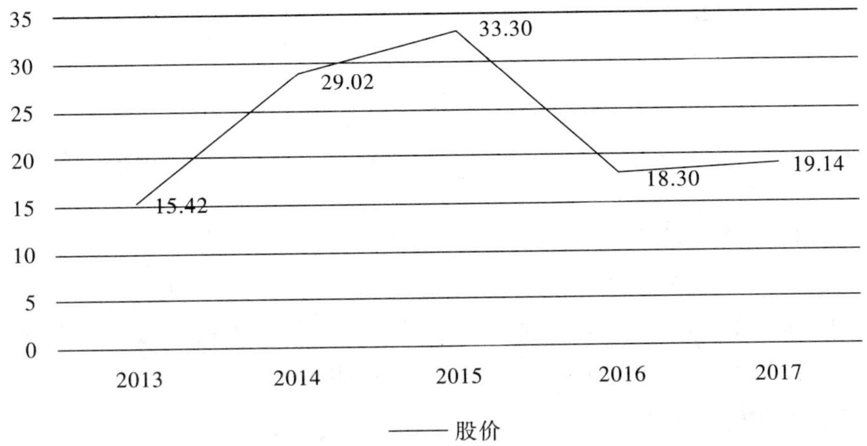

图5-6　跨境通宝2013—2017年股价示意图（单位：元/股）

极作用，使得企业具有良好的成长性。

（四）讨论题目

请结合本案例和相关理论知识思考下列问题：

1.跨境通宝在5期股权激励计划中制定的解锁条件以及行权条件是否合理？你怎么看？

2.跨境通宝5期股权激励计划中激励人员仅有核心骨干人员，而不涉及其他员工，这样做是否利于该公司的发展？

3.你认为跨境通宝的股权激励政策除了能影响公司业绩以及股价外，还能影响什么？

4.为进一步建立健全长效激励机制，吸引和留住优秀人才，你对跨境通宝的股权激励政策有什么改进意见？

5.通过研究本案例的股权激励，你对我国上市公司股权激励有什么实质性的建议？

参考文献

［1］肖淑芳，石琦，王婷，等. 上市公司股权激励方式选择偏好——基于激励对象视角的研究［J］. 会计研究，2016（06）：55-62+95.

［2］许娟娟，陈艳，陈志阳. 股权激励、盈余管理与公司绩效［J］. 山西财经大学学报，2016（03）：100-112.

［3］赵国宇. 股权激励提升企业技术创新的路径与效果研究［J］. 广东财经大学学报，2015，30（02）：36-45.

［4］宗文龙，王玉涛，魏紫. 股权激励能留住高管吗？——基于中国证券市场的经验证据［J］. 会计研究，2013（09）：58-63+97.

［5］吕长江，张海平. 股权激励计划对公司投资行为的影响［J］. 管理世界，

2011（11）：118-126+188.

案例说明书

一、案例的教学目标

本案例旨在引导学生进一步关注股权激励机制对公司的影响。一方面，要对企业管理中激励机制的知识点进行回顾与深入了解；另一方面，通过对本案例的分析，了解激励机制对于公司经营、股权结构等的影响。

二、案例讨论的准备工作

为了有效实现本案例目标，学生应该具备下列相关知识背景：

（一）股权激励相关理论知识

1.股权激励的内涵、本质与目的

股权激励是企业为了激励和留住核心人才而推行的一种长期激励机制，是目前最常用的激励员工的方法之一。股权激励主要是通过附条件给予员工部分股东权益，使其具有主人翁意识，从而与企业形成利益共同体，促进企业与员工共同成长，帮助企业实现稳定发展的长期目标。

股权激励的核心目的是建立企业利益共同体，在对公司员工进行业绩激励的同时又能起到约束经营管理者短视行为的作用，并在一定程度上吸引人才，留住人才。

2.股权激励相关理论

代理理论最初是由简森和梅克林于1976年提出的，后来发展成为契约成本理论。契约成本理论假定：企业由一系列契约所组成，包括资本的提供者（股东和债权人等）和资本的经营者（管理当局）、企业与供货方、企业与顾客、企业与员工等的契约关系。

代理理论主要涉及企业资源的提供者与资源的使用者之间的契约关系。按照代理理论，经济资源的所有者是委托人，负责使用以及控制这些资源的经理人员是代理人。代理理论认为，当管理人员本身就是企业资源的所有者时，他们拥有企业全部的剩余索取权，管理人员会努力地为他自己而工作。在这种情况下，就不存在代理问题。但是，当企业通过发行股票，从外部吸取新的经济资源时，管理人员就有一种动机去提高在职消费、自我放松并降低工作强度。显然，如果企业的管理者是理性经济人，他的行为与原先自己拥有企业全部股权时将有显著差别。如果企业不是通过发行股票，而是通过举债方式取得资本，也同样存在代理问题，只不过表现形式略有不同。简森和梅克林将代理成本区分为监督成本、守约成本和剩余损失。其中，监督成本是指外部股东为了监督管理者的过度消费或自我放松（“磨洋工”）而耗费的支出，代理人为了取得外部股东信任而发生的自我约束支出（如定期向委托人报告经营情况、进行外部独立审计等）称为守约成本，由于委托人和代理人的利益不一致导致的其他损失就是剩余损失。

代理理论还认为，代理人拥有的信息比委托人多，并且这种信息不对称会逆向影响委托人有效地监控代理人是否适当地为委托人的利益服务。它还假定委托人和代理人都是理性的，他们将通过签订代理契约，最大化各自的财富。而代理人出于自我寻利的动机，将利用各种可能的机会，增加自己的财富。其中，一些行为可能会损害所有者的利益。例如，代理人为自己修建豪华办公室、购置高级轿车，去著名旅游区做与企业经营关系不大的商务旅行等。如果在委托人（业主）和代理人（经理）之间的契约关系中，没有一方能以损害他人的财富为代价来增加自己的财富，即达到“帕雷托最优化”状态。或者说，在有效的市场环境中，那些被市场证明采用某些行为损害他人利益的人或集团，最终要承担其行为的后果。比如，一个信用等级不高的借款者将难以借到款项或必须以更高的代价取得借款；一个声望不佳的经理将很难在有效的经理市场上谋得一个好的职位；在会计服务市场上，一家被中注协或中国证监会通报批评的会计师事务所，在很短的时间内会丢失大量客户。为了保证在契约中最大化各自的利益，委托人和代理人都会发生契约成本。为了降低代理人“磨洋工”的风险，委托人将支付监督费用，如财务报表经过外部审计的成本。另外，代理人也会发生守约成本。例如，为了向委托人证明他们有效、诚实地履行了代理职责，代理人需要设置内部审计部门，相应地就会发生内部审计费用。设置内部审计部门，让委托人充分掌握代理人的活动，使委托人对代理人更加信任，这可以帮助代理人巩固他们在公司中的位置，从而维持他们现有的工资水平。西方一些实证研究表明，委托人监督代理人的费用体现在代理人所取得的工资中。这些研究还表明，代理人出于自利的考虑，需要设置诸如内部审计之类的监督部门，让委托人充分了解代理人的努力程度，以降低委托人对管理报酬作出逆向调整的风险。

（二）制度背景

《公司法》《证券法》《上市公司股权激励管理办法》《上市公司股权激励备忘录》。

三、案例的分析要点

（一）需要学生识别的关键问题

本案例需要学生识别的主要知识点包括：股权激励机制的内容、作用及目的，股权激励机制对公司业绩、股价、战略等方面的影响。

（二）解决问题的可供选择方案及其评价

1.跨境通宝在5期股权激励计划中制定的解锁条件以及行权条件是否合理？你怎么看？

本案例共涉及跨境通宝5期股权激励，对于其设置的解锁条件以及行权条件是否合理，在此以第三期股权激励计划的行权条件为例作具体分析。表5-18为第三期股权激励计划的行权条件，跨境通宝公告指出，上述行权业绩指标均远高于控股子公司帕拓逊之前的同期业绩承诺，即2017年实现净利润8 800万元、2018年实现净利润11 200万元。该公司设定的帕拓逊2017年、2018年行权的业绩指标综合考虑了该公司及帕拓逊的经营环境、行业状况、经营状况、未来的发展规划以及帕拓逊实施该激励计划所自行承担的期权费用等相关因素，有助于进一步发掘激励对象的业务潜力，在加快帕拓逊业务发展的同时，进一步强化上市公司的盈利能力，夯实上市公司产业转型的阶段性成果，业绩指标合理、可测，具有挑战性。业绩指标的设定兼顾了激励对象、跨境通宝、股东三方的利益，对该公司未来的经营发展有积极的促进作用。

具体来看，行权业绩指标分别比控股子公司帕拓逊同期业绩承诺高了0.92亿元和1.68亿元，我们认为，控股子公司帕拓逊在作出同期业绩承诺时，应当考虑了子公司自身的经营环境以及未来的盈利状况等因素，母公司的行权业绩指标未免过高，应重新考量，结合行业状况以及市场环境的变化趋势来制定行权业绩指标，避免过高的行权业绩指标挫伤员工的积极性，或者使激励对象为达到母公司设定的业绩指标而产生财务舞弊的动机。

2.跨境通宝5期股权激励计划中激励人员仅有核心骨干人员，而不涉及其他员工，这样做是否利于该公司的发展？

从本案例的内容来看，跨境通宝的股权激励计划中激励对象均为高管人员以及核心骨干人员，我们可以来看一下跨境通宝的性质以及它的运作模式。跨境通宝是一个电商平台，类似于京东与阿里巴巴等。作为电商平台，它的运作模式、组织机构又是什么样的呢？这是否与该公司股权激励计划只涉及高管人员及核心骨干人员有关呢？

对于一家公司而言，高管人员及核心骨干人员创造的企业价值明显要高于普通员工，授予高管人员及核心骨干人员一定的股权，可以使得管理层与股东利益一致，或者说是都以股东利益最大化为目标。在很多未实施股权激励的企业中，管理者的目标与企业以及股东目标并不一致，甚至会出现投资过度或者投资不足的现象，不能实现资源的有效配置。

通过对企业投资过度和投资不足进行分析，可以看出，管理层与股东之间在成本收益上的不一致是造成上市公司非效率投资的一个重要原因。因此，要解决委托-代理问题，抑制企业的非效率投资行为，进而实现保护股东权益的目标，最重要的一点就是有效地控制和激励代理人，使得高管人员对自身利益最大化的追求转化为对股东利益最大化的追求。

研究发现，良好的薪酬契约有助于缓解高管人员自利行为引发的代理问题。一方面，这可以推动高管人员接受净现值为正的投资项目，缓解投资不足问题；另一方面，通过协调管理层利益和股东利益，促使高管人员放弃净现值为负的投资项目，抑制投资过度冲动。股权激励作为将股东利益和管理层利益有机结合的一种长期激励机制，显著地影响了高管人员的投资决策。Murphy（1999）发现，成长机会较多的公司会用股权激励来促使管理层选择盈利项目，股权激励的积极作用在这类公司中非常明显。

3.你认为跨境通宝的股权激励政策除了能影响公司业绩以及股价外，还能影响什么？

跨境通宝的股权激励政策除了影响公司业绩及股价外，还能够影响公司的投资决策方向，降低代理成本等。股权激励是指授予管理层一定的股权，缓解管理层与股东之间的利益冲突，减少代理成本。股权激励作为长期激励机制，发挥着重要的作用，其核心就是使员工把对个人利益的追求转变为对公司长期利益的追求，使两者紧密联系起来，以激励员工尤其是高管人员致力于公司的长期发展而非个人的短期利益，从而有效地解决公司委托人和代理人，即股东与管理者之间的利益冲突，降低代理成本。

投资作为公司重要的财务行为，一方面是公司积累资金和不断成长的主要动因，另一方面也是联结企业当前利益和长远利益的纽带。但信息不对称和委托-代理冲突导致非效率投资，不仅影响公司未来的业绩增长，而且大大增加了公司的经营风险。因此，优化上市公司的投资决策一直是理论界和实务界共同努力的目标。

委托-代理理论认为，股东与管理者之间存在利益冲突，反映在企业投资领域就是各种非效率投资行为。这种利益冲突将导致企业投资行为的低效率，具体表现为投资过度和投资不足。

投资过度主要是指在投资项目的净现值<0的情况下，投资项目的决策者仍然进行投资的一种现象。管理者倾向于投资过度是因为存在私人收益。人们一般认为，管理者的私人收益来自对公司资源的控制，公司规模越大，处于管理者控制之下的资源就越多，管理者的私人收益就越丰厚。因此，管理者往往有“帝国建设”的冲动，即希望把所有可支配的资金都投入到投资项目中去。

投资不足主要是指在投资项目净现值$\geqslant 0$时，投资项目的决策者被动或者主动地放弃投资的一种现象。管理者放弃部分净现值为正的投资项目是因为投资存在私人成本，即其全部付出只能得到部分补偿。管理者实际付出的努力无法量化且不易被知晓，而投资项目的产出无法排除随机因素的影响，但与管理者所能获得的薪酬相关。所以，在存在不利随机因素时，管理者会选择放弃投资而不承担风险。其实有些管理者倾向于享受平静的生活，当企业启动新项目或对现有项目进行更新改造时，他们需肩负更大的监管责任，并且可能需要学习新的知识以提高自己对投资项目的管理能力，他们的平静生活可能由此被打破，从而也就构成了投资之于管理者的私人成本。如果投资引起的私人成本较高，管理者就可能放弃一些净现值为正的投资项目，从而导致投资不足。

4.为进一步建立健全长效激励机制，吸引和留住优秀人才，你对跨境通宝的股权激励政策有什么改进意见？

（1）考核指标过于简单。

股权激励计划的考核指标只涉及净利润增长率。一方面，这种财务指标容易被管理层所操纵；另一方面，这种考核指标只是简单地模仿大多数公司的做法，并没有根据企业自身经营的业务特点、发展情况、股权结构、竞争对手的情况等进行设计，体现不了该公司的生存能力和竞争能力等，无法准确反映该公司的经营成果。中国证监会颁布的《上市公司股权激励备忘录》也鼓励上市公司采用市值指标和行业比较指标，同时提倡上市公司将财务指标和非财务指标相结合。同时，上市公司可以考虑引入经济附加值、平衡计分卡等国外较成熟、较难操纵的先进指标。

（2）解锁条件相对过高。

通过分析第三期股权激励计划的行权业绩指标，我们可以看出，跨境通宝对于控股子公司的行权业绩指标高于其承诺指标，很可能挫伤激励对象的积极性，或者使其滋生财务舞弊的动机。

5.通过研究本案例的股权激励，你对我国上市公司股权激励有什么实质性的建议？

我国的股权激励已经走过了十多年，股权激励计划对于完善公司治理结构、解决现代企业的委托-代理问题、留住人才发挥了重要的作用，但是在具体实施中，一些公司的股权激励计划没能达到设想的目的，反而沦为上市公司高管人员谋取个人私利的工具。

我们认为，完善股权激励需要从以下几个方面着手：首先，加强股权激励相关法规的制定。股权激励计划的实质是公司请客、市场买单，激励对象最终获得收益的途径是将获得的股票在一级流通市场中出售，最终损害的还是广大投资者的利益。因此，股权激励计划需要法律的严格监管，在股权激励计划的行权指标、激励有效期、业绩条件等方面严格约束，根据公司的经营情况设计股权激励计划，使得股权激励计划能为公司的战略目标服务，提高员工的工作积极性，避免管理层为达到行权的目的而对业绩考核指标进行操纵。

其次，应完善公司内部治理结构。股权激励计划的有效实施依赖完善的公司法人治理结构，我国上市公司目前普遍存在一股独大的现象，高管人员往往利用手中的权力为自己谋取福利，因此，应充分发挥独立董事的监督作用，确保薪酬与考核委员会的独立性。只有这样，才能使股权激励计划发挥应有的作用。

最后，还要完善资本市场和职业经理人市场。我国的资本市场发展时间较短，目前仍处于弱式有效市场。公司股票的价格与高管人员经营业绩的相关性不高，股票价格不能完全、准确地反映高管人员的经营业绩。股票价格在很大程度上取决于相关的政策，这使得股权激励对于高管人员的吸引力大大减弱，削弱了股权激励的积极作用。股权激励的有效实施需要完善的资本市场，只有在成熟、有效的资本市场中，通过加强公司信息披露，使股票价格尽可能准确反映公司的经营业绩，才能刺激高管人员为了获得更高的收益而努力改善经营业绩。

四、教学组织方式

（一）问题清单及提问顺序

1. 跨境通宝在5期股权激励计划中制定的解锁条件以及行权条件是否合理？你怎么看？

2. 跨境通宝5期股权激励计划中激励人员仅有核心骨干人员，而不涉及其他员工，这样做是否利于该公司的发展？

3. 你认为跨境通宝的股权激励政策除了能影响公司业绩以及股价外，还能影响什么？

4. 为进一步建立健全长效激励机制，吸引和留住优秀人才，你对跨境通宝的股权激励政策有什么改进意见？

5. 通过研究本案例的股权激励，你对我国上市公司股权激励有什么实质性的建议？

（二）课时分配

1. 课后自行阅读资料：约3小时；

2. 小组讨论并提交分析报告提纲：约3小时；

3. 课堂小组代表发言、进一步讨论：约3小时；

4. 课堂讨论总结：约0.5小时。

（三）讨论方式

本案例可以采用小组式讨论。

（四）课堂讨论总结

课堂讨论总结的关键是：归纳发言者的主要观点，重申其重点及亮点；提醒大家对焦点问题或有争议观点进行进一步思考，建议大家对本案例素材进行扩展研究和深入分析。

案例6

从×公司的财务舞弊看审慎会计处理和内部控制

案例正文

适用课程： 财务会计理论与实务

编写目的： 本案例旨在引导学生通过对上市公司披露的年报及财务数据的分析，在掌握公司治理和内部审计情况的基础上，探究财务舞弊的动因，思考减少舞弊行为的监管方式，提出有实践意义的解决措施，加强信息披露与监管，保护投资者利益，维护资本市场的良性发展。一方面，对公司背景进行了解，明确公司的主要产品、经营方向和行业地位；另一方面，在对公司进行深入了解之后，通过对财务数据的分析，剖析企业的舞弊行为。

知识点： 公司治理；关联方与关联交易；财务分析方法与手段

关键词： 财务舞弊；财务分析；公司治理

案例摘要： 上市公司是资本市场发展的基石，上市公司高质量的财务信息披露是投资者进行决策的重要依据。近些年来，随着资本市场的多元化发展和经济环境的复杂性不断提高，上市公司因为各种原因频频“爆雷”，财务舞弊事件不断发生。财务舞弊是一种欺瞒投资者的行为，给投资者造成了巨大损失，也使企业自身陷入动荡，严重危害了资本市场的健康发展。通过本案例的学习，让学生能够透过财务报表“漂亮”的外衣了解企业财务的内在实质，思考财务舞弊的动因，讨论如何规范和监管上市公司的行为，促进资本市场健康发展。

2019年是中国医药行业深入改革的一年，很多惠民政策落地，多款药品的进口原料实现“零关税”，其直接后果便是药品的生产成本降低，药品降价势不可挡，医药行业增速将放缓。一方面，我国人口老龄化问题逐渐加深，人们对医药的需求日渐增多；随着生活条件的改善，人们也越来越注重养生了；我国医疗保障体系逐渐完善，国家提倡让老百姓都“看得起病，吃得起药”。另一方面，随着国家多项政策落地，大量资本进入医药行业，这将推动我国医药行业加快创新。

×药业股份有限公司（以下简称×公司）曾经是医药行业的佼佼者。2019年5月17日，中国证监会通报了×公司案的进展：×公司披露的2016年、2017年、2018年连续三年的年度财务报告存在虚假记载等情况。消息一出市场哗然，该公司股价开始下跌，也使过去几年业绩连年增长的×公司不断被公众质疑。×公司作为一家“明星公司”，此次在资本市场中的形象大损。究竟发生了什么事，使一路顺风顺水的×公司陷入如此风波之中？

一、×公司创业记

1969年，×公司创始人马某某出生于广东省普宁市的一个小村庄，高中辍学后就去城市讨生活。他想下海经商却苦于没有本钱。值得庆幸的是，马某某遇到了他的“锦鲤”妻子——许某某。许某某一直帮她的父亲做中药买卖，掌握了许多中药知识，加上其父的资金支持，马某某、许某某夫妇在普宁市的流沙镇开了一间经营药品的门店。夫妻二人勤勤恳恳，小药店的生意越来越红火，赚了不少钱。

1997年，马某某年仅28岁，他和自己的妻子许某某共同创立了×公司，踏上了新的征程。

×公司最初研发化学药品，在短短几年时间里，马某某带领×公司先后研发仿制了以络欣平等为代表的国家级新药，入选多个国家级科技项目。随着竞争的加剧，马某某认为应该换一条有核心竞争力的路走，加快公司转型发展。他偶然想到了中药领域，于是他参加中药座谈会，不断考察大型中药企业吸取经验，同时不断与国际专家交流。这些经历不断强化马某某做中药生意的决心。他在摸索中不断思考和创新，想出了日后使他一举成名的创意——“中药饮片小包装”。所谓“中药饮片小包装”，就是将中药材根据中医药理论加工炮制后，根据临床常用剂量，分成小包装封装。它可以由药师调配，而无须用户自己称量。这样一个小创意成就了马某某和他的妻子，同时也成就了×公司。

2001年3月，×公司在上海证券交易所上市。这一年，×公司的营业收入仅有3.8亿多元。2007年，《×之恋》的播出给×公司带来了巨大的知名度，整个公司也走上了发展的快车道。

2011年，在国家医改新政背景下，马某某屡次出手，收购和新建了多地药材市场。到2012年9月时，×公司已形成“中药材交易 + 中药饮片 + 医院 + OTC（非处方药）＋消费品”的产业链一体化发展模式，业务也扩张到了安徽、河北、甘肃、广东等各地。

2012年年底，×公司成立全资子公司“×公司电商”。2013年前后，×公司开始拓展直销业务。2014年多地开始尝试“药房托管”业务，也就是将原本由医院管理的药房，整体委托给×公司这样的公司代为运营，以降低成本。马某某再次察觉到机会，他意识到一旦掌握了医院的药房，就可以掌握配送销售等环节，这对于尚没有强大品牌的中药饮片领域而言具有重要意义。

从2014年1月30日到2月11日，不到半个月，×公司拿下了80多家医院药房的托管业务，速度之快让人侧目。

一年后，×公司推出了“智慧药房”业务，被称为药房托管的升级版。一份研究报告显示，智慧药房极大地拉动了×公司中药饮片的销量。以深圳中医院为例，智慧药房进入前，×公司中药饮片份额约为10%；智慧药房进入后，×公司中药饮片份额增至50%~60%。

×公司的资料显示，该公司在全国建立了20多个大型医药生产基地，与超过2 000家医院、15万家药店建立了长期合作关系。狂飙突进的结果是，到2018年，×公司所有业务营业总收入约194亿元。

二、走进×公司

（一）×公司概况

×公司，1997年由民营企业家马某某创立于广东省普宁市，2000年开始进行股份化改组，是药品、中药饮片、中药材和医疗器械等供销一体化的大型医药民营企业。2001年3月，×公司A股股票在上海证券交易所挂牌上市。2002年，“×公司”注册商标成为广东省著名商标。2015年6月1日，×公司与××股份有限公司共同出资成立×公司××股份有限公司。

×公司与多所高等院校及科研机构建立了长期合作关系，设立了省级企业技术中心，并承担了广东省中药饮片技术工程研究开发中心项目的建设，广州中医药大学在×公司设立了教学基地。作为一家已通过GMP、GSP认证，也通过了ISO 9001、ISO 14001、ISO 18000管理体系国际认证的上市企业，为构筑畅通的营销渠道，×公司以我国十大中药材专业市场之一的中国普宁中药材专业市场为依托，投资近亿元建设了目前全国最大、最现代化的×公司普宁中药饮片物流配送中心。

（二）主营业务

×公司以中药饮片的生产、销售为核心，通过互联网链接中医药全产业链各个环节，以“智慧药房、智慧药柜及药葫芦”三大核心产品构成“智慧+”大健康服务平台，打通由“药”到“医”环节。×公司作为目前国内中医药产业领域业务链条较完整、医疗健康资源较丰富、整合能力较强的企业之一，已形成较完整的大健康产业版图布局和产业体系的基本构建，通过实施中医药全产业链一体化运营模式，业务体系涵盖上游的道地中药材种植与资源整合；中游的中药材专业市场经营，中药材贸易，中药饮片、中成药制剂、保健食品、化学药品及医疗器械的生产与销售，现代医药物流系统；下游的集医疗机构资源、智慧药房、智慧药柜、OTC零售、连锁药店、直销、医药电商、移动医疗等于一体的全方位、多层次营销网络。

×公司生产和经营的主要产品为中药材、中药饮片、西药、保健食品、中成药、医疗器械等。

（三）×公司治理情况

×公司按各项法律、法规要求，设置股东大会、董事会、监事会、经营层，组织架构较为完善。×公司法人治理结构基本符合《上市公司治理准则》的要求，按时披露内部控制自我评价报告。

三、×公司财务造假始末

×公司的发展一直以来都顺风顺水，马某某踌躇满志，扩大生产经营，持续创新。然而，自被中国证监会立案调查以来，×公司的负面消息持续发酵。

（一）被中国证监会立案调查，重述往年财报

2019年1月2日，×公司发布公告，说收到中国证监会立案调查通知。该公告显示，×公司于2018年12月28日收到中国证监会的调查通知书，理由是×公司涉嫌信息披露违法违规，决定对该公司立案调查。×公司对此进行了自查以及必要的核查，发现在2018年之前，×公司营业收入、营业成本、费用及款项收付方面存在账实不符的情况。通过企业自查，发现公司治理、内部控制存在重大缺陷，×公司对2017年财务报表进行重述。2019年4月29日，×公司发布了一份《关于前期会计差错更正的公告》，具体阐述了该公司2017年报中出现的会计错误。其中主要有以下几点：

由于×公司采购付款、工程款支付以及确认业务款项时的会计处理存在错误，造成×公司应收账款少计6亿元，存货少计195亿元，在建工程少计6亿元；由于×公司核算账户资金时存在错误，造成货币资金多计299亿元。

×公司在确认营业收入和营业成本时存在错误，造成×公司营业收入多计88.98亿元，营业成本多计76亿元；×公司在核算销售费用和财务费用时存在错误，造成×公司销售费用少计5亿元，财务费用少计2亿元。

由于×公司采购付款、工程款支付以及确认业务款项时的会计处理存在错误，造成×公司合并现金流量表销售商品、提供劳务收到的现金项目多计102亿元，收到其他与经营活动有关的现金项目少计1亿元，购买商品、接受劳务支付的现金项目多计73亿元，支付其他与经营活动有关的现金项目少计38亿元，购建固定资产、无形资产和其他长期资产支付的现金项目少计3亿元，收到其他与筹资活动有关的现金项目多计3亿元。

299亿元是×公司突然在2017年报中“蒸发”的资金数额。对此，×公司负责人称，此次调整部分会计科目，是在中国证监会监督下进行的。299亿元的货币资金不是一笔勾销，而是大部分转为存货了。在299亿元现金变存货中，有183亿元是因为采购中药材时已经支付了资金，但是没有入账；有24亿元是支付了的工程款，但也没有入账；有57亿元是与关联公司的交易，还是没有入账。2019年4月30日，×公司签发了给股东的致歉信，同时承认该公司内部控制不健全、财务管理不完善以及信息披露不规范，承诺将对该公司进行全面的整改和完善。

（二）×公司涉嫌存在多项违法事实

中国证监会称，经查明，×公司涉嫌存在多项违法事实。同时，2016年1月1日至2018年6月30日，×公司通过财务不记账、虚假记账，伪造、变造大额定期存单或银行对账单，配合营业收入造假伪造销售回款等方式，虚增货币资金。通过上述方式，×公司2016年度报告虚增货币资金22 548 513 485.42元，占该公司披露总资产的41.13%和净资产的76.74%；2017年度报告虚增货币资金29 944 309 821.45元，占该公司披露总资产的43.57%和净资产的93.18%；2018年半年度报告虚增货币资金36 188 038 359.50元，占该公司披露总资产的45.96%和净资产的108.24%。

2016年1月1日至2018年12月31日，×公司还在未经过审批或授权的情况下，累计向控股股东及其关联方提供非经营性资金11 619 130 802.74元，用于购买股票、替控股股东及其关联方偿还融资本息、垫付解质押款或支付收购溢价款等。

（三）会计师事务所出具保留意见审计报告

×公司2018年度财务报告披露，广东正中珠江会计师事务所对其出具保留意见审计报告。原因有三点：

1. 中国证监会立案调查事项

2018年12月28日，×公司收到中国证监会下达的调查通知书（编号：粤证调查通字180199号），因该公司涉嫌信息披露违法违规，根据《证券法》的有关规定，中国证监会决定对该公司立案调查。由于该立案调查尚未有结论性意见或决定，无法确定该立案调查结果对×公司2018年度财务报表整体的影响程度。

2. 关联方资金往来

×公司2018年12月31日其他应收款余额中包括该公司自查的向关联方提供资金余额887 904.76万元，坏账准备为0。虽然实施了分析、检查、函证等审计程序，仍未能获取充分、适当的审计证据，无法确定×公司在2018年度报表中对关联方提供资金发生额及余额的准确性，也无法对关联方资金往来的可回收性作出合理估计。

3. ×公司下属子公司部分工程项目资料不完整

×公司下属子公司工程项目在建设实施过程中，存在部分工程项目财务管理不规范、项目资料不齐全等情况。截止到2018年12月31日，通过自查已补计上述工程款金额360 540.68万元（其中，固定资产118 880.78万元，投资性房地产

201 547.48万元，在建工程40 112.42万元）。由于工程项目相关财务资料不充分，无法实施恰当的审计程序以获取充分、有效的审计证据证明该等交易的完整性和准确性及对财务报表列报的影响。

（四）重要高管离职

2019年5月9日，×公司官网发布《关于董事、副总经理兼董事会秘书辞职及指定高级管理人员代行董事会秘书职责的公告》。该公告显示，×公司收到董事、副总经理兼董事会秘书邱锡伟先生的书面辞呈，邱锡伟先生因个人原因，申请辞去公司董事、副总经理、董事会秘书、董事会审计委员会委员职务。此外，该公告披露了×公司召开第八届董事会第二次会议，指定×公司总经理助理唐煦代行董事会秘书的职责，并会尽快完成董事会秘书的选聘工作。

（五）真相大白，×公司存在假存款、假收入

中国证监会2019年5月17日表示，经初步查明，×公司披露的2016—2018年财务报告存在重大虚假记载，涉嫌违反《证券法》第六十三条的规定：一是使用虚假银行单据虚增存款；二是通过伪造业务凭证进行收入造假；三是部分资金转入关联方账户买卖本公司股票。当晚，×公司发布《关于公司股票交易实施其他风险警示暨公司股票停牌的提示性公告》，实施风险警示后的股票简称为ST×公司。×公司还在该公告中称，根据×公司前期披露的年报及附属文件，并经查实，×公司与相关的关联公司存在77.79亿元的资金往来，该资金被相关的关联公司用于购买×公司股票。

（六）处理结果

经中国证监会调查，2016—2018年期间，×公司涉嫌通过仿造、变造增值税专用发票等方式虚增营业收入，通过伪造、变造大额定期存单等方式虚增货币资金，将不满足会计确认和计量条件的工程项目纳入报表，虚增固定资产等。同时，×公司涉嫌未在相关年度报告中披露控股股东及其关联方非经营性占用资金情况。上述行为致使×公司披露的相关年度报告存在虚假记载和重大遗漏。中国证监会认为，×公司有预谋、有组织、长期、系统实施财务造假行为，恶意欺骗投资者，影响极为恶劣，对×公司责令改正，给予警告，并处以60万元的罚款；对马某某、许某某给予警告，并分别处以90万元的罚款，其中作为直接负责人的主管人员罚款30万元、作为实际控制人罚款60万元。另外，中国证监会对马某某、许某某、廖某某采取终身证券市场禁入措施。对张某某（财务总监）、邵某某（副总经理）、李某某（监事）采取10年证券市场禁入措施。

四、是否退市成谜

×公司财务造假彻底坐实，被监管机构顶格处罚，纵观A股市场，2019年8月19日、8月20日、8月21日，×公司连续三个涨停，总手数247万手，成交金额8.49亿元，这引起广大股民纷纷讨论。《北京日报》引述分析观点认为，之所以会

出现这种现象，是因为尽管×公司行为恶劣，中国证监会给出的处罚也极其严厉，但并没有真正提及“退市”，这可能是市场资金不把处罚当利空反而去追捧的一个原因。ST×公司在2019年8月20日发布提示公告称，“公司目前生产经营情况正常，但是公司大股东质押比例较高，公司也还面临流动性压力等问题，公司及控股股东、实际控制人正积极寻求解决办法，并认真采取措施强化内部管理”。查看该公告可发现，×公司并未提到退市风险。综上所述，中国证监会对×公司的最终处罚决定中并未提及也并未要求其退市。此外，×公司的股价并未出现人们认为的跌到谷底，在短时间内×公司跌破面值的可能性较小，暂时不会触发退市预警。×公司在没有被强制要求退市的情况下，自己不可能主动要求退市。但是，在中国证监会后续的调查中，若查到该公司有重大违法行为，×公司依然有退市风险。

五、思考题

×公司多年来一直以“医药白马股”的形象活跃于A股市场，如今突然爆出惊天大雷，真相不断涌现出来，宛如一部悬疑片慢慢落下帷幕。如今×公司的退市与否依然是个谜团，引发人们很多思考和争议。请讨论以下问题：

1.结合相关财务数据及×公司背景资料，你是否可以寻到财务造假的踪迹？

2.结合本案例以及所学知识，分析×公司财务舞弊的原因（内部原因和外部原因）。

3.你认为应如何遏制上市公司造假行为？

4.×公司财务舞弊行为对各方利益相关者有何影响？

参考文献

[1] 唐昆. 基于康美药业内控失败的案例分析 [J]. 现代商贸工业，2019，40（26）：164-165.

[2] 王峥钰，曾天羿. 上市公司财务造假浅析——基于康美药业财务造假案的思考 [J]. 现代营销（经营版），2019（09）：178-179.

[3] 曹中铭. 对上市公司财务造假，顶格处罚远不够 [N]. 国际金融报，2019-08-05（003）.

[4] 赵遥遥. 上市公司财务造假问题研究——以康美药业股份有限公司为例 [J]. 现代营销（信息版），2019（07）：22.

案例说明书

一、案例的教学目标

本案例要实现的教学目标包括：第一，本案例旨在引导学生通过财报数据分析并找出企业的异常数据从而识别企业的造假行为，启发学生探讨×公司财务舞弊行为的内外部动因、途径和给各方利益相关者造成的不利影响。第二，通过本案例及财务数据的挖掘，引导学生通过现象看本质，分析×公司的经营状况，延伸思考上市公司的公司治理、加强内部控制等问题，促进企业可持续发展。第三，鉴于×公司财务舞弊行为如此恶劣，通过本案例的研讨，引导学生思考社会各方应如何加大对上市公司造假的震慑力，如何审慎、有效地监管从而减少此类现象的发生。

二、案例讨论的准备工作

为了有效实现本案例的目标，学生应该具备下列相关知识背景：

（一）理论背景

公司治理结构和公司治理原则、公司内部控制方法和风险防范方法、关联交易的概念及界定、关联交易会计处理方法。

（二）行业背景

×公司成立于1997年，是一家以中药饮片、化学原料药及制剂生产为主导，集药品生产、研发及药品和医疗器械营销于一体的现代化大型医药企业，是国家级重点高新技术企业。2001年3月，×公司A股股票在上海证券交易所挂牌上市，证券代码：600518；2008年×公司实现营业收入17亿多元，实现利润3亿多元。×公司先后通过了化学药GMP、中药GMP、GSP认证[①]以及ISO 14001、ISO 9001和GB/T 28001等管理体系认证。2019年1月28日，×公司获揭阳市大学生发展基金会“五周年慈善典范大奖”。2019年2月3日，×公司获普宁市2018年度“光荣纳税户特别贡献奖”。

（三）制度背景

《企业会计准则》关于关联交易会计处理方法的现行规范、《公司法》等有关法规对上市公司信息披露的相关规定。

三、案例的分析要点

（一）需要学生识别的关键问题

本案例需要学生识别的主要知识点包括财务报表的分析手段和方法，上市公司常用的财务舞弊途径，关联交易、关联关系的相关知识。

（二）解决问题的可供选择方案及其评价

1.关于财务舞弊目的的分析

财务舞弊的目的无非是各种各样的利益，归结起来主要有以下几点：

（1）保持股价的稳定性。上市公司也有经营不善的时候，若披露真实的财务报表，不经任何修饰，将企业的亏损情况赤裸裸地展现在股民面前，将给外界留下上市公司较多负面消息，导致上市公司股价下跌。通过财务舞弊，把披露的信息美

① 新修订的《中华人民共和国药品管理法》于2019年12月1日起施行，取消了GMP/GSP认证。

化，再通过其他机构、媒体的变相宣传，自然而然会将股价提升，有利于维护上市公司掌握股权的大股东和管理层的利益。同时，“漂亮”的财务数据有利于增强其在资本市场上的吸引力，便于笼络大量资金，为上市公司形成稳定的资金来源。

（2）更容易获得贷款。银行等金融机构在放贷给企业时，会将企业的财务数据作为标准之一。若企业的财务数据太难看，金融机构也会担心企业无力偿还贷款。企业的财务数据越好看，金融机构越相信企业有良好的运营能力，越容易贷款给企业，企业所获得的贷款利率也会越低。这将有助于企业以较低的成本获得经营所需的资金，提高资金的使用效率。

（3）纳税筹划的需要。很多企业，尤其是大型民营企业，会单独设立税务部专门处理企业纳税筹划的各项事宜。企业通常会通过减少收入、虚增费用等方式让企业少交税甚至不交税。

2.关于上市公司财务舞弊手段识别

（1）虚增收入，美化财报。虚增收入是上市公司的惯用伎俩。上市公司为了美化财务报表，掩盖上市公司经营不善的事实，会虚增收入。比如，虚构购销合同、虚构客户、虚开增值税专用发票、伪造出口报关单和出库单，还有些企业为了虚增利润，会在不满足收入确认条件时提前确认收入。这种做法降低了信息披露的准确性，欺骗了广大中小股东，将给企业财务信息使用者造成极大的伤害。

（2）利用关联交易。利用关联交易是财务舞弊的一种常见方法。关联交易有多种舞弊形式：上市公司可以虚假交易，或以不公允的价格与关联方进行交易；上市公司可以通过股权投资的方式向关联方转移上市公司的利益；上市公司可以利用隐性关联方虚构营业收入。利用隐性关联方进行舞弊仍是目前难以解决的问题。如果上市公司自己不愿意主动披露，外部人员很难知道其中的利益关系。

（3）采用不当的会计政策和会计变更。很多上市公司的财务舞弊会借口自己之前的会计处理存在失误，进而进行追溯调整。很多上市公司滥用借款费用核算方法，将本应计入财务费用的借款费用进行资本化处理；运用股权投资核算方法进行舞弊的企业也有很多，《企业会计准则》对长期股权投资的核算方法有明确的规定，但很多企业常常会选用对自己有利的股权投资核算方法进行舞弊；还有很多公司通过延长折旧年限或将加速折旧法改为直线法等方式操纵报表数据。

（三）推荐的解决问题方案

1.财务造假的踪迹

（1）存贷双高可疑。从×公司2017年财务报表中可以看出，货币资金期末余额为341亿余元，其中有99.74%是现金，而这部分现金里大部分是流动性很强的银行存款。据公开资料显示，近些年来，×公司一直通过资本市场进行融资。即便减掉短期有息债务的支出，×公司仍然有足够的货币资金。按正常逻辑来看，该公司有大量变现能力强的资金，不应该将大量钱存入银行，而自己却付出更高的成本代价进行债务融资。从这一点上看，我们有理由怀疑×公司虚构了银行单据和银行存款；审计机构按正常审计流程可以发现企业造假但继续纵容，我们也有理由怀疑审计机构在陪×公司一起演戏。

（2）应收账款分析。通过对×公司2017年财务报告的仔细揣摩，“应收账款”科目引起了我们的注意。在×公司的“应收账款”科目中，应收账款按单项金额重大所单独列示的只有“上海世纪联华超市发展有限公司”一家。同时我们还发现，×公司对其所有的应收账款全部计提坏账准备，说明该公司没有完善的应收账款信用政策，在执行的过程中也存在问题，同时授权审批和赊销流程等内部控制方面具有很大的不合理性。从以上分析可以看出，×公司内部控制较差。这一点×公司董事长在向股东发致歉信时也承认了。审计机构本应在执行审计时就对“应收账款”科目制定合理的重要性水平，但是我们在报告期内的审计报告中并没有发现审计人员执行了必要的审计程序。与此同时，我们从2018年调整后的年报得知，其他应收款突然增加约90亿元。其中，年报审计会计师事务所对88.79亿元的其他应收款未计提坏账准备表达了保留意见。而后经×公司核查后，发布的公告显示该笔资金被相关关联公司用于购买×公司股票，违反了《上海证券交易所股票上市规则》。之后×公司便收到了来自中国证监会的调查通知书，表示其存在“将部分资金转入关联方账户买卖本公司股票”的违法行为。

2.×公司财务舞弊的动因分析

（1）稳定股价，吸收更多资金。通过伪造业务凭证进行收入造假，虚增收入使得利润表美观，向市场发出利好信号，吸引更多的投资者来购买该公司的股票。同时，如果该公司收入状态良好，就有利于提高每股盈利水平，从而降低市盈率，可以达到稳定股价的目的，保持该公司完美的形象。×公司通过299亿元货币资金使得投资者认为×公司有足够的流动资金，因此偿债能力强，自然而然地愿意让渡资金的使用权。×公司通过股权和债务两种融资途径能够招揽到大量的资金，缓解财务紧张状况，便于进行下一步投资，促进该公司发展，赚取更多的利润。

（2）审计机构的完美配合。在整个财务舞弊的过程中，虽然×公司应负主要责任，但若没有审计机构的配合，×公司这出戏也不能这么肆无忌惮地演这么久。审计机构若按照法律法规规定的审计流程认真、负责地审计，本应发现×公司财报的漏洞并应提出质疑。例如，审计人员在审计货币资金时，会向银行发询问函，以确定该银行的确有被审计公司所披露的货币资金。由此看出，该会计师事务所缺乏应有的谨慎性和独立性，是失职的监督者。面对×公司提供的虚假会计凭证，该会计师事务所没有坚定地拒绝或中止审计，反而“睁一只眼闭一只眼”，忽视审计质量，给×公司提供了一个宽松的舞弊环境，并且使得该公司在“错误”的道路上越来越大胆。

（3）×公司内部控制环境存在弊端。公开资料显示，×公司的大股东×实业投资控股有限公司（以下简称×实业）和×公司实际控制人是马某某，他任董事长兼总经理；其妻许某某为×公司的第七大股东，持股1.97%，并任副董事长兼副总经理。

除了×实业和许某某，×公司还有多个股东为关联方。如持股1.87%的普宁市金信典当行有限公司，其控股股东为马某某，与×实业、许某某存在关联关系；持股1.87%的普宁市国际信息咨询服务有限公司，其控股股东为许某某与×实业，与普宁市金信典当行有限公司存在关联关系；持股1.4%的许燕君也为关联方。马某某夫妇的一股独大导致×公司的治理结构不能发挥监督和制衡的作用，使得一些战略决策过于盲目和专断。×公司治理不规范使该公司内部控制环境存在弊端，严重影响了内部控制制度的建立健全。

3.×公司舞弊事件对其他各方利益相关者有何影响？应如何遏制财务舞弊行为？

（1）审计机构被调查，波及多家IPO企业，28万股民踩雷。中国证监会对×公司的审计机构——广东正中珠江会计师事务所进行立案调查。根据《中国证券监督管理委员会行政许可实施程序规定》第十五条，为申请人制作、出具有关申请材料的证券公司、证券服务机构因涉嫌违法违规被中国证监会及其派出机构立案调查，或者被司法机关侦查，尚未结案，且涉案行为与其为申请人提供服务的行为属于同类业务或者对市场有重大影响的，作出不予受理相关申请的决定。这意味着在IPO企业中，其会计师事务所为广东正中珠江会计师事务所的企业上市进程都可能被拖累。在审项目中，当时在IPO排队企业中，共有58家企业的会计师事务所为广东正中珠江会计师事务所。剔除审核状态为“终止审查”和“辅导备案登记受理”及2016年以前的公司后，仍有23家公司可能被拖累上市进度。这包括2019年5月才递交IPO申报材料的金源照明、周六福，还有2018年下半年递交上市申请的浩洋电子、九丰能源、久量股份等公司，另外科创板也有几家企业涉及其中。不过，随着复核程序的推进，大多数项目已恢复正常审核，仅个别项目被中止或终止审查。

（2）要加强内部治理和外部治理，共同减少舞弊行为。×公司的经营失败从内部控制要素角度暴露了下列问题：其法人治理机制失衡，风险评估、控制机制缺失，内部控制活动无效，信息披露不规范，内部监督形同虚设等。×公司的困境不仅是由企业决策者无视风险、盲目自大造成的，更是企业自身内部控制基础薄弱、内部控制制度形同虚设、执行力不足等问题的充分体现。同时，法律制度对此行为惩罚力度不足，也是舞弊行为不断发生的原因。因此，应加强企业的内部治理和外部治理，严格规范股权结构，防止一股独大现象，规范企业信息披露。此外，应效仿美国处理安然公司事件，加大对上市公司舞弊行为的打击力度，完善相应法律法规，对市场形成强大的威慑力，减少此类事件的发生。

四、教学组织方式

（一）问题清单及提问顺序

1.结合相关财务数据及×公司背景资料，你是否可以寻到财务造假的踪迹？

2.结合本案例以及所学知识，分析×公司财务舞弊的原因（内部原因和外部原因）。

3.你认为应如何遏制上市公司造假行为?

4.×公司财务舞弊行为对各方利益相关者有何影响?

（二）课时分配

1.课前完成本案例阅读和初步思考：约3小时；

2.小组讨论并提交分析报告提纲；约3小时；

3.课堂小组代表发言、主题讨论：约3小时；

4.进行归纳总结：约0.5小时。

（三）讨论方式

本案例可以采用小组式讨论。

（四）课堂讨论总结

课堂讨论总结的关键是：归纳、评价小组发言的主要观点，重申重点及亮点；提醒学生对关键问题或有争议观点进行进一步思考和讨论，鼓励学生发散思维，对本案例素材进行扩展研究和深入分析。

案例 7

瑞华状告中国证监会：究竟是“被冤”还是“该罚”？

案例正文

适用课程：审计理论与实务

编写目的：本案例旨在让学生了解并掌握审计目标和审计责任、审计人员法律责任的认定及规避、勤勉尽责的内涵以及判断依据、舞弊风险的识别和应对，以及与管理层和治理层的沟通。

知识点：审计目标；审计责任；注册会计师法律责任；重大错报风险；与管理层和治理层沟通

关键词：瑞华会计师事务所；中国证监会；勤勉尽责；法律责任

案例摘要：瑞华会计师事务所因不服中国证监会对*ST华泽一案作出的行政处罚决定，向北京市第一中级人民法院起诉中国证监会，要求撤销对其的处罚决定。双方在庭审过程中进行了激辩，争议的焦点在于瑞华会计师事务所是否勤勉尽责。中国证监会认为，瑞华会计师事务所未能勤勉尽责，表现在其未能保持职业怀疑和应有的关注，未能有效进行舞弊风险识别和应对，未能获取充分、适当的审计证据。瑞华会计师事务所则认为，其工作底稿被中国证监会调走未归还，没法对照说明；瑞华会计师事务所已经承担了相应的责任，审计是相对真实，在当时条件下发现不了这么多问题。华泽钴镍年报虚假记载的原因是华泽钴镍故意实施舞弊行为导致应收票据期末余额错误，并非瑞华会计师事务所未勤勉尽责导致审计报告存在虚假记载，不应由瑞华会计师事务所承担责任。

一、瑞华简介

瑞华会计师事务所（以下简称瑞华）是由中瑞岳华和国富浩华于2013年4月联合成立的一家专业化、规模化、国际化的大型会计师事务所，也是我国第一批被授予A+H股企业审计资格、第一批完成特殊普通合伙转制的民族品牌专业服务机构，系美国PCAOB登记机构。瑞华总部设在北京，其执业网络遍及全国，具有雄厚的专业技术力量。截止到2019年4月，瑞华拥有40家分所，从业人员6 617名、注册会计师2 259名、合伙人330名。瑞华的客户遍布制造、采掘、电力、水利、交通、航运、房地产、建筑、农林、教育、医药、信息、新闻出版、文化娱乐、银行保险等行业。瑞华具有丰富的执业经验，其业务领域涵盖了股票发行与上市、公司改制、企业重组、资本运作、财务咨询、管理咨询、税务咨询等。据中注协2019年6月10日公布的2018年度业务收入前100家会计师事务所信息，瑞华2018年度业务收入为28.79亿元，排在立信会计师事务所之后，居内资所第二位。然而，瑞华作为国内顶尖大所，却在近年来因所审计的公司财务报告存在虚假记载而多次遭到中国证监会的行政处罚，处于市场的风口浪尖上。

2019年6月28日，瑞华因不服中国证监会对*ST华泽一案作出的行政处罚决定，一纸诉状将中国证监会告上了法庭，要求中国证监会撤销对其作出的行政处罚。8月27日，北京市第一中级人民法院依法对该案件进行了公开开庭审理。此前，瑞华因康得新和千山药机两个案件正被中国证监会立案调查。

二、案件背景

2018年12月29日，中国证监会下发对瑞华、王晓江、刘少锋、张富平的行政处罚决定书。中国证监会指出，瑞华作为成都华泽钴镍材料股份有限公司（以下简称华泽钴镍）2013年度和2014年度报告的审计机构，在对华泽钴镍2013年度、2014年度财务报表审计过程中未能勤勉尽责，出具了存在虚假记载的审计报告，因此，该会决定对瑞华进行行政处罚，包括没收其2013年和2014年收取的华泽钴镍年度报告审计服务费用130万元，并处以390万元的罚款。同时，对负责在华泽钴镍2013年度和2014年度财务报表审计报告签字的注册会计师王晓江、刘少锋、张富平给予警告，并分别处以10万元的罚款。

三、中国证监会为何下发行政处罚

根据中国证监会的调查审核，发现华泽钴镍自2013年完成重大资产重组以来，其控股股东王氏家族就一直利用关联方非经常性资金往来方式，将华泽钴镍的资金转移到其全资子公司——星王集团。2013—2015年上半年，华泽钴镍发生三次向关联方提供资金的关联交易，金额分别为8.9亿元、30.4亿元、14.9亿元，关联方资金占用余额达13.3亿元。为掩盖关联方长期占用资金的事实，华泽钴镍搜集票据复印件，将无效票据入账充当还款。因此，2015年11月23日，华泽钴镍收到中国证监会的调查通知书。2018年1月，中国证监会依法对华泽钴镍作出了行政处罚，包括对华泽钴镍责令改正，给予警告并罚款60万元；对17位高管给予警告，并各处3万~90万元不等的罚款。此次罚款金额共计358万元。2018年年底，负责华泽钴镍年报审计的瑞华也收到了中国证监会的行政处罚决定书。在处罚决定书中，中国证监会认为瑞华在审计工作中未能做到勤勉尽责，导致出具了存在虚假记载的审计报告，具体表现在以下方面：

第一，未能实施有效程序对该公司舞弊风险进行识别，未直接与该公司治理层沟通关于治理层了解该公司是否存在舞弊及治理层如何监督管理层对舞弊风险的识别和应对过程等。

第二，未对应收票据余额在审计基准日前后激增又剧减的重大异常情况保持必要的职业怀疑，未能及时识别财务报告的重大错报风险。在未获取充分、适当的审计证据的情况下，认定华泽钴镍在期末对票据享有权益。

第三，未对询证函回函的异常情况保持应有的关注。

华泽钴镍2013年报审计工作底稿显示，瑞华通过传真取得的9家不同单位的询证函回函上时间有高度集中的异常现象，注册会计师未给予应有的关注，未对回函的来源进行核验，所获取的审计证据可靠性低。

华泽钴镍2014年报审计工作底稿显示，瑞华在实施函证程序中，收到了6家单位的询证函回函，其中有4家的盖章为非“鲜章”。然而，瑞华并未对此类回函的异常情况予以必要关注，也没有设计和实施必要的审计程序对异常回函予以核验，工作底稿中没有任何对此异常情况予以关注的说明以及实施审计程序的证据资料。

第四，瑞华实施的审计程序不足以获取充分、适当的审计证据。对于应收票据的期末余额，瑞华主要通过期后盘点票据并进行倒轧计算得出。这种倒轧程序的实施须建立在内部控制有效执行的基础上，但是瑞华不恰当地依赖了与应收票据相关的内部控制，对应收票据实施了盘点和倒轧程序，因此所获取的审计证据可靠性低。

四、瑞华起诉中国证监会，究竟孰是孰非

根据规定，瑞华如果对中国证监会的上述处罚决定不服，可在收到处罚决定书之日起60日内向中国证监会申请行政复议，也可在收到处罚决定书之日起6个月内直接向有管辖权的人民法院提起行政诉讼。复议和诉讼期间，上述决定不停止执行。瑞华以及涉案的三位注册会计师对此行政处罚不服，在2019年6月28日向人民法院提起诉讼，要求中国证监会撤销对他们的行政处罚决定，北京市第一中级人民法院同年8月27日对该案进行公开开庭审理。

庭审时间长达105分钟，在庭审现场，双方展开了激烈的辩论，争议的焦点在于瑞华是否勤勉尽责。

第一回合的辩论——案件证据方面。瑞华方指出，中国证监会对瑞华进行处罚时，调走了瑞华全部的工作底稿，之后瑞华就没看到过工作底稿，这侵犯了瑞华的答辩和申辩的权利，瑞华要求中国证监会提供全部的工作底稿。瑞华方称，因中国证监会未退回瑞华工作底稿，没法对照说明。瑞华已经履行相应义务，审计是相对真实，不能事后诸葛亮，在当时条件下发现不了这么多问题。中国证监会方则表示，其在2015年向瑞华调取了电子版底稿，有相关的说明和瑞华的盖章，而且在拿到底稿的时候就发现有明显的修改痕迹，为此还要求瑞华提供相关资料。考虑到底稿的完整性和有修改的前科，所以在行政诉讼之前才没有归还相应底稿，瑞华对此也没有要回。

第二回合的辩论——与治理层的沟通方面。针对此前中国证监会的处罚决定书显示的“瑞华未能实施有效程序对公司舞弊风险进行识别，未直接与公司治理层沟通关于治理层了解公司是否存在舞弊及治理层如何监督管理层对舞弊风险的识别和应对过程等”内容，双方进行了辩论。瑞华方提出按《公司法》的规定，董监高都属于公司治理层，所以财务总监郭某红也是公司治理层成员。因此，瑞华方认为：“原告不仅与被审计对象郭某红一人进行舞弊风险的识别，还与其他多人进行，并且与董事会召开会议，董监治理层也向原告出具承诺书，不存在违法行为和虚假材料提供，被告对这些证据视而不见。”中国证监会方则以《中国注册会计师审计准则》中的公司治理层定义对瑞华的申辩进行辩驳，认为治理层和管理层是有区别的。被审计单位是王某峰控制的公司，审计人员和王某峰沟通过，但并不是就舞弊风险进行沟通；工作底稿中显示的是与公司治理层沟通，但是最后签字的是郭某红。郭某红是被审计公司的财务总监，并不是公司治理层成员。所以，“底稿记录表明，瑞华并没有尽到勤勉尽责的义务，并没有与公司治理层进行舞弊风险的沟通”。

第三回合的辩论——职业怀疑和应有的关注方面。中国证监会方认为，瑞华存在以下三个方面的违规事实：瑞华未对应收票据余额在审计基准日前后激增又剧减的重大异常情况保持必要的职业怀疑，未能及时识别财务报告的重大错报风险；未对询证函回函的异常情况保持应有的关注；瑞华通过倒轧的方法确定2013年、2014年应收票据余额，所实施的审计程序不足以获取充分、适当的审计证据。对此，瑞华方认为，中国证监会所提出的上述问题不符合事实，缺乏准则依据，理由为：一是应收票据余额先“激增”后“剧减”有合理解释，并非重大异常；二是审计时执行的“函证、盘点、检查其后支付以及检查当期发生情况”等程序已经达到“恰当”标准，足以获取充分、适当的审计证据；三是在已经决定对应收票据实施全面的实质性测试程序的前提下，再去做穿行测试和控制测试已经没有必要。因此，瑞华方在庭审过程中屡次提出需要区分会计责任和审计责任，认为华泽钴镍年报虚假记载的原因是华泽钴镍故意实施舞弊行为导致应收票据期末余额错误，并非瑞华未勤勉尽责导致审计报告存在虚假记载，不应由瑞华承担责任。

最后，庭审现场未作出判决，合议庭于休庭后对该案进行评议。

附件　中国证监会行政处罚决定书（节选）

（瑞华会计师事务所、王晓江、刘少锋、张富平）

〔2018〕126号

当事人：瑞华会计师事务所（特殊普通合伙）（以下简称瑞华所），原名为国富浩华会计师事务所，注册地址：北京市海淀区西四环中路。

王晓江，男，瑞华所陕西分所项目经理，住址：陕西省西安市碑林区。

刘少锋，男，瑞华所陕西分所合伙人，住址：陕西省西安市雁塔区。

张富平，男，瑞华所陕西分所所长、合伙人，住址：陕西省西安市碑林区。

依据《证券法》的有关规定，我会对瑞华所出具含有虚假记载的审计报告行为进行了立案调查、审理，并依法向当事人告知了作出行政处罚的事实、理由、依据及当事人依法享有的权利。当事人瑞华所、王晓江、刘少锋、张富平要求陈述申辩和听证。应当事人要求，我会举行了听证会，听取了当事人的陈述申辩意见。本案现已调查、审理终结。

经查明，当事人存在以下违法事实：

瑞华所为成都华泽钴镍材料股份有限公司（以下简称华泽钴镍）2013年度、2014年度报告的审计机构，对上述两个年度报告均出具了标准无保留的审计意见，并收取华泽钴镍年度报告审计服务费用130万元。其中，华泽钴镍2013年度财务报表审计报告由王晓江、刘少锋签字，华泽钴镍2014年度财务报表审计报告由张富平、王晓江签字。

一、华泽钴镍2013年度、2014年度报告存在虚假记载

为掩盖关联方长期占用资金的事实，华泽钴镍搜集票据复印件，将无效票据入账充当还款。华泽钴镍2013年应收票据的期末余额为1 325 270 000元，其中1 319 170 000元为无效票据。2014年应收票据的期末余额为1 363 931 170元，其中1 361 531 170元为无效票据。

二、瑞华所在对华泽钴镍2013年度、2014年度财务报表审计过程中未勤勉尽责，出具了存在虚假记载的审计报告

（一）未能实施有效程序对公司舞弊风险进行识别，未直接与公司治理层沟通关于治理层了解公司是否存在舞弊及治理层如何监督管理层对舞弊风险的识别和应对过程等

（二）未对应收票据余额在审计基准日前后激增又剧减的重大异常情况保持必要的职业怀疑，未能及时识别财务报告的重大错报风险

（三）未对询证函回函的异常情况保持应有的关注

（四）瑞华所实施的审计程序不足以获取充分、适当的审计证据

瑞华所在对华泽钴镍2013年度、2014年度财务报表审计时，未勤勉尽责，出具了标准无保留意见的审计报告，其出具的审计报告存在虚假记载。对上述行为直接负责的签字注册会计师为王晓江、刘少锋、张富平。

以上事实，有审计业务约定书、审计费发票、审计工作底稿、审计报告、华泽钴镍2013年度和2014年度财务报告、相关人员询问笔录等证据证明。

瑞华所和签字注册会计师王晓江、刘少锋、张富平的上述行为违反了《证券法》第一百七十三条的规定，构成了《证券法》第二百二十三条所述的违法行为。

根据当事人违法行为的事实、性质、情节与社会危害程度，依据《证券法》第二百二十三条的规定，我会决定：

一、没收瑞华所业务收入130万元，并处以390万元的罚款；

二、对王晓江、刘少锋、张富平给予警告，并分别处以10万元的罚款。

上述当事人应自收到本处罚决定书之日起15日内，将罚没款汇交中国证券监督管理委员会（财政汇缴专户），开户银行：中信银行总行营业部，账号：7111010189800000162，由该行直接上缴国库，并将注有当事人名称的付款凭证复印件送中国证券监督管理委员会稽查局备案。当事人如果对本处罚决定不服，可在收到本处罚决定书之日起60日内向中国证券监督管理委员会申请行政复议，也可在收到本处罚决定书之日起6个月内直接向有管辖权的人民法院提起行政诉讼。复议和诉讼期间，上述决定不停止执行。

中国证监会

2018年12月29日

附件二　中国证监会行政处罚决定书

（成都华泽钴镍材料股份有限公司、王涛、王应虎等18名责任人员）

〔2018〕8号

当事人：成都华泽钴镍材料股份有限公司（以下简称华泽钴镍），住所：四川省成都市。

王涛，男，时任华泽钴镍董事长，住址：陕西省西安市雁塔区。

王应虎，男，时任华泽钴镍副董事长，住址：陕西省西安市雁塔区。

郭立红，女，时任华泽钴镍副总经理、时任财务总监，住址：陕西省西安市雁塔区。

王辉，女，时任华泽钴镍董事，住址：陕西省西安市雁塔区。

……

依据《证券法》的有关规定，我会依法对华泽钴镍信息披露违法违规行为进行了立案调查、审理，并依法向当事人告知了作出行政处罚的事实、理由、依据及当事人依法享有的权利。应部分当事人的要求，我会举行听证，听取了当事人及其代理人的陈述、申辩。本案现已调查、审理终结。

经查明，当事人存在以下违法事实：

一、2013年、2014年及2015年上半年华泽钴镍未在相关年报中披露关联方非经营性占用资金及相关的关联交易情况

（一）华泽钴镍、陕西华泽镍钴金属有限公司（以下简称陕西华泽）、陕西天慕灏锦商贸有限责任公司（以下简称天慕灏锦）、陕西臻泰融佳工贸有限公司（以下简称臻泰融佳）、陕西星王企业集团有限公司（以下简称星王集团）构成关联方

……

（二）关联方非经营性占用资金及相关的关联交易情况

1.陕西华泽与天慕灏锦、臻泰融佳进行关联交易，进而向星王集团提供资金。

王涛安排陕西华泽通过天慕灏锦、臻泰融佳向关联方提供资金，陕西华泽与天慕灏锦、臻泰融佳之间无商品购销出入库记录，往来凭证所附的购销合同未实际履行。资金划转方式为银行存款转账和少量库存现金转款。

……

2.陕西华泽借用陕西盛华有色金属有限公司（以下简称陕西盛华）、陕西青润和工贸有限责任公司（以下简称陕西青润和）、陕西天港工贸有限责任公司（以下简称陕西天港）的名义，向关联方提供资金。

王涛安排陕西华泽通过陕西盛华、陕西青润和、陕西天港向关联方提供资金，陕西华泽与上述三家公司之间无真实业务往来。陕西华泽划转资金的主要方式为：开立本票支付资金，该部分资金均于开立当日即背书转让给星王集团并于当日兑付；开立银行承兑汇票支付资金；通过代上述三家公司支付资金的名义，向关联方转账或转让银行承兑汇票等。

……

二、华泽钴镍将无效票据入账，2013年报、2014年报和2015年半年报存在虚假记载

为掩盖关联方长期占用资金的事实，王涛安排人员搜集票据复印件，将无效票据入账充当还款……

三、华泽钴镍2015年未及时披露，且未在2015年报中披露星王集团与陕西华泽签订代付新材料项目建设款合同及华泽钴镍为星王集团融资提供担保的情况

……

四、华泽钴镍2015年未及时披露，且未在2015年报中披露华泽钴镍为王涛向山东黄河三角洲产业投资基金合伙企业（有限合伙）（以下简称三角洲基金）借款3 500万元提供担保的情况

……

华泽钴镍的上述行为，违反《证券法》第六十三条、第六十五条、第六十六条及第六十七条的规定，构成《证券法》第一百九十三条第一款所述情形。

华泽钴镍董事、监事、高级管理人员违反《证券法》第六十八条的规定，构成

《证券法》第一百九十三条第一款所述情形。

王涛为华泽钴镍实际控制人之一，担任华泽钴镍董事长、董事和星王集团的经理、监事，其安排星王集团注册成立天慕灏锦和臻泰融佳，指使陕西华泽通过天慕灏锦、臻泰融佳并协调其他非关联方通过关联交易向星王集团提供资金。同时，为掩盖星王集团长期占用资金的事实，王涛安排人员搜集票据复印件充当还款，导致华泽钴镍财务报告虚假记载。另外，王涛直接主导星王集团为陕西华泽代付新材料项目建设款事宜，安排人员开具3亿元商业承兑汇票。王涛以本人名义向三角洲基金借款3 500万元，由华泽钴镍、王辉、王应虎提供担保。上述事项涉及华泽钴镍未及时披露相关信息、年报未披露相关信息以及年报虚假记载，王涛是直接负责的主管人员。

王应虎担任华泽钴镍副董事长和星王集团的法定代表人、执行董事。王应虎在华泽钴镍和星王集团重大事务中为主要角色，王应虎应当知晓星王集团非经营性占用华泽钴镍资金及相关的关联交易情况。另外，王应虎在星王集团为陕西华泽代付款和华泽钴镍提供担保所涉及的代付协议、质押合同及个人无限连带保证合同等协议上签字，并与华泽钴镍、王辉一同为王涛个人借款3 500万元提供担保，签署保证合同。王应虎是信息披露违法行为直接负责的主管人员。

郭立红担任华泽钴镍副总经理兼财务总监，知悉陕西华泽向天慕灏锦、臻泰融佳大量划款不经审批的情况，向陕西盛华、陕西青润和、陕西天港开具的本票由郭立红签字审批，并且其知悉陕西华泽利用变造的票据复印件入账充当还款的事项。郭立红多次在审议华泽钴镍涉案定期报告的董事会书面确认意见书上签字同意，是信息披露违法行为直接负责的主管人员。

王辉为华泽钴镍第一大股东，担任董事。王辉与华泽钴镍、王应虎一同为王涛个人借款3 500万元提供担保，签署保证合同。王辉多次在审议华泽钴镍涉案定期报告的董事会决议上签字同意，是信息披露违法行为直接负责的主管人员。

……

同时，无证据表明当事人中，其他董事、监事、高管在上述事项中尽到勤勉尽责的法定义务。

根据本案事实、责任人职务、相关合同、审议涉案年报的会议决议、书面确认意见、书面审核意见等，对华泽钴镍上述行为直接负责的主管人员为王涛、王应虎、郭立红、王辉、芦丽娜，其他直接责任人员为陈胜利、赵强、朱若甫、金涛、雷华锋、赵守国、宁连珠、吴锋、朱小卫、阎建明、陈健、程永康。

王涛作为华泽钴镍董事长、控股股东和实际控制人之一，其行为已构成《证券法》第一百九十三条第三款所述“发行人、上市公司或者其他信息披露义务人的控股股东、实际控制人指使从事前两款违法行为”的行为。

……

根据当事人违法行为的事实、性质、情节与社会危害程度，依据《证券法》第一百九十三条第一款、第三款的规定，我会决定：

一、对华泽钴镍责令改正，给予警告并处以60万元罚款；

二、对王涛给予警告，并处以90万元罚款，其中作为直接负责的主管人员罚款30万元，作为实际控制人罚款60万元；

三、对王应虎、郭立红、王辉给予警告，并分别处以30万元罚款；

四、对芦丽娜、赵强给予警告，并分别处以20万元罚款；

五、对宁连珠、朱小卫、阎建明、陈胜利、金涛给予警告，并分别处以10万元罚款；

六、对雷华锋、赵守国、吴锋、朱若甫、陈健给予警告，并分别处以5万元罚款；

七、对程永康给予警告，并处以3万元罚款。

上述当事人应自收到本处罚决定书之日起15日内，将罚款汇交中国证券监督管理委员会（财政汇缴专户），开户银行：中信银行总行营业部，账号7111010189800000162，由该行直接上缴国库。当事人还应将注有其名称的付款凭证复印件送中国证券监督管理委员会稽查局备案。当事人如果对本处罚决定不服，可在收到本处罚决定书之日起60日内向中国证券监督管理委员会申请行政复议，也可以在收到本处罚决定书之日起6个月内直接向有管辖权的人民法院提起行政诉讼。复议和诉讼期间，上述决定不停止执行。

中国证监会

2018年1月23日

五、思考与讨论

1.在财务报表审计中，审计目标和审计责任是什么？是否包括查错防弊？

2.如何认定审计人员的法律责任？在什么情况下审计人员可免除法律责任？

3.注册会计师应当如何与被审计单位管理层和治理层沟通？沟通对象、方式和内容如何选择？

4.什么是职业怀疑？如何保持审计人员的职业怀疑？

5.审计人员应当如何识别和应对舞弊风险？

6.什么是勤勉尽责？如何判断审计人员在审计工作中有无做到勤勉尽责？

7.会计师事务所及其注册会计师应当如何规避法律责任？

8.你认为本案中瑞华起诉中国证监会的理由和依据是否充分？为什么？

9.你认为本案中中国证监会处罚瑞华的理由和依据是否充分？为什么？

参考文献

1. 中国注册会计师俱乐部．瑞华起诉证监会庭审细节：瑞华要求证监会返还全部工作底稿，证监会怕瑞华篡改称可以调阅［EB/OL］．（2019-08-30）．https：//www.sohu.com/a/337477301_784300.

案例说明书

一、案例的教学目标

通过本案例的学习讨论，让学生了解并掌握注册会计师执行财务报表审计的目标及所承担的审计责任，掌握注册会计师法律责任认定的依据和标准，理解并掌握重大错报风险尤其是舞弊风险的识别和应对方法，以及与被审计单位管理层和治理层沟通的具体要求。

二、案例讨论的准备工作

为了有效实现本案例目标，学生应该具备下列相关知识背景：

（一）理论背景

公司和公司治理理论、证券市场理论、市场理论、政府监管理论。

（二）行业背景

注册会计师行业是一个专业性强、风险极高、组织形式和组织管理有别于其他行业的特殊行业。截至2019年年初，我国有会计师事务所7 862家（不含分所），其中合伙制会计师事务所3 878家、有限责任会计师事务所3 984家，执业注册会计师人数已逾10万，行业会员高达25万多人，已经基本满足了市场对注册会计师职业的需求。虽然注册会计师行业在一定程度上促进了我国经济发展的进程，但是随着改革开放的深入发展，我国注册会计师队伍的执业质量参差不齐、严重缺乏执业信用、综合素质偏低、从业者知识结构老化等一系列问题愈渐明显。与国际大所相比，国内大所在业务收入总额和国际声誉上存在明显不足。

（三）制度背景

审计准则、会计师事务所质量控制准则、注册会计师年检制度、会计师事务所执业质量检查制度、业务报备制度、谈话提醒制度、自律惩戒制度。

三、案例的分析要点

（一）需要学生识别的关键问题

1.在财务报表审计中，审计目标和审计责任是什么？是否包括查错防弊？

2.如何认定审计人员的法律责任？在什么情况下审计人员可免除法律责任？

3.什么是勤勉尽责？如何判断审计人员在审计工作中有无做到勤勉尽责？

4.会计师事务所及其注册会计师应当如何规避法律责任？

（二）推荐的解决问题方案（部分）

1.在财务报表审计中，审计目标和审计责任是什么？是否包括查错防弊？

审计目标是指人们在特定的社会历史环境中，期望通过审计实践活动达到的最终结果，或者说是审计活动的目的与要求。审计目标规定了审计的基本任务，决定了审计的基本过程和应办理的审计手续。

审计目标包括财务报表审计的总体目标与财务报表项目认定层次的具体目标。在现阶段，在执行财务报表审计工作时，注册会计师的总体目标是：对财务报表整体是否不存在由于舞弊或错误导致的重大错报获取合理保证，使得注册会计师能够对财务报表是否在所有重大方面按照适用的财务报告编制基础编制发表审计意见；按照审计准则的规定，根据审计结果对财务报表出具审计报告，并与管理层和治理层沟通。

审计目标明确了注册会计师审计责任的范围。在财务报表审计中，注册会计师的审计责任就是对所审计的财务报表合法公允发表审计意见，而并非专门针对错误和舞弊开展审查。当然，由于被审计单位的错误和舞弊行为可能导致财务报表存在重大错报，所以，根据审计准则，注册会计师在审计中应充分关注可能导致财务报表存在重大错报的错误和舞弊，但没有责任专门实施审计程序去查处错弊。防止、发现和纠正错弊，保证财务报表编制的合法性，是被审计单位的会计责任。

2.如何认定审计人员的法律责任？在什么情况下审计人员可免除法律责任？

注册会计师的法律责任是指注册会计师因损害法律上的义务关系所产生的对于相关主体所应承担的法律后果。注册会计师在执业过程中如果存在违约、过失或欺诈等行为，且对委托人或第三方造成了损害，按照法律法规应当承担相关的法律责任。所以，判断注册会计师是否应承担法律责任要看四个条件：一是注册会计师出具了不实报告；二是不实报告是注册会计师的过错导致的；三是利害关系人受到损害；四是利害关系人受到的损害与不实报告之间存在因果关系。若以上四个条件同时具备，就可以认定注册会计师应承担法律责任，否则注册会计师可不承担法律责任。此外，注册会计师提出免责需要向人民法院提供审计标准和审计工作底稿等证据。

3.什么是勤勉尽责？如何判断审计人员在审计工作中有无做到勤勉尽责？

关于“勤勉尽责”的定义，我国在2010年开始施行的《中国注册会计师职业道德守则》中作出了描述，“注册会计师应当获取和保持专业胜任能力，保持应有的职业关注，即遵守执业准则和职业道德规范的要求，勤勉尽责，认真、全面、及时地完成工作任务”。目前，我国并没有任何准则对“勤勉尽责”的概念和认定标准予以明确的规定，对“勤勉尽责”的理解也随着公众的认知和审计能力的提升而发生相应的改变。因此，要准确地把握“勤勉尽责”的概念并界定其认定标准仍面临较大的困难，但我们不能把超越社会平均水平的准则和机械执行审计程序的行为视为判断是否“勤勉尽责”的依据。我们应该从两个方面把握“勤勉尽责”：首先，注册会计师必须在工作中保持谨慎，并具备合格从业者应具备的专业能力；其次，注册会计师需要在执行审计业务时分析具体情况，并利用其专业能力收集足够的审计证据。从我们所说的专业能力来看，“应有的关注、保持职业谨慎和应有的职业怀疑”主要取决于主观判断。评判注册会计师是否尽责，一般应以社会平均认知水平为参考，如果注册会计师按照人们的一般认知水平不作为或有不当作为，都可以认定其没有勤勉尽责。相反，如果注册会计师在执业过程中做到“应有的关注、保持职业谨慎和应有的职业怀疑”，并严格执行审计程序，那么就可以认为注册会计师是勤勉尽责的。

4.会计师事务所及其注册会计师应当如何规避法律责任？

注册会计师的职业特点决定了这是一个容易遭受法律诉讼的行业，那么，如何避免法律诉讼已成为我国注册会计师行业极为关注的问题。对于会计师事务所和注册会计师来说，要降低法律风险、规避法律责任，就应当建立健全会计师事务所质量控制制度。在承接业务时，要审慎地选择被审计单位，并与其签订书面业务约定书；在执业过程中，要严格遵守职业道德和专业标准的要求。必要时，可通过提取风险基金或购买责任保险来降低行业风险，对于恶意诉讼应聘请律师进行反击。

四、教学组织方式

（一）问题清单及提问顺序

1.在财务报表审计中，审计目标和审计责任是什么？是否包括查错防弊？

2.如何认定审计人员的法律责任？在什么情况下审计人员可免除法律责任？

3.注册会计师应当如何与被审计单位管理层和治理层沟通？沟通对象、方式和内容如何选择？

4.什么是职业怀疑？如何保持审计人员的职业怀疑？

5.审计人员应当如何识别和应对舞弊风险？

6.什么是勤勉尽责？如何判断审计人员在审计工作中有无做到勤勉尽责？

7.会计师事务所及其注册会计师应当如何规避法律责任？

8.你认为本案中瑞华起诉中国证监会的理由和依据是否充分？为什么？

9.你认为本案中中国证监会处罚瑞华的理由和依据是否充分？为什么？

（二）课时分配

1.课前自行阅读和查阅相关资料：约1小时；

2.课前小组讨论第1~7个问题并提交分析报告：约1小时；

3.课堂小组代表发言：约0.5小时；

4.针对第8~9个问题分小组模拟庭审现场的瑞华方和中国证监会方，就焦点问题展开辩论：约0.5小时；

5.课堂讨论总结：约0.5小时。

（三）讨论方式

第1~7个问题可以采用小组式讨论。

第8~9个问题可分两个小组进行庭审现场的情景模拟。

（四）课堂讨论总结

课堂讨论总结的关键是：对各组发言学生的主要结论进行归纳，并重申其结论中的重点及亮点；根据本说明书中提供的解决问题方案，指导学生对其中的要点进行总结；提醒大家对职业怀疑、勤勉尽责和舞弊识别及应对问题进行进一步思考，并建议学生对这部分内容进行深入分析和研究。

案例8

范冰冰逃税案法理分析

案例正文

适用课程：税法；税务筹划

编写目的：让学生在税法、税务筹划课程中讨论有关纳税人、扣缴义务人的法律责任、行政责任、刑事责任等税收理论和实务问题，使学生在金税三期背景下具有税收风险防控意识。

知识点：纳税人；扣缴义务人；税收行政责任；税收刑事责任；少缴税款；偷逃税款

关键词：阴阳合同；金税三期；税务处罚

案例摘要：通过对范冰冰逃税案进行法理分析，讨论纳税人、扣缴义务人、提供便利人因税收违法行为各自应承担的税收行政责任或刑事责任，要求学生通过讨论和辩论，分析本案例所涉及的违法行为认定及税务处理，掌握行政处罚、少缴税款与偷逃税款等概念的含义，对照《刑法》、《中华人民共和国税收征收管理法》（以下简称《税收征管法》）、《税收征管法实施细则》等法律法规的条文判断偷税，非法提供便利协助少缴税款，隐匿、故意销毁涉案公司会计凭证、会计账簿等违法行为应受到的法律制裁。

一、案件始末

2018年最沸沸扬扬的案件莫过于范冰冰逃税案。2018年5月28日，范冰冰被群众举报存在重大逃税问题——以签订阴阳合同形式偷逃税款。此事一出，立刻吸引了大众的目光，也引起了税务部门的注意。经过税务机关长达三个月的盘查，确定群众举报确有其事。9月26日，江苏省税务局依法向范冰冰下达了税务行政处罚事项告知书，对此范冰冰未提出听证申请。9月30日，江苏省税务局依法向范冰冰正式下达税务处理决定书和税务行政处罚决定书，要求其将追缴的税款、滞纳金、罚款在收到上述处理处罚决定后，在规定期限内缴清。10月3日，查清范冰冰阴阳合同的案件事实，范冰冰及相关主体需要缴纳税款、滞纳金及罚款合计8.84亿元。具体包括：

（1）范冰冰在电影《大轰炸》拍摄过程中实际取得片酬3 000万元，其中1 000万元已经申报纳税，其余2 000万元以拆分合同的方式偷逃个人所得税618万元，少缴税金及附加112万元，合计730万元。

（2）范冰冰及其担任法定代表人的企业少缴税款2.48亿元。

（3）对上述违法行为，范冰冰及相关主体还将被处以5.96亿元的罚款，具体包括：

①对范冰冰采取拆分合同手段隐瞒真实收入偷逃税款处4倍罚款，计2.4亿元；

②对范冰冰利用工作室账户隐匿个人报酬的真实性质偷逃税款，处3倍罚款，计2.39亿元；

③对范冰冰担任法定代表人的企业少计收入偷逃税款，处1倍罚款，计94.6万元；

④对范冰冰担任法定代表人的两户企业未代扣代缴个人所得税和非法提供便利协助少缴税款，各处0.5倍罚款，分别计0.51亿元、0.65亿元。

二、案例法理分析

（一）税务行政处罚程序

税务行政处罚是税务机关依照税收法律、法规的有关规定，依法对纳税人、扣缴义务人、纳税担保人以及其他与税务行政处罚有直接利害关系的当事人（以下简称当事人）违反税收法律、法规、规章的规定进行处罚的具体行政行为。各类罚款以及税收法律、法规、规章规定的其他行政处罚，都属于税务行政处罚的范围。税务行政处罚的程序分为简易程序和一般程序两种。

税务机关对公民个人处以50元以下罚款、对法人和其他组织处以1 000元以下罚款之外的其他处罚适用一般程序。

（1）税务机关对公民、法人和其他组织处以一般程序的行政处罚时，在作出行政处罚决定之前，应当告知当事人作出行政处罚决定的事实、理由及依据，并告知当事人享有陈述、申辩的权利。

（2）当事人要求陈述、申辩的，应在收到税务行政处罚告知事项之日起3日内向税务机关陈述、申辩，进行陈述、申辩可以采取口头形式或书面形式。采取口头形式进行陈述、申辩的，税务机关可以记录。当事人对“听取陈述申辩笔录”审核无误后应签字或者盖章。

（3）税务机关应当对当事人提出的事实、理由和证据进行复核；当事人提出的事实、理由或者证据成立的，应当采纳。税务机关不能因当事人的陈述或申辩而加重处罚。

（4）在听取当事人的陈述、申辩并复核后，或当事人表示放弃陈述、申辩权后，税务机关应当作出税务行政处罚决定，并送达当事人签收。

在本案例中，税务机关于2018年9月26日向范冰冰下达了税务行政处罚事项告知书，9月30日下达了税务行政处罚决定书，要求其在收到上述处理决定后，在规定期限内缴清税款、滞纳金和罚款。请学生们就税务行政处罚程序回答以下问题：

（1）税务机关能否在2018年9月28日下达税务行政处罚决定书？请说明理由。

（2）如果范冰冰要求听证，可否采取口头形式？

（3）税务行政处罚决定书应当载明哪些事项？

（二）税务处理决定书和税务行政处罚决定书

（1）税务处理决定书是税务机关责令纳税人、扣缴义务人补缴税款的一种税务法律文书。税务行政处罚决定书是税务机关对各种税务违法行为依法作出行政处罚的法律文书。在本案例中，范冰冰及相关主体需要补缴税款金额合计2.55亿元、需缴纳滞纳金0.33亿元，被处以罚款5.96亿元。其中，补缴税款和缴纳滞纳金属于税务处理决定书的内容，罚款属于税务行政处罚决定书的内容。

（2）下达税务处理决定书是否必然下达税务行政处罚决定书？

这要分两种情况：

①若因为纳税人、扣缴义务人主观之恶意而触犯《税收征管法》第六十三条的规定，税务机关在作出税务处理决定书的同时，还会作出税务行政处罚决定书。

②若非因纳税人、扣缴义务人主观之恶意，如纳税人、扣缴义务人计算错误等失误使纳税人、扣缴义务人少缴或未缴税款，后经税务机关调查，认为纳税人、扣缴义务人需补缴税款的，在此种情况下，不会对纳税人、扣缴义务人进行税务行政处罚。

在本案例中，税务机关既下达了税务处理决定书，又下达了税务行政处罚决定书，对范冰冰采取拆分合同手段隐瞒真实收入偷逃税款及其利用工作室账户隐匿个人报酬的真实性质偷逃税款两类行为，分别处以偷逃税款金额4倍及3倍的罚款。

（3）税务处理决定书和税务行政处罚决定书对纳税人、扣缴义务人的救济程序有何不同？

纳税人、扣缴义务人对税务处理决定书中责令纳税人、扣缴义务人缴纳税款及滞纳金不服的，属于纳税争议，需复议前置。纳税人、扣缴义务人需在规定的期限内，先缴纳税款及滞纳金或提供担保后，才可向复议机关申请复议。对复议机关作出的复议决定仍然不服的，可以提起行政诉讼。纳税人、扣缴义务人对税务行政处罚决定书作出的处罚不服的，可在收到税务行政处罚决定书之日起60日内向有管辖权的复议机关申请复议，也可以自收到行政处罚决定书之日起6个月内向有管辖权的人民法院提起诉讼。

在本案例中，范冰冰及相关主体没有向复议机关申请复议，也没有向有管辖权的人民法院提起诉讼。请学生们就以上内容回答以下问题：

①如果税务机关在税务处理决定书中增加税务处罚的内容，可能给税务机关造成什么风险？

②对需要补缴税款金额2.55亿元、缴纳滞纳金0.33亿元，范冰冰及相关主体可否直接提起行政诉讼？

（三）税收行政责任和税收刑事责任

税法中的行政责任是由行政违法引起的，用以调整和维护行政法律关系，具有一定的惩罚性。对于纳税主体而言，其行政责任主要是行政处罚。行政处罚包括责令限期改正、罚款、没收财产、停止出口退税权等方式。

刑事责任是对违反税法行为情节严重，已构成犯罪的当事人或直接责任人给予的刑事制裁。追究刑事责任以税务违法行为情节严重、构成犯罪为前提。《刑法》规定，税务刑事处罚分为五种主刑（即死刑、无期徒刑、有期徒刑、拘役和管制）和三种附加刑（即罚金、剥夺政治权利和没收财产）。

经济责任和行政责任通常是由税务机关依法追究的，而刑事责任则是由司法机关追究的。刑事责任是税收法律责任中最严厉的一种制裁措施。

在本案例中，范冰冰及其相关企业承担了税收行政责任，而未承担税收刑事责任；其经纪人牟某广指使公司员工隐匿、故意销毁涉案公司会计凭证、会计账簿，阻挠税务机关依法调查，可能承担刑事责任。请学生们就以上内容回答以下问题：

（1）范冰冰偷税数额特别巨大，为什么没有受到刑事处罚？

（2）如果牟某广需要承担刑事责任，会受到怎样的刑事处罚？

（四）少缴税款与偷逃税款

如果主观并无不缴或少缴税款的故意，客观上也未采取欺骗、隐瞒手段，但存在未缴或少缴税款结果的，不构成偷税，构成未缴或少缴税款的违法行为。根据《税收征管法》第三十二条“纳税人未按照规定期限缴纳税款的，扣缴义务人未按照规定期限解缴税款的，税务机关除责令限期缴纳外，从滞纳税款之日起，按日加收滞纳税款万分之五的滞纳金”之规定，追征税款和滞纳金，但不予行政处罚。

根据《税收征管法》的相关规定，纳税人伪造、变造、隐匿、擅自销毁账簿、记账凭证，或者在账簿上多列支出或者不列、少列收入，或者经税务机关通知申报而拒不申报或者进行虚假的纳税申报，不缴或者少缴应纳税款的，是偷税。对纳税人偷税的，由税务机关追缴其不缴或者少缴的税款、滞纳金，并处不缴或者少缴的税款50%以上5倍以下的罚款。因此，对偷税行为的行政处罚的法定幅度是不缴或少缴税款数额的0.5倍到5倍罚款。

根据《刑法》的相关规定，纳税人采取欺骗、隐瞒手段进行虚假纳税申报或者不申报，逃避缴纳税款数额较大并且占应纳税额10%以上的，处三年以下有期徒刑或者拘役，并处罚金；数额巨大并且占应纳税额30%以上的，处三年以上七年以下有期徒刑，并处罚金。对于偷逃税款的行为，经税务机关依法下达追缴通知后，补缴应纳税款，缴纳滞纳金，已受行政处罚的，不予追究刑事责任；但是，五年内因逃避缴纳税款受过刑事处罚或者被税务机关给予两次以上行政处罚的除外。

在本案例中，由于范冰冰在规定期限内还清了税款，所以未受到刑事处罚。请学生们就以上内容回答以下问题：

（1）对扣缴义务人应扣未扣、应收而不收税款的，《税收征管法》是如何规定的？

（2）对范冰冰采取拆分合同手段隐瞒真实收入偷逃税款处4倍罚款，而对范冰冰担任法定代表人的企业少计收入偷逃税款处1倍罚款，是否符合法律规定？

三、金税三期对未来的影响

金税三期的上线使得税收管控力度得以不断加强。以此案为例，在金税三期上线以后，可以对范冰冰工作室采取更加行之有效的管理措施。

（1）金税三期可以严格监控纳税人与关联公司的来往交易，观察其是否利用关联公司的银行账户、发票偷逃税款。

（2）税务机关可以对企业上报的信息进行分析，对特殊指标进行关注，并与行业的大数据进行比对，比如应收账款、应付账款。在娱乐业中，印花税的申报是重点核查对象，因为行业的特殊性，纳税人经常签订各种合同，其中就可能存在企业乱用税率的风险。

（3）在国税地税合并、各部门协同调查的大环境下，金税三期将针对企业和个人建立大数据网络，个税申报的工资薪金所得与社保、年金缴费基数不匹配的单位，属于纳税疑点检查的对象。五证合一后，个税全员全额申报，每个人的工资对应各自的身份证号码，对应各自的社保缴纳情况，并全面推行银行代发工资模式。税务机关将与银行共享信息进行对比，将每个人的收入完全置于税务监控之下，使得个税稽查更加完善。

参考文献

[1] 中国注册税务师协会. 税法［M］. 北京：中国财政经济出版社，2019.

[2] 赵琳. 尘埃落定，我是如何看待范冰冰税案的［EB/OL］.（2018-10-03）. https：//www.sohu.com/a/257550174_100115146.

案例说明书

一、案例的教学目标

本案例旨在让学生通过讨论掌握有关纳税人、扣缴义务人、提供便利人因税收违法行为各自应承担的税收行政责任或刑事责任等税收理论和实务问题，使学生在金税三期背景下具有税收风险防控意识。

二、案例讨论的准备工作

学生需要提前熟悉税法原则、税法要素、税收行政责任、税收刑事责任、税务行政处罚程序等。

三、案例的分析要点

需要学生识别的关键问题：什么是税收行政责任？什么是税收刑事责任？什么是偷逃税款？纳税人、扣缴义务人、提供便利人因税收违法行为各自应承担什么样的税收行政责任或刑事责任？

四、教学组织方式

（一）问题清单及提问顺序

1.税务机关能否在2018年9月28日下达税务行政处罚决定书？请说明理由。

2.如果范冰冰要求听证，可否采取口头形式？

3.税务行政处罚决定书应当载明哪些事项？

4.如果税务机关在税务处理决定书中增加税务处罚的内容，可能给税务机关造成什么风险？

5.对需要补缴税款金额2.55亿元、缴纳滞纳金0.33亿元，范冰冰及相关主体可否直接提起行政诉讼？

6.范冰冰偷税数额特别巨大，为什么没有受到刑事处罚？

7.如果牟某广需要承担刑事责任，会受到怎样的刑事处罚？

8.对扣缴义务人应扣未扣、应收而不收税款的，《税收征管法》是如何规定的？

9.对范冰冰采取拆分合同手段隐瞒真实收入偷逃税款处4倍罚款，而对范冰冰担任法定代表人的企业少计收入偷逃税款处1倍罚款，是否符合法律规定？

（二）课时分配

1.课后自行阅读和查阅资料：约3小时；

2.小组讨论并提交分析报告提纲：约1小时；

3.课堂小组代表发言、进一步讨论：约1小时；

4.课堂讨论总结：约0.5小时。

（三）讨论方式

本案例可以采用小组式讨论。

（四）课堂讨论总结

课堂讨论总结的关键是：教师对各小组代表发言及讨论情况进行总结，对讨论中有争议观点进行评判并说明理由，引导学生进一步思考。

案例9

从B737MAX事件看波音公司的战略与内控

案例正文

适用课程： 公司战略与风险管理

编写目的： 本案例以B737MAX8两起空难为发端，对波音公司启动及开发B737MAX的过程进行了回顾，旨在引导学生对公司战略及内控等问题进行讨论，从而掌握公司战略与内控管理的内涵及相关关系。

知识点： 公司战略；风险内控；B737MAX；A320；单通道客机；双通道客机

关键词： 战略；内控；飞机

案例摘要： 2018年10月和2019年3月先后发生的两次空难，机型均为B737MAX8。据事后调查显示，飞机失事均与飞行控制软件MACS（机动特性增强系统）有关。B737MAX是波音公司为应对空客A320Neo而在原波音737基础上的改良机型。根据本案例所提供的资料，学生要对波音公司在该机型开发过程中所采取的战略及内控管理进行讨论，明晰公司战略与内控管理的内涵及相关关系。

2018年10月和2019年3月先后发生的两次空难，机型均为B737MAX8。据事后调查显示，该机型的飞行控制软件MACS在编写过程中未能充分考虑飞机飞行的具体姿态，导致机载电脑在飞行满足一定条件的情况下控制权限高于飞行员，最终出现误判，致使飞机加速、俯冲和坠毁。2019年3月11日，波音公司股票在事故发生后的第二天，较事故前一天下跌幅度达到13.8%，市值蒸发数百亿美元。

一、两大飞机制造商发展历史回顾

波音公司是全球熟知的老牌飞机制造商。它成立于1916年，早期主要制造军用飞机和邮政飞机。1958年，波音公司推出了首款喷气式客机——波音707。这款客机成为一代名机，甚至成为美国总统的专机——“空军一号”。美国前总统尼克松在1972年对中国进行的历史性访问中，乘坐的就是这款飞机。

20世纪五六十年代是波音公司先进航空产品爆炸式诞生的年代。1967年，波音公司推出了中短途干线客机波音737；1968年，推出了远程干线客机波音747，该机型有超过400个座位。这两款飞机是波音公司历史上最耀眼的明星，其影响力至今不衰。波音747现在仍是美国总统座机。

从20世纪60年代开始，由波音公司开头，民航干线飞机一般分为单通道客机和双通道客机，即窄体客机和宽体客机。1997年，波音公司并购另一家研制民航飞机的麦克唐纳—道格拉斯（简称麦道），成为美国唯一的大型民航客机生产商，也是全球产品线最齐全的大型民航客机生产商。就在这时候，波音公司的一个国际竞争对手——空中客车公司（以下简称空客）也在悄悄崛起。空客成立于1970年，是以法德等国企业为主的几家飞机制造商合并而成。因为研制大型民航客机成为越来越烧钱、风险越来越大的项目，为了应对波音公司不断推出的新产品，欧洲的飞机制造商被迫联合起来。它刚开始推出的飞机是A300，虽然销量一般，但为空客积攒了足够的商业经验和制造经验。到1987年，空客推出了与波音737竞争的A320系列，这使其在单通道、短途干线飞机上赢得了一席之地，具备了挑战波音公司的实力。

在20世纪90年代，双通道宽体客机波音767与空客A330之间发生了激烈的市场竞争。研发时间靠后的A330在技术性能上具有优势，波音767获得的订单远不如A330。空客首次将波音公司挑落马下。不过，波音公司在这一时期推出了双发波音777，在经济性上又打败了四发的A340，维持了波音公司在中远程航空中的相对优势。从售出飞机的数量来看，波音公司略占优势，但作为后起之秀，空客的表现可圈可点。

二、B737MAX启动及开发过程回顾

长期以来，与空客之间的竞争带给波音公司极大的压力。波音公司与空客之间的竞争从20世纪90年代就已经开始，成立时间比波音公司晚数十年的空客在商用飞机市场上逐渐和波音公司平分秋色。在很短的时间里，空客的飞机年交付量便追上了波音公司。2018年，波音公司与空客交付量创历史纪录，波音公司以806架飞机居行业之首，空客以800架飞机紧随其后。

2010年，空客推出波音737的直接竞争机型——A320Neo。波音公司对这款节省了15%油耗的改良款机型起初并不在意。波音公司首席执行官James Albaugh甚

至还表示航空公司根本不会想要空客所生产的这款飞机，因为它们已经购买了足够多的波音737。Albaugh认为，波音公司可以继续生产波音737直至2020年，在此之前没有开发新机型的必要。但之后很短的时间内，A320系列飞机的订购量急速扩张，甚至有赶超波音737销量之势。2011年，波音公司最大的独家客户——美国航空公司转投空客，订购了空客数百架这种新型节油喷气式飞机。美国航空公司的首席执行官Gerard Arpey电话通知波音公司高管James McNerney，表示如果波音公司想夺回客机订单，就应采取积极行动。

为了尽快赢得订单，波音公司决定放弃重新设计新机型的方案，转而选择仅在波音737系列飞机上进行改良设计，并推出了B737MAX。此方案不仅成本更低，而且开发速度也更快。波音公司仅用了四年的时间，第一架B737MAX飞机便生产完成。首先，波音公司在B737MAX机型上相较于以往作出了最少的改变，以帮助新机型尽快获得认证。其次，为减少飞行员在驾驶培训中所需耗费的金钱与时间，尽可能少地对飞行操作系统进行更新。站在客户立场，波音公司在推销B737MAX时也向航空公司强调，驾驶B737MAX无须重新培训波音737飞行员，这可以为航空公司节省一笔培训费。再次，在B737MAX的开发上实行了新的管理制度。波音公司将软件外包给报价较低的亚洲公司，承接外包软件的主要对象是印度的公司，如HCL技术有限公司和Cyient有限公司，前者负责开发和测试飞行显示软件，后者负责处理飞行测试设备软件。再次，为了确保交付期，避免延迟交付给波音公司造成巨额开支，对试飞过程中的一些“非重要”问题，波音公司选择对问题项予以保留。最后，“由于缺乏资金和资源，FAA（美国联邦航空局）多年来一直授予波音公司更大的权力，让其承担更多的工作，以证明其自己飞机的安全性”。延续以往惯例，在B737MAX的认证中，FAA安全工程团队仍将技术评估分成两部分：一部分委托给波音公司，另一部分保留在FAA内部。波音公司对新飞机的安全认证拥有较大的影响力。

三、B737MAX折戟的技术原因

波音737是一款经典民航客机。很多年来，波音公司一直在对波音737进行各种改动，以便充分发掘这款飞机的潜力，先后推出了以波音737为母体的13款机型，在全球卖出了超过1万架，还有将近5 000架的订单。

在波音公司赚得盆满钵满之时，波音737的机体设计也逐渐落后于时代。随着技术的发展，航空发动机的功率越来越大，也越来越省油，但风扇的直径也越来越大了。如果要安装新的发动机，以波音737最初的设计高度，发动机距离地面会太近。要提升波音737的高度，必然会导致对起落架的重新设计，改变起落架舱的空间，这将带来一系列飞机外形的改动。对波音公司而言，此工程设计量太大，波音737外形的重新设计变得不可行。最后，波音公司采取的解决办法是修正发动机外形和挂架外形。B737MAX8就因为这一外形的修正造成了飞机起飞抬头过高的毛

病。设计人员在编写飞控软件时加入了MACS，一旦发生抬头过高，MACS指挥自动驾驶系统自动纠偏，以避免失速。然而，MACS有一个漏洞：飞机迎角传感器如果出现问题，MACS则自动判定飞机迎角过高并进行纠偏，结果把本来正常的飞行姿态变成了俯冲飞行，连续造成了两起事故。

四、延伸阅读：B737MAX事件对我国民航业的影响

2019年3月11日凌晨1点左右，国内各运行B737MAX的航空公司接国家民航局通知，要求“执飞B737MAX8飞机的运输航空公司于2019年3月11日18时前暂停该型飞机的商业运行”。至于何时恢复运营，要“联系美国联邦航空局和波音公司，在确认具备有效保障飞行安全的有关措施后，通知各运输航空公司恢复B737MAX8飞机的商业运行”。

截至2019年3月，国内航空公司共运营96架B737MAX8机型，分别为南航24架、国航15架、海航11架、上航11架、厦航10架、山航7架、深航5架、东航及祥鹏各3架、奥凯及福州和昆明各2架、九元1架。总体来看，国内运营的B737MAX8飞机占国内运营总飞机比重约2.75%。

据悉，B737MAX8复飞一直没有具体的时间计划，国内运营B737MAX8的13家航空公司均已向波音公司提出了正式索赔。国内航空公司因停飞造成的损失包括租金损失（如果是租赁的飞机）、航班取消损失（如果没有备份飞机的话）以及配套人员成本损失等。停飞带来的增量成本仅包括停场费、部分按照平均年限法计提折旧的固定资产、固定薪酬及临时的调机费用等，并不涉及占成本比例较高的航油、按照飞行小时计提折旧的固定资产及飞行员和空乘薪酬、航食、起降费、民航发展基金的成本增量，因此增量成本相对有限。禁飞B737MAX8机型会对中国民航的运营产生一些小的影响，但由于B737MAX8只占中国民航飞机总量的不到3%，不会产生大的干扰。

关于新订单的交付，包括租赁公司在内的中国大陆企业共订购超过420架B737MAX系列飞机，中银航空租赁订购87架，仅交付5架；国家开发银行财务部门订购78架，仅交付1架；南航订购50架，已经交付16架。截至2019年1月底，B737MAX系列未交付订单为4 661架，订单总价值至少4 647亿美元，折合人民币逾3万亿元。受空难事件影响，未交付订单或将面临退订，各航司还需重新发出新订单，引进新运力有时间差，中期来看飞机供给恢复减慢。

虽然现有的波音737机型还能继续飞行，但全球将近5 000架的订单是否能执行下去，存在诸多变数。空客A320系列的订单本来不如波音737系列，但借波音公司失手的机会，空客A320系列订单未来可能有较大增长，甚至在中短途干线飞机上占据优势。

参考文献

[1] 裴晓静．波音之堤，溃于蚁穴 [J]．中国品牌，2019（09）：80-82.

［2］高荣伟．百年波音面临最大危机［J］．产权导刊，2019（06）：13-15.

［3］李亚凝．停飞民用航空器的法律标准与损失追偿建议——以737MAX事件为例［J］．中国法律评论，2019（05）：187-200.

［4］赵正．波音遇难，百年危机［J］．商学院，2019（04）：107-109.

［5］冯建文，孙黎，刘金龙．波音737-8事故简析［J］．航空动力，2019（02）：50-55.

［6］王丹．波音和空客的新一轮竞争——B737MAX和A320neo［J］．江苏航空，2017（02）：23-24.

案例说明书

一、案例的教学目标

本案例旨在引导学生对公司战略及内控的实务问题进行讨论，进一步理清公司战略与内控管理的内涵及相关关系。本案例适用于MBA、MPACC等研究生以及高年级本科生的教学实践。

二、案例讨论的准备工作

为了有效实现本案例目标，学生应该具备下列相关知识背景：

（一）公司战略与战略管理

公司战略有传统概念与现代概念之分。传统概念以美国波特教授的观点为代表，他认为，“战略是公司为之奋斗的终点与公司为达到它们而求的途径的结合物”。现代概念以加拿大学者明茨伯格的观点为代表，他将战略定义为“一系列或整套的决策或行动方式”，这套方式包括刻意安排的（即计划性）战略和任何临时出现的（即非计划性）战略。从本质区别看，现代概念更强调战略的应变性、竞争性和风险性。

公司战略分三个层次：总体战略、业务单位战略或竞争战略和职能战略。总体战略又称为公司层战略，是企业最高层次的战略。业务单位战略主要是针对具体经营领域的战略。对于一家单业务公司来说，总体战略和业务单位战略合二为一。只有对业务多元化的公司，才有总体战略和业务单位战略的区分。而职能战略主要涉及企业内各职能部门，因各职能部门的主要任务不同，重点是有效发挥各职能战略的协同作用。

战略管理就是为实现企业的使命和战略目标，科学地分析企业的内外部环境与条件，制定战略决策，评估、选择并实施战略方案，控制战略绩效的动态管理过程。

战略管理包括三个关键因素：战略分析——了解组织所处的环境和相对静止的

地位；战略选择——战略制定、评价和选择；战略实施——采取措施，使战略发挥作用。

（二）企业内控

企业内控是企业为确保公司战略的实现，以风险管理为手段，对企业经营管理活动中的人、财、物等进行有效监管的系列活动。企业内控要求保证企业资产、财务信息的准确性、真实性、有效性、及时性，保证对企业员工、工作流程、物流的有效管控，建立对企业经营活动的有效监督机制。

企业内控一般分为三步：

1.预测

企业管理层根据资产、财务，以及企业经营活动中产生的各种数据，经过识别、分析，得出企业经营发展的相关风险，合理确定各种风险的应对策略。

2.控制

以企业预测结果为导向、以流程管理为方法，针对已经或者将要发生的风险进行提前控制。具体的控制对象包括人力、财务、资源、工作流、物流等企业经营活动中可能产生风险的因素。

3.监督

企业内控监督是保证企业内控措施有效实行的必要手段。企业内控监督包括人力监督、财务监督、工作流监督等。

（三）行业背景

波音公司与空客是民航客机的两大主要供应商，都提供从100座级别到500多座级别以及多种货运型号的民用飞机，最畅销的机型是波音737系列与空客A320系列，巨型飞机有波音747与空客A380。

三、案例的分析要点

（一）需要学生识别的关键问题

1.结合本案例谈谈你对公司战略的理解。

2.结论本案例谈谈你对内控管理的理解。

3.简述你对波音公司的战略与内控管理的评价。

4.结合本案例对B737MAX事件的解读，你认为公司战略和内控对一家企业的重要性如何？两者之间有什么内在联系？

（二）推荐的解决问题方案

1.结合本案例谈谈你对公司战略的理解。

公司战略是设立远景目标并对实现目标的轨迹进行的总体性、指导性谋划，属宏观管理范畴，具有指导性、全局性、长远性、竞争性、系统性、风险性六大主要特征。

（1）公司战略指导性。公司战略界定了企业的经营方向、远景目标，明确了企业的经营方针和行动指南，筹划了实现目标的发展轨迹及指导性措施、对策，在企业经营管理中起着导向的作用。

（2）公司战略全局性。公司战略立足现在，着眼未来，通过对国际、国内的政治、经济、文化及行业等经营环境的深入分析，结合自身资源，站在系统管理的高度，对企业的远景发展轨迹进行了全面的规划。

（3）公司战略长远性。公司战略着眼于长期生存和长远发展，确立了远景目标，并谋划了实现远景目标的发展轨迹及宏观管理的措施和对策。

（4）公司战略竞争性。竞争是市场经济不可回避的现实，也正是因为有竞争才确立了“战略”在经营管理中的主导地位。面对竞争，公司战略需要进行内外部环境分析，明确自身的资源优势，通过设计适当的经营模式，形成特色经营，增强企业的对抗性和战斗力，推动企业长远、健康发展。

（5）公司战略系统性。立足长远发展，公司战略确立了远景目标，并围绕远景目标设立了阶段目标及各阶段目标实现的经营策略，以构成一个环环相扣的战略目标体系。同时，根据组织关系，公司战略由决策层战略、事业部战略、职能部门战略三个层级构成。决策层战略是企业总体的指导性战略，决定企业的经营方针、投资规模、经营方向和远景目标等战略要素，是公司战略的核心。

（6）公司战略风险性。企业作出任何一项决策都存在风险，战略决策也不例外。市场研究深入，行业发展趋势预测准确，设立的远景目标客观，各战略阶段人、财、物等资源调配得当，战略选择科学，制定的战略就能引导企业健康、快速发展。

本案例中，波音公司为了应对空客A320Neo订单大增的现实压力以及主要客户的警示，确立了对波音737系列飞机进行改良设计的决策，这就是波音公司的战略。波音公司为确保战略实现，确定了各种成本控制策略、开发进度保障等，这些都是此战略的具体组成部分。在研发过程中，波音公司的一系列相关决策也都是围绕这个战略展开的。

2.结合本案例谈谈你对内控管理的理解。

内控管理是促进企业实现发展战略，优化治理结构、管理体制和运行机制的有效手段。实施内控管理，可以保证企业资产、财务信息的准确性、真实性、有效性、及时性，保证对企业员工、工作流程、物流的有效管控，建立对企业经营活动的有效监督机制，保证企业良好的自我调节能力。

企业内控受以下因素影响：

（1）内部环境。内部环境是企业实施内部控制的基础，一般包括治理结构、机构设置及权责分配、内部审计、人力资源政策、企业文化等。

（2）风险评估。风险评估就是企业及时识别、系统分析经营活动中与实现内部控制目标相关的风险，合理确定风险应对策略。

（3）控制活动。控制活动是企业根据风险评估的结果，采用相应的控制措施，将风险控制在可承受范围之内。

(4) 信息与沟通。信息与沟通是企业及时、准确地收集、传递与内部控制相关的信息，确保信息在企业内部、企业与外部之间进行有效沟通。

(5) 内部监督。内部监督是企业对内部控制的建立与实施情况进行监督检查，评价内部控制的有效性，发现内部控制缺陷及时加以改进。

本案例中，在推进企业战略的过程中，波音公司对人、财、物等进行调配，多方联动以及问题反馈机制都是企业内控管理的具体体现。

3.简述你对波音公司的战略与内控管理的评价。

本案例中，波音公司之前的战略比较清晰，在空客推出波音737的直接竞争机型A320Neo后，仍能坚持重新设计开发新机型的战略不动摇。但后来受制于空客A320Neo订单大增的现实压力以及主要客户的警示，转而改变既定战略，仓促应对。为了尽快赢得订单，波音公司不仅放弃了重新设计新机型的方案，而且对波音737系列飞机的改良也是不彻底的。从表面上看，此战略方案不仅成本更低，而且开发速度也更快，似乎波音公司的战略目标非常明确。但波音公司的战略错误在于，为了达到B737MAX尽快交付的要求而忽视了开发过程中的风险控制。对于民航客机生产厂家来说，安全性永远是第一位的。波音公司在战略转向时，只考虑了竞争性，而对战略管理的其他方面重视不够，最终导致错误放大，发生空难。

本案例充分暴露出波音公司内控管理的不足：

(1) B737MAX开发过程中发生过多次隐患事件，但波音公司管理层以影响交付进度为由，强行选择对问题项不予整改；

(2) 关键技术开发大量外包，缺乏有效监控；

(3) B737MAX自己开发，自己认证，缺乏外部监督。

4.结合本案例对B737MAX事件的解读，你认为公司战略和内控对一家企业的重要性如何？两者之间有什么内在联系？

战略目标是企业最高级别的目标。从本质来看，对企业发展中存在的诸多风险进行判断、评估，内在标准是其对企业战略的影响如何以及其是否可以促进企业战略的实施。保障企业发展战略的实行是企业进行内控管理的最终目标。在企业管理体系建设中，战略具有重要地位，对企业运营和发展起到了导向作用；而内控管理作为企业管理机制的构成部分之一，也需要在公司战略的基础上开展具体的业务活动，因此在内控管理中，公司战略是其最高目标。公司战略体现的是管理者基于利益、价值的考量而进行的选择，内控管理则是确保战略付诸实施，并提供相应风险防范措施的保障。本案例中，波音公司的战略出了问题，导致内控管理也跟着走偏了。

四、教学组织方式

(一) 问题清单及提问顺序

1.结合本案例谈谈你对公司战略的理解。

2.结合本案例谈谈你对内控管理的理解。

3.简述你对波音公司的战略与内控管理的评价。

4.结合本案例对B737MAX8事件的解读，你认为公司战略和内控对一家企业的重要性如何？两者之间有什么内在联系？

（二）课时分配

1.课后自行阅读和查阅资料：约5小时；

2.小组讨论并提交分析报告提纲：约2小时；

3.课堂小组代表发言、进一步讨论：约2小时；

4.课堂讨论总结：约0.5小时。

（三）讨论方式

本案例可以采用小组式讨论。

（四）课堂讨论总结

课堂讨论总结的关键是：归纳发言者的主要观点，重申其重点及亮点；根据本说明书中提供的解决问题方案，指导学生对其中的要点进行总结；提醒大家对焦点问题或有争议观点进行进一步思考，建议大家对本案例进行扩展研究和深入分析。

案例10

华为员工持股计划

案例正文

适用课程： 财务管理；管理会计

编写目的： 本案例旨在让学生学习企业如何应对财务风险、企业激励机制的特点，以及在公司治理中如何评价“谁是公司的治理主体”。

知识点： 财务风险；融资分析；股权激励；企业文化

关键词： 员工持股计划；虚拟股；财务风险

案例摘要： 以华为为例，通过介绍该公司的基本情况，分析其员工持股计划在不同时期的演变过程，探讨员工持股计划在华为的发展壮大中所发挥的重要作用；研究华为成功的原因，为我国企业员工持股计划、公司财务管理提供建议。

一、公司简介

华为技术有限公司（以下简称华为）是全球领先的ICT（信息与通信）基础设施和智能终端提供商。其在通信网络、信息技术、智能终端和云服务等领域为客户提供产品、解决方案与服务，2018年全年全球销售收入超千亿美元。目前华为有19.4万名员工，业务遍及170多个国家和地区，服务30多亿人口。

（一）华为发展历程

1987年，华为创立于深圳，成为一家生产用户交换机（PBX）的香港公司的销售代理。

1992年，开始研发并推出农村数字交换解决方案；到1995年，销售额达15亿元人民币，主要来自中国农村市场。

1997年，推出无线GSM解决方案，逐步将市场拓展到中国主要城市。

1999年，开始在印度、瑞典、美国等地设立研发中心，获得CMM4级认证、CMM5级认证，加入国际电信联盟（ITU）。

2002年，海外市场销售额达5.52亿美元；2005年，海外合同销售额首次超过国内合同销售额。

2008年，华为被《商业周刊》评为全球十大最有影响力的公司。根据Informa的咨询报告，华为在移动设备领域排名全球第三。

2009年，华为在无线接入市场的份额跻身全球第二，成功交付全球首个LTE/EPC商用网络，获得的LTE商用合同数居全球首位。

2011年，建设了20个云计算数据中心，智能手机销售量达到2 000万部。

2013年，“全球财务风险控制中心”在英国伦敦成立，监管华为全球财务运营风险，确保财经业务规范、高效、低风险运行；作为欧盟5G项目的主要推动者、英国5G创新中心（5GIC）的发起者，华为发布了5G白皮书，积极构建5G全球生态圈。

2015年，根据世界知识产权组织公布的数据，在当年企业专利申请排名方面，华为以3 898件连续第二年位居榜首。

2017年，运营商业务：从“投资驱动”转向“价值驱动”；企业业务：使能行业数字化转型；消费者业务：打造“世界级智能终端品牌”；华为云：构建开放可信的云平台。

2018年，全球销售收入首超千亿美元；华为手机（含荣耀）全球发货量突破2亿部，稳居全球前三；211家世界500强企业、48家世界100强企业选择华为作为数字化转型的合作伙伴；5G微波开启全面商用新征程。

（二）股东和董事会

华为是一家100%由员工持有的民营企业。华为通过工会实行员工持股计划，参与人数为96 768人，参与人仅为公司员工，没有任何政府部门、机构持有华为股权。

持股员工选举产生115名持股员工代表，持股员工代表会选举产生董事长和其他16名董事，董事会选举产生4名副董事长和3名常务董事，轮值董事长由3名副董事长担任。

轮值董事长以轮值方式主持公司董事会和常务董事会。董事会行使公司战略与经营管理决策权，是公司战略、经营管理和客户满意度的最高责任机构。

董事长主持持股员工代表会。持股员工代表会是公司最高权力机构，对利润分配、增资，以及董事、监事选举等重大事项进行决策。

2018年3月，持股员工代表会和股东会进行了董事会换届选举，产生了董事长及新一届董事会成员。

董事长：梁华

副董事长：郭平、徐直军、胡厚崑、孟晚舟

常务董事：丁耘、余承东、汪涛

董事：徐文伟、陈黎芳、彭中阳、何庭波、李英涛、任正非、姚福海、陶景文、阎力大

（三）主营业务

1.个人用户业务

手机、笔记本电脑、平板电脑、智慧屏、智慧穿戴、智能家居、配件等产品和服务支持。

2.企业用户业务

（1）企业网络，包括交换机、路由器、WLAN、园区网络解决方案、数据中心网络解决方案、广域网络解决方案、网络安全与解决方案等。

（2）云数据中心，包括云计算、存储、服务器-智能计算、数据中心交换机等。

（3）智能安防，包括软件定义摄像机、智能视频云平台、智能视图大数据平台、智能指挥解决方案、智慧园区安防解决方案、智慧交通安防解决方案。

（4）企业无线，包括eLTE宽带集群解决方案、GSM-R解决方案、企业微波解决方案、室内数字化解决方案等。

（5）企业光传送与接入，包括数据中心互联解决方案、全光园区解决方案、光传送、光接入、光终端等。

（6）企业物联网，包括物联网连接管理平台、边缘计算物联网解决方案、eLTE宽窄物联解决方案等。

（7）服务方面，包括华为神农统一运维平台（I-MOC）行业运维服务、网络设计与实施服务、云规划设计与实施服务、培训与认证、大数据使能服务、提升服务等。

3.运营商用户业务

无线网络、固定网络、IT基础设施、云核心网等产品与服务，自动驾驶网络（AND）解决方案。

4.华为云服务业务

弹性云服务器、关系型数据库、软件开发云等，电商行业企业自建解决方案、游戏行业解决方案、高性能计算解决方案等。

5.业务涉及的行业

智慧城市、智慧园区、公共安全、交通、电力、金融、制造业、互联网、教育、医疗、石油和天然气等。

二、华为员工持股计划

员工持股计划（ESOP）是指通过让员工持有本公司股票和期权而使其获得激励的一种长期绩效激励计划。在华为的发展历程中，华为100%由员工持股是一个伟大的尝试和创新，员工持股不仅是员工激励的措施，也一直是华为非常有效的融资方式。它不仅解决了该公司创业阶段资金短缺的问题，也帮助华为渡过了历次困境。

（一）创业期员工持股融资（1990年）

1990年，华为第一次提出了员工持股的概念。在初创时期，注册资本仅有2万元的华为很难凭借其民营背景从银行获得贷款，于是便转向员工内部集资。当时的参股价为每股10元，以税后利润15%作为股权分红，向技术、管理骨干配股。这项举措及时填补了资金缺口，让华为获得了宝贵的发展资金，使其有财力进行研发工作，而研发正是通信公司的核心所在。

（二）快速发展期员工持股激励政策（1997—2000年）

1997年，深圳市颁布了《深圳市国有企业内部员工持股试点暂行规定》，华为参照这个规定进行员工持股制度改制，完成第一次增资，华为当时在册的2 432名员工的股份全部转到华为工会的名下。此时随着该公司效益的提升和从资金困境中逐步解脱出来，员工持股制度在担负内部融资任务的同时，也演变成了一种重要的激励制度，与工资、年终奖金、安全退休金等一起构成了华为的薪酬体系。1997年，员工持股价由10元改为1元，允许员工向公司贷款持股。但内部持股员工只有分红权没有其他股东权利，员工所持股份退出公司的价格也仅为初始购股价。

这段时期也是华为高速增长的时期，为提高企业对人才的吸引力，华为在提高薪酬的同时也加大了员工配股力度。随着每年销售额的增长，员工股的回报率常常达到70%。

1997—2000年，经过几次股改，员工的股权最终由华为工会代为行使，华为完整的股权被划分给两个股东，其中工会占98.93%、创始人任正非单独持有1.07%。在这个阶段，华为的高薪及员工持股激励政策形成了强大的人才磁场，使华为聚集了大批行业优秀人才。

（三）虚拟受限股票期权（2001年）

虚拟受限股（以下简称虚拟股）是华为投资控股有限公司（以下简称华为控股）工会授予员工的一种特殊股票。2001年，华为推行了《华为技术有限公司虚拟股票期权计划暂行管理办法》，对新员工不再发行实股，老员工的股权也逐渐转换为虚拟股。由于虚拟股仅拥有收益权而不会影响公司的管理权，可以很好地解决公司控制权分散的问题。此外，华为依然保留着配额认购的方式，每个员工都要从工作业绩、上级评价、同事评价三个维度获得综合评判，合格者被评为“奋斗者”，只有这样的“奋斗者”才可以得到配额。从这项举措可以看出，华为的股权激励计划更加侧重于奖励长期持续奋斗的员工。

每年，华为根据员工的工作水平和对公司的贡献，决定其获得的股份数。员工按照公司当年净资产价格购买虚拟股。拥有虚拟股的员工可以获得一定比例的分红，以及虚拟股对应的公司净资产增值部分，但没有所有权、表决权，也不能转让和出售。在员工离开企业时，股票只能由华为控股工会回购。

华为规定：根据内部评价体系，员工的虚拟股每年可兑现1/4，价格是最新的每股净资产价格。但是，华为对中高层的兑现额度作了另外规定，只能每年兑现1/10，除非离职；即使在离开后，也要经历华为严格的6个月审核，确认不出现其创业公司的产品与华为构成同业竞争、没有从华为内部挖过墙角等条件中的任何一条后，方可全额兑现。

每个持股员工都有权选举和被选举为股东代表，这些持股员工选出51人作为代表，从这51名代表中轮流选出13人作为董事会成员、5人担任监事会成员。

（四）非典时期的员工持股计划（2003年）

在这个时期，华为陷入与思科的知识产权纷争，加之非典对出口的影响，华为发展受创。华为动用了几十亿元的未分配股权，再次给予80%以上的员工股票购买权。一是向银行申请股权抵押贷款额度（员工只需出资15%，剩余85%由华为提供担保，员工以个人名义向银行贷款）；二是将股权向新的骨干核心层倾斜。

在此次股权激励中，华为设立了三年的锁定期，员工在这段时间内不能兑换虚拟股，若在这期间离职则视为自动放弃。此次股权激励对于核心技术人员的配额要大于普通员工，从而降低了核心技术人员的流失率，并为华为带来了利润和营业额的大幅上涨。

（五）虚拟饱和股（2008年）

"饱和股"是指按照华为员工划分的级别，不同级别的员工拥有不同的持股上限，级别越高则可以拥有越多的股数，但是对于老员工而言，他们手中的股数已经达到了上限，便不能再继续参与配股。

在全球金融危机的阴影之下，华为的业绩也受到影响，而经历了更多次配股的老员工显然比新员工受益更多，利益分配并不均衡。为了让公司继续正常运作、保持员工活力，华为小幅调整了现有的股权激励制度。这一举措有利于鼓励新员工努力晋升。

（六）TUP激励与虚拟受限股相结合（2013年至今）

2012年年初，银监会明确规定，银行不得为个人提供助业贷款用于购买公司股票。因此，一些员工缺少足够的资金购买股票，开始选择离职套现。

为了保障新员工在积蓄不充足的情况下依然可以公平地受到公司激励，华为在现行的虚拟股之外，又额外提出了五年期TUP（Time-unit Plan，时间单位计划）现金激励方案。华为以递增的方式为员工提供一个逐年兑现的虚拟股现金分红，并在第五年年底额外提供五年期间的股本增值收益。在全过程中并不涉及虚拟股的真正交付，结束后也会将虚拟股清零，提供给员工的只是现金激励。这样的现金激励政策显然更加简便易行，无须经过各方审查，而且在国际上更为通行。对于华为越来越壮大的外籍员工群体而言，这一政策显然更具有可实施性。根据华为2018年报，华为股权结构如图10-1所示。

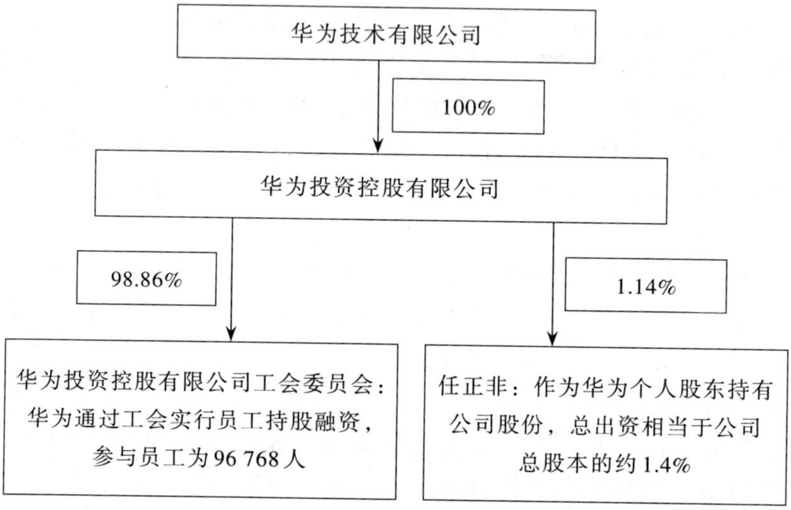

图10-1　华为股权结构图

三、华为员工持股计划实施的效果

（一）筹集资金

华为员工持股自1990年便开始实施，此时华为刚成立三年，作为典型的初创期民营科技企业，华为的市场拓展和规模扩大需要大量资金，而其民营企业的特性和所处的发展高风险初创阶段，使得其通过银行借款等外部融资渠道获得资金非常困难，因而华为开始试行员工持股融资，希望以内部集资方式解决资金难题。内部融资是初创期民营科技企业融资的重要来源，而员工持股计划作为一种内部融资的重要方式，可有效缓解初创期民营科技企业融资困难问题。此外，与其他融资方式相比，员工持股融资的成本更低，能够降低企业的资金成本。1990—2000年华为员工持股融资现金流量见表10-1。

如表10-1所示，在1990年，华为实施员工持股融资的当年，就筹得多达114万元的资金。随着华为的快速发展以及员工持股融资的平稳实施，员工持股计划提供的资金支持力度也越来越大，截至1997年，员工持股计划累计为华为提供了多达4 556万元的现金净流入。与华为作为竞争对手的中兴通讯（股票代码：000063）相比，中兴通讯于1997年9月发布招股说明书，并于1997年11月正式在深圳证券交易所挂牌交易。其发行价为每股6.81元，实际发行量为6 500万股，扣除1 430万元的发行费用后，实际募集资金净额为42 835万元。中兴通讯首发上市募集的资金虽高于华为1997年通过员工持股计划所获资金流入，但华为在1997年后通过员工

表10-1　　1990—2000年华为员工持股融资现金流量　　单位：元

年份	现金流入（员工购股）	现金流出（股票分红）	现金流量净额
1990	1 144 196		1 144 196
1991	915 357	28 125	887 232
1992	1 647 643	112 500	1 535 143
1993	2 965 757	450 000	2 515 757
1994	5 338 363	1 845 000	3 493 363
1995	9 609 053	3 600 000	6 009 053
1996	17 296 296	6 750 000	10 546 296
1997	31 133 333	11 700 000	19 433 333
1998	56 040 000	18 450 000	37 590 000
1999	100 872 000	18 855 000	82 017 000
2000	181 569 600	19 260 000	162 309 600
总计	408 531 600	81 050 625	327 480 975

持股方式不断实现增资，在1999年年初，注册资本金就超过65 000万元；2001年，华为在经历增资和相关股权变更后，注册资本金更是达到32亿元。中兴通讯在2001年3月进行了股票增发，发行价格为每股32.7元，实际发行量为5 000万股，发行费用总额为4 052.02万元，增发募集资金净额为159 447.98万元。中兴通讯两轮融资净额为202 282.98万元，远低于2001年9月华为32亿元的注册资本金。

（二）降低企业财务风险

降低企业财务风险是员工持股融资成为民营企业合理选择的原因之一。华为作为民营科技企业，在初创阶段尚没有稳定的盈利能力，自主创造现金流的能力较弱。该阶段企业的目标主要是市场份额的快速抢夺，以及核心竞争力的拓展等，由此引发的资金缺口激发了其对资金的强烈渴求，外部债务性资本比例的提升会使企业面临的财务风险加大，而其通过增加内部股权融资规模，使得公司的财务风险得到有效控制。

一方面，员工持股融资为初创期的华为融得了大量发展所需资金，使企业的战略实施有了持续稳定的资金来源，并拓宽了企业的融资渠道，降低了华为的筹资风险；另一方面，员工持股融资使华为不必承受债务资金的还本付息压力，从而降低了华为的财务风险。员工持股融资与债务融资不同，债务融资要求企业分期付息、到期还本，带有一定的强制性，这也使企业背负着巨大的财务压力；而员工持股融资不仅是内部权益融资的一种方式，也是初创期华为公司治理的一种机制，其分红时间具有一定的灵活性，分红金额也可根据企业经营状况确定。假设将初创期华为员工持股融资所筹得的资金替换为银行借款，那么华为将承担较大的银行资金还本付息压力。显而易见，员工持股融资在分散初创期华为财务风险方面取得了良好效果。

（三）优化企业激励机制，吸引并留住人才

华为作为民营科技企业，由于内外部竞争的压力，它必须增强员工的创造性、积极性与归属感。员工持股计划被国外经验证实是切实有效的途径，因而，国内众多民营科技企业也开始通过赋予员工股权达到激励员工的目的，这就构成了员工持股融资的内部动力。对华为这类民营科技企业而言，技术和创新是其制胜法宝，拥有的人力资本是其核心竞争力，而要充分发挥民营科技企业的竞争优势，良好的激励机制不可或缺，员工持股计划对改善和提升华为的激励机制起到了非常重要的作用。华为的员工持股每股收益情况见表10-2。

表10-2 **员工持股每股收益情况表**

年份	虚拟股价（元/股）	每股分红（元）	TUP增值	分红收益率（%）	综合收益率（%）
2010	5.42	2.98	—	54.98	54.98
2011	5.42	1.46	—	26.93	26.93
2012	5.42	1.41	—	26.01	26.01
2013	5.42	1.47	0.24	27.10	31.50
2014	5.66	1.90	0.24	33.60	37.80
2015	5.90	1.95	0.91	33.10	48.50
2016	6.81	1.53	1.03	22.50	37.60
2017	7.86	1.03	1.83	13.10	36.40

从表10-2可以看出，华为的虚拟股一直在有效地发挥其分红的作用，收益率十分可观。如此高的分红，配合华为一直秉持的高效培训体系与管理体系，真正起到了激励作用，表面上的“散财”换来的实际是人力资本的增值以及公司利润的上涨和价值的增加。人力资本的增值体现在新员工能力不断提升、核心员工流失率低、老员工尽职尽责上。华为将企业的长远发展与员工的个人贡献和发展有机地结合在一起。华为在甄选、培养和维持人才方面，以高额分红为吸引和激励，以员工

对企业的信任度和忠诚度为依据，真正做到了让员工选择华为、留在华为、提升华为，为华为的前进和发展带来了源源不断的动力。

四、结论

通过以上分析可以发现，华为员工持股计划无疑是相当成功的，甚至可以说是其制胜的关键因素之一。其制度经历了由实转虚、由现转期、由普遍受惠转为重点鼓励、由工龄占优转为公平受益、由单纯股权转为股权与现金激励相结合的过程。总体来看，华为员工持股计划始终以虚拟股为核心制度，并随着时代的发展和公司需求不断修正完善。华为员工持股计划运用虚拟股票、股票期权与限制性股票的某一个或某一些的组合，并配合该公司其他制度一起实施，大胆又谨慎地进行创新。

华为根据企业所面临的内外部环境，紧紧围绕自身的发展实际，巧妙地进行员工持股计划的设计。华为员工持股计划有利于企业筹集资金，有效解决民营科技企业融资困难问题；有利于企业降低财务风险，企业和员工风险共担、利益共享；有利于优化企业的激励机制，吸引并留住人才，为公司绩效增长、人才增值提供保障，实现了公司长远可持续发展。

参考文献

[1] 康玉梅. 我国员工持股资金来源问题研究 [J]. 财会研究，2011（6）：58-59.

[2] 李恩平，李娇. 高科技企业科技人才股权激励的主要形式及特征分析 [J]. 经济体制改革，2016（02）：118-124.

[3] 马才华，何云佳. 员工持股计划研究——基于华为与中兴通讯股权激励模式的比较 [J]. 财会通讯，2016（26）：88-90+129.

[4] 巩娜. 我国民营企业员工持股模式分析——华为与天玑科技员工持股计划的比较分析 [J]. 财务与会计（理财版），2012（02）：36-38.

[5] 李刚. 基于财务绩效、人力资本、研发创新的股权激励效果分析 [J]. 商业会计，2019（14）：12-14.

[6] 李洋. 初创期民营科技企业员工持股融资探究——以华为员工持股为例 [D]. 南昌：江西财经大学，2019.

案例说明书

一、案例的教学目标

让学生通过讨论了解财务风险的含义，了解员工持股计划、激励机制，以及企业应该如何度过财务危机。

二、案例讨论的准备工作

学生需要事先掌握华为的背景材料，了解该企业在发展过程中如何融资，了解什么是股权激励，了解企业财务风险的含义。

三、案例的分析要点

学生需要识别的关键问题有财务风险、融资方式、股权激励、普通股/优先股、每股收益、股票增发、股东权益。

四、教学组织方式

（一）问题清单及提问顺序

1.企业财务风险的含义是什么？

2.华为在不同的发展时期是如何应对财务风险的？

3.在本案例中，谁是华为的治理主体？华为是如何保护股东利益的？

4.什么是股票期权？股票期权的作用有哪些？

5.华为的激励机制与约束机制的特征有哪些？

6.华为战略管理的特点有哪些？

（二）课时分配

1.了解并熟悉案例内容，了解问题清单：20分钟；

2.小组讨论问题：40分钟；

3.按顺序回答问题：40分钟；

4.总结本次案例教学组织情况，表扬表现好的小组，并提出改进意见：20分钟。

（三）讨论方式

本案例可以采用小组式讨论。

（四）课堂讨论总结

课堂讨论总结的关键是：归纳发言者的主要观点，重申其重点及亮点；回答本说明书中提出的问题，掌握问题的基础性答案，再结合该公司的实际运营背景，指导学生对其中的要点进行总结；提醒大家对有争议观点持续关注，不断提升相关的财务决策能力；建议大家对本案例进行扩展研究和深入分析。

案例11

金融产品的审计穿透性与审计风险

——以风华高科和藏格控股为例

案例正文

适用课程：审计理论与实务；注册会计师审计实务

编写目的：本案例旨在帮助学生加强对金融产品审计的理解，掌握金融产品审计风险的分析、识别和防范，强化对审计准则的掌握与运用。

知识点：财务风险；融资分析；股权激励；企业文化；审计风险；审计穿透性

关键词：审计风险；审计穿透性；金融产品

案例摘要：审计风险是注册会计师在审计过程中需要评估和防范的重要问题，在金融产品和金融工具不断创新的环境中，证券市场的审计风险日益复杂，审计穿透性对识别和防范审计风险尤为关键，风华高科和藏格控股的案例为此提供了很好的实例。

一、案例资料

（一）风华高科

2019年11月22日，广东风华高新科技股份有限公司（以下简称风华高科，股票代码：000636）发布公告，该公司收到中国证监会广东监管局行政处罚决定书。根据该公告，风华高科开展贸易业务时，从中捷通信有限公司采购电子产品，再销售给案外人林某控制下的广东新宇金融信息科技有限公司（以下简称广东新宇）、广州亚利电子有限公司（以下简称广州亚利）、广州天河高新技术产业开发区华力科技开发有限公司（以下简称广州华力）、广州鑫德电子有限公司（以下简称广州鑫德）。上述四家公司从2014年下半年起，无法向风华高科（含具体经办部分相关业务的风华高科下属子公司肇庆风华机电进出口有限公司）支付到期货款。在风华高科催收下，林某实际控制的上述公司向风华高科开具了商业承兑汇票，2015年2—3月商业承兑汇票先后到期，上述债务仍未清偿。2015年4月起，风华高科组织专门人员对上述债务进行催收，截至2015年12月31日，仍未能收回前述应收广州华力、广州鑫德、广东新宇和广州亚利合计约6 319万元的款项（以下称本案所涉应收账款），且对应债权并没有抵押物等担保。为了解决应收账款挂账问题、延长应收账款计提坏账准备时间，风华高科于2016年3月1日召开总裁办公会，决定通过以下两种方式对本案所涉应收账款进行处置：一是通过粤盛资产管理有限公司（以下简称粤盛资产）和宁夏顺亿资产管理有限公司（以下简称宁夏顺亿）配合操作，由风华高科于2016年3月出资5 500万元，购买粤盛资产委托宏信证券有限责任公司（以下简称宏信证券）发行的一项理财产品；粤盛资产收到该笔资金后，即全部转至宁夏顺亿；宁夏顺亿以2015年12月31日为基准日，原价受让风华高科对广州亚利、广东新宇合计约5 470万元应收账款，并以支付受让款的名义，将收到的上述款项全部转回风华高科。二是通过案外人刘某华实际控制的深圳市全聚能实业有限公司（以下简称深圳全聚能）配合操作，由该公司以2015年12月31日为基准日，以八折（6 803 168.69元）的价格受让风华高科应收广州鑫德、广州华力合计约850万元应收账款，其所支付的受让款，来源于风华高科向刘某华实际控制的另一家公司支付的预付款约250万元以及对该公司的应收账款约430万元。风华高科在分别与宁夏顺亿、深圳全聚能签署债权转让合同时，另分别签署补充协议，均明确约定：自合同生效之日起，风华高科仍负有追收对应应收账款的权利和义务；若款项未足额收回，损失由风华高科承担。风华高科2015年、2016年审计均由立信会计师事务所执行。

（二）藏格控股

无独有偶，2019年11月25日晚间，藏格控股股份有限公司（以下简称藏格控股，股票代码：000408）发布公告，因虚增营业收入和营业利润等违法事宜，被中国证监会青海监管局下发行政处罚及市场禁入事先告知书。据披露，2017年7月—2018年12月期间，藏格控股通过开展虚假贸易业务的方式，虚增营业收入和营业利润。2017年虚增营业收入131 663 826.82元，虚增利润总额128 325 919.05元，占合并利润表当期披露利润总额的8.89%；2018年虚增营业收入468 491 820.48元，虚增利润总额477 383 385.51元（含相关的其他收益），占合并利润表当期披露利润总额的29.90%。2017年7月—2018年12月期间，藏格控股通过开展虚假贸易业务的方式，虚增应收账款和预付账款。2017年虚增预付账款240 788 270.93元，占该公司披露总资产的3.11%和净资产的3.68%。2018年虚增应收账款4 710 000.00元，占该公司披露总资产的0.05%和净资产的0.06%；虚增预付账款281 329 947.78元，占该公司披露总资产的2.99%和净资产的3.59%。藏格控股2017年、2018年审计均由瑞华会计师事务所执行。

二、案例分析要点

（1）利用虚增应收账款、预付账款等往来款达到虚增主营业务收入和利润的目的，是上市公司财务造假的“老套路”，注册会计师理应有较成熟的审计方法和流程，为何连立信、瑞华这样的大会计师事务所也会连连受挫？

利用虚增往来款达到虚增利润的目的是上市公司利润造假的惯用手法，针对这种造假手段，一般情况下，注册会计师通过往来款函证、审核销售记录和银行流水等，不难判断往来款的真实性，并应根据往来款的账龄计提坏账准备，注册会计师执行的是《中国注册会计师审计准则第1312号——函证》。但在风华高科、藏格控股等案例中，应收账款、预付账款已从基本的金融资产演变成衍生金融工具，单纯采用函证等审计流程已不能规避审计风险。

（2）如何识别应收账款、预付账款虚假演变成衍生金融工具？

正常情况下，应收账款、预付账款是最容易变现的流动资产，上市公司持有这些资产，直至变现收回现金是最符合经营目标的。但在应收账款、预付账款等对应企业出现严重财务困境时，预计会产生大量坏账，或者上市公司为虚增营业收入和利润，伪造交易和应收账款、预付账款，为规避计提大量坏账准备，上市公司可能铤而走险，先将应收账款、预付账款虚假出售、转移（风险未完全转移），通过外部资产管理公司、保理公司将应收账款、预付账款包装成理财产品、保理产品等衍生金融工具。

（3）如何识别基础性金融资产（应收账款、预付账款等）演变成衍生金融工具的审计风险？

这就需要一定的审计风险识别策略，当出现下列情况时，注册会计师可将审计风险设置为高级别：

①基础性金融资产出现变现困难，账龄较长，甚至长期（超过一年）未有现金流入；

②上市公司将上述基础性金融资产进行出售、转移；

③上述基础性金融资产进行出售、转移具有一定连续性，交易对象具有一致性。

（4）注册会计师如何应对基础性金融资产（应收账款、预付账款等）演变成衍生金融工具的审计风险？

注册会计师应该按照《中国注册会计师审计准则第1632号——衍生金融工具的审计》，将基础性金融资产进行出售、转移类交易审计风险设置为高级别，并采用穿透性审计方法，可采取以下应对策略：

①了解上市公司衍生金融工具的内外部环境。基础性金融资产虚假演变成衍生金融工具时，具有交易链条长，经历金融、保险、证券、资产管理等不同行业的特征，容易形成监管真空，具有极强的隐蔽性。注册会计师可通过咨询专家，了解金融、保险、证券、资产管理等不同行业、部门的业务流程、监管措施。

②追溯基础性金融资产虚假出售、转移后的过程。上市公司在将基础性金融资产虚假出售、转移后，会通过金融、保险公司包装成理财产品或保理产品，而理财产品或保理产品的资金最终又回到上市公司，出售或转移、理财产品或保理产品包装、资金回流形成一个闭环回路。

③执行审计穿透性流程，“看清”基础性金融资产虚假出售、转移实质。注册会计师可通过行业专家、监管数据系统等对基础性金融资产虚假出售、转移进行穿透性审计，交易合同、交易对象、资金流向、关联交易等可提供支撑证据。基础性金融资产虚假出售、转移实质是通过演变成外部金融衍生工具，逃离审计视野，为虚增利润创造条件。

参考文献

［1］苟文均. 穿透式监管与资产管理［J］. 中国金融，2017（8）.

［2］王妍，赵杰. “金融的法律理论”视域下的“穿透式”监管研究［J］. 南方金融，2019（5）.

案例说明书

一、案例的教学目标

针对风华高科和藏格控股审计案例，让学生学会分析上市公司基础性金融资产（应收账款、预付账款等）的审计风险，掌握审计穿透性的意义和方法。

二、案例讨论的准备工作

为了有效实现本案例目标，学生应该具备下列相关知识背景：

（一）理论背景

学生应熟悉审计风险的概念及模型，对审计风险的识别、分析及应对相关策略和程序有所了解，对金融产品及衍生金融工具的分层、形式有一定了解，掌握金融产品的监管方法、流程。

（二）实践背景

熟悉相关注册会计师审计准则，如《中国注册会计师审计准则第1632号——衍生金融工具的审计》《中国注册会计师审计准则第1312号——函证》等，熟悉审计基本实务的流程。

三、案例的分析要点

（一）金融产品的审计风险

审计风险是证券市场审计中的重要问题，审计风险的控制既是保证审计质量的前提，也是审计人员保护自身的关键措施。随着经济全球化和科学技术的发展，金融产品的创新层出不穷，上市公司利用金融产品进行资产管理已成为家常便饭。面对眼花缭乱的金融创新，注册会计师如何完善传统资产审计的流程、把控金融产品的审计风险已成为证券市场审计迫切需要解决的问题。

（二）金融产品的审计穿透性

审计穿透性的概念来源于金融市场的穿透式监管。穿透式监管作为一种监管方法，其理论渊源来自金融市场功能监管理论和行为监管理论。功能监管理论由哈佛大学商学院默顿教授于1993年提出，主要针对金融市场分业监管体制下机构监管的缺陷。行为监管理论由英国经济学家泰勒于1995年提出，主要针对金融机构审慎性风险和机会主义行为，由此形成了包含审慎监管和行为监管的“双峰”设想。穿透式监管就是透过金融产品的表面形态，看清金融业务和行为的实质，将资金来源、中间环节与最终投向穿透连接起来，按照“实质重于形式”的原则，甄别金融业务和行为的性质，根据产品功能、业务性质和法律属性明确监管主体和适用规则，对金融机构的业务和行为实施全流程监管。审计穿透性就是借鉴穿透式监管的理念和流程，在上市公司金融产品的资产管理审计中，恰当把握被审计项目和交易的实质，合理评估审计风险，从而采取适当的审计流程和方法，出具合理的审计意见。

四、教学组织方式

（一）问题清单及提问顺序

1.利用虚增应收账款、预付账款等往来款达到虚增主营业务收入和利润的目的，是上市公司财务造假的“老套路”，注册会计师理应有较成熟的审计方法和流程，为何连立信、瑞华这样的大会计师事务所也会连连受挫?

2.如何识别应收账款、预付账款虚假演变成衍生金融工具?

3.如何识别基础性金融资产（应收账款、预付账款等）演变成衍生金融工具的审计风险?

4.注册会计师如何应对基础性金融资产（应收账款、预付账款等）演变成衍生金融工具的审计风险?

（二）课时分配

1.课后自行阅读和查阅资料：约6小时；

2.小组讨论并提交报告提纲：约2小时；

3.课堂小组代表发言、进一步讨论：约1.5小时；

4.课堂讨论总结：约0.5小时。

（三）讨论方式

本案例可以采用小组式讨论。

（四）课堂讨论总结

课堂讨论总结的关键是：归纳学生的主要观点，根据问题解决方案指导学生进行总结，启发学生对相关疑点或问题进一步查阅资料或进行深入思考。

案例12

獐子岛扇贝的“花样死亡”：生物资产减值

案例正文

适用课程： 会计案例

编写目的： 本案例旨在引导学生关注农业上市公司信息披露违规问题，讨论农业上市公司生物资产核算存在的问题和常见的违规手段、注册会计师的独立性和上市公司监管等会计理论和实务问题。

知识点： 生物资产的确认与计量；资产减值与盈余管理；存货管理与控制；信息披露违规；上市公司监管

关键词： 獐子岛；生物资产减值；财务造假

案例摘要： 2018年2月，獐子岛涉嫌信息披露违法违规，被中国证监会立案调查。经过17个月的调查，2019年7月9日，中国证监会对獐子岛下发了行政处罚及市场禁入事先告知书。中国证监会认定獐子岛涉嫌财务造假、内部控制存在重大缺陷，该公司相关公告涉嫌虚假记载、涉嫌未及时披露信息，对獐子岛及24名相关责任人给予处罚。其中，对獐子岛给予警告并处以60万元罚款，对有关责任人处以罚款，并对该公司董事长吴厚刚等4名相关责任人采取市场禁入措施。但是，在收到中国证监会顶格处罚后仅4个月，獐子岛于2019年11月12日又发布公告，声称底播扇贝在近期出现大比例死亡，对存货计提2.7亿多元的存货跌价准备。2014

年10月—2019年11月，獐子岛在五年内发生了四次扇贝的“花样死亡”事件，引起市场的强烈质疑。獐子岛对生物资产计提存货跌价准备是天灾还是人祸？为何扇贝总是为獐子岛的业绩背锅？根据本案例提供的资料，要求学生分析农业上市企业会计信息披露现状，识别农业上市公司造假的手法，分析生物资产准则与资产减值准则存在的不足，讨论审计师和监管部门应承担的责任，掌握本案例体现的知识点。

一、案例概述

（一）公司简介

獐子岛集团股份有限公司（以下简称獐子岛）始创于1958年，曾先后被誉为“黄海深处的一面红旗”“海上大寨”“黄海明珠”“海底银行”“海上蓝筹”。獐子岛注册资本7.1亿元，资产总额45亿元，现有员工4 000余人，旗下设立分公司、全资子公司，控股、参股中外合资公司40余家，2006年在深圳证券交易所挂牌上市（股票代码：002069）。獐子岛是国家高新技术企业、农业产业化国家重点龙头企业、国家水产良种场。獐子岛在中国北黄海区域开创了虾夷扇贝规模化底播增殖的先河，是中国首个获得MSC认证的虾夷扇贝渔场、双壳贝类产品获准进入欧盟市场的中国唯一受检企业，是中国首个“碳减排”标识企业、全球渔业“行业塑造者”，建设了国家一类水质的生态海洋牧场，拥有包括9家国内一流海洋科研机构的科技支撑平台、52项覆盖产业链的专利群。

獐子岛主要从事海珍品增养殖业、海洋食品产业，集冷链物流、渔业装备等相关产业为一体，已构建起育种、育苗、养殖、暂养、加工、仓储、流通、贸易等一体化供应链保障体系。獐子岛的产品均属日常消费海洋食品，主要包括鲜活食品系列（扇贝、珍蚝、鲍鱼、龙虾、海螺等海洋珍品）、冻鲜食品系列（鱼类、贝类、虾类、蟹类等世界大洋产品）、养生食品系列（干海参、干鲍鱼等海参和鲍鱼深加工产品）、料理食品系列（扇贝、虾、三文鱼、鱿鱼等调理调味食品）及休闲食品系列（扇贝、虾、海螺、鲍鱼等海洋零食产品）。北纬39度天然海洋牧场的优质资源以及该公司对于食品安全和产品品质的坚守，使得“獐子岛”品牌及产品在国内外赢得了众多消费者的认可。

獐子岛资源端的经营模式的核心是海洋牧场。海洋牧场是指在特定海域里，通过生态环境修复与生物资源养护等方式建立适宜生物生存、生长和繁殖的环境，采用放流、移植、增殖等方法，充分利用天然饵料，集成生物技术、生态技术等科学技术，实现海洋生物资源的绿色、集约和可持续开发。海洋牧场是一种新型生产模式，集环境保护、资源养护、人工养殖和生态建设于一体。

（二）事件回顾

2014年10月30日晚，獐子岛发布公告称，北黄海遭到几十年一遇的异常冷水团，造成虾夷扇贝的基础摄食率不足，生长趋慢和营养积累不足，该公司在2011

年播撒的全部和2012年播撒的部分，共100多万亩即将进入收获期的虾夷扇贝绝收。受此影响，獐子岛前三季业绩“大变脸”，由预报盈利变为亏损约8亿元，全年预计大幅亏损。随后，獐子岛在《关于部分海域底播虾夷扇贝存货核销及计提存货跌价准备的公告》中声称，2014年9月15日至10月12日，该公司按制度进行秋季底播虾夷扇贝存量抽测，发现部分海域的底播虾夷扇贝存货异常。根据抽测结果，该公司决定对105.64万亩海域、成本为73 461.93万元的底播虾夷扇贝存货放弃本轮采捕，进行核销处理；对43.02万亩海域、成本为30 060.15万元的底播虾夷扇贝存货计提跌价准备28 305万元。扣除递延所得税影响25 441.73万元，这两项合计影响净利润76 325.2万元，全部计入2014年第三季度，预计该公司2014年全年亏损。

2018年1月31日，獐子岛发布的2017年度业绩预告修正公告指出，该公司发现部分海域的底播虾夷扇贝存货异常。根据《企业会计准则》的相关规定，可能对部分海域的底播虾夷扇贝存货计提跌价准备或核销处理，相关金额将全部计入2017年度损益，预计可能导致2017年度全年亏损。獐子岛在2018年2月5日发布的《关于底播虾夷扇贝2017年年终盘点情况的公告》中声称，2018年1月18日至2月4日，该公司按相关制度进行底播虾夷扇贝的年末存量盘点，大华会计师事务所实施了监盘。根据2017年度消耗性生物资产盘点计划，结合实际情况，最终确定的盘点点位334个，截至2018年2月4日累计盘点点位326个。根据盘点结果，按照《企业会计准则》的相关规定，该公司拟对107.16万亩海域、成本为57 758.13万元的底播虾夷扇贝存货进行核销处理，对24.30万亩海域、成本为12 591.35万元的底播虾夷扇贝存货计提跌价准备5 110.04万元，上述两项合计影响净利润62 868.17万元，全部计入2017年度损益。

经海洋牧场研究中心分析，作出初步判断：降水减少导致虾夷扇贝的饵料生物数量下降，养殖规模的扩张加剧了饵料短缺，再加上海水温度异常，造成高温期后的虾夷扇贝越来越瘦，品质越来越差，长时间处于饥饿状态的虾夷扇贝没有得到恢复，最后诱发死亡。

2019年3月，獐子岛发布2019年度第一季度业绩预告，声称亏损4 000万~4 500万元。对于第一季度亏损，獐子岛将其归因于受2018年海洋牧场灾害影响，称其2016年、2017年的底播虾夷扇贝可收获资源总量减少，在短期内，由于海洋牧场养殖产品产量下降，相应折旧摊销、海域使用金等固定成本无法摊薄，导致产品单位成本上升。此外，2019年对底播虾夷扇贝市场销售策略进行了相应调整，选择性价比好的时点销售，这也导致第一季度底播虾夷扇贝收入同比大幅减少。

2019年11月12日，獐子岛发布公告指出，从抽测现场采捕上来的虾夷扇贝情况看，底播虾夷扇贝出现大比例死亡，其中部分海域死亡虾夷扇贝比例约占80%。死亡时间距抽测采捕时间较近，死亡虾夷扇贝与存活虾夷扇贝的壳体大小没有明显差异，大部分死贝的壳体间韧带具有弹性，部分壳体中尚存未分解掉的软体部分。

根据已抽测点位的亩产数据汇总，已抽测区域2017年存量底播虾夷扇贝平均亩产不足2千克，2018年存量底播虾夷扇贝平均亩产约3.5千克，亩产水平大幅低于前10个月平均亩产25.61千克，该公司初步判断已构成重大底播虾夷扇贝存货减值风险。对此，深交所火速发函询问，要求獐子岛说明底播虾夷扇贝减值风险是否对公司业绩构成重大影响，底播虾夷扇贝短时间内出现大面积死亡的原因、发现减值迹象的时间以及此前信息披露是否真实、准确、完整，该公司是否存在隐瞒减值迹象的情况。

獐子岛在该公告中称，根据2019年秋季底播虾夷扇贝存量抽测结果，目前在养的全部58.35万亩底播虾夷扇贝中，亩产过低、采捕变现价值不足以弥补采捕成本的海域面积为39.05万亩，需核销存货成本19 562.33万元；亩产较低、需计提存货跌价准备的海域面积为13.9万亩，预计存货计提跌价准备金额8 205.89万元；抽测亩产正常以及正在采捕作业的海域面积为5.4万亩。预计核销存货成本及计提存货跌价准备合计金额27 768.22万元，约占截至2019年10月末上述底播虾夷扇贝账面价值30 690.86万元的90%，对该公司2019年经营业绩构成重大影响。獐子岛称，该公司此前信息披露真实、准确、完整，不存在隐瞒减值迹象的情况；该公司正在组织海洋专家和科研人员，将尽快赶到海洋牧场进行现场勘察并将进行虾夷扇贝自然死亡原因分析。截至该公告日，尚未能获知导致本次虾夷扇贝大规模自然死亡的具体原因。

二、天灾还是人祸

作为獐子岛最重要的资产——虾夷扇贝，在五年内发生了四次“异常”事件，虾夷扇贝的“花样死亡”引起市场的强烈质疑。獐子岛虾夷扇贝四次“跑路”，是自然灾害导致的存货损失还是该公司有意而为的财务造假？

2018年2月9日，因涉嫌信息披露违法违规，獐子岛收到中国证监会的调查通知书，被中国证监会立案调查。经过中国证监会17个月的调查，2019年7月9日，獐子岛收到中国证监会下发的行政处罚及市场禁入事先告知书。中国证监会认定獐子岛涉嫌财务造假、内部控制存在重大缺陷，该公司相关公告涉嫌虚假记载、涉嫌未及时披露信息，对獐子岛及24名相关责任人给予处罚。其中，对獐子岛给予警告并处以60万元罚款，对相关责任人分别处以3万~30万元不等的罚款，并对该公司董事长吴厚刚等四名相关责任人采取市场禁入的措施。

第一，该公司涉嫌财务造假，内部控制存在重大缺陷。獐子岛披露的2016年、2017年两年的年度报告、《关于底播虾夷扇贝2017年年终盘点情况的公告》和《关于核销资产及计提存货跌价准备的公告》均涉嫌虚假记载。

根据獐子岛的成本结转方法，獐子岛2016年真实采捕区域较账面多13.93万亩，致使账面虚减营业成本6 002.99万元。同时，对比2016年年初和2017年年初库存图，部分2016年有记载的库存区域虽然没有显示采捕轨迹，但在2016年年底重新进行了底播。根据獐子岛的成本核算方式，上述区域应重新核算成本，既往库存成本应作核销处理，这使得账面虚减营业外支出7 111.78万元。

受虚减营业成本、虚减营业外支出的影响，獐子岛2016年度报告虚增资产13 114.77万元，虚增利润13 114.77万元，虚增利润占当期披露利润总额的158.15%；2016年度报告中利润总额为8 292.53万元、净利润为7 571.45万元，追溯调整后利润总额为-4 822.23万元、净利润为-5 543.31万元，业绩由盈转亏。

獐子岛2017年账面记载采捕面积较真实情况多5.79万亩。经比对实际采捕区域与账面结转区域，獐子岛存在随意结转的问题，且存在将部分2016年实际采捕海域调至2017年度结转成本的情况，致使2017年度虚增营业成本6 159.03万元。

同时，对比獐子岛2016年年初的库存图和2017年的虾夷扇贝底播图，部分2016年有记载的库存区域虽然在2016年和2017年均没有显示采捕轨迹，也没有在2016年进行底播，但在2017年年底重新进行了底播。根据獐子岛的成本核算方式，上述区域应重新核算成本，既往库存成本应作核销处理，这致使2017年账面虚减营业外支出4 187.27万元。

受虚增营业成本、虚增营业外支出和虚增资产减值损失的影响，獐子岛2017年度报告虚减利润27 865.09万元，占当期披露利润总额的38.57%；追溯调整后，业绩仍为亏损。

第二，该公司披露的《关于2017年秋季底播虾夷扇贝抽测结果的公告》涉嫌虚假记载。该公司抽测小组使用“獐子岛科研19”号船记录的出海抽测日期、调查点和北斗星通提供的“獐子岛科研19”号船航行定位信息不符，反映该公司的秋测结果严重失实。

第三，该公司涉嫌未及时披露信息。2018年1月初，该公司财务总监已知悉2017年全年业绩与三季报时所做的预测偏差较大，并向董事长进行了汇报，相关信息应该在2018年1月初就进行披露，实际却拖延至2018年的1月30日才披露。

至此，獐子岛财务造假坐实，“跑路”的虾夷扇贝终于沉冤昭雪了。

三、为何虾夷扇贝为獐子岛业绩背锅

《企业会计准则第8号——资产减值》要求企业在资产负债表日判断资产是否存在可能发生减值的迹象，存在减值迹象的，应当进行减值测试，估计资产的可收回金额。该准则还规定非流动资产减值损失一经计提不得转回；流动资产有减值迹象消失的，可转回前期计提的资产减值损失。然而，对未来现金流量的预测、折现率的选择均依赖企业财务人员的估计和判断，这导致“可收回金额”的计算存在较大的主观性。同时，由于企业所处市场环境不同，流动资产减值后价值能否恢复在企业之间差异较大，企业管理者在资产减值准备的计提、转回额度上拥有较大的自主权。企业计提资产减值准备将增加减值损失，使企业利润总额减少；相反，转回前期计提的资产减值准备，将增加企业利润总额。

《企业会计准则》给予企业进行会计政策选择的权利。会计政策选择是《企业会计准则》规范会计信息生成过程中的灵活性和给企业管理层的职业判断的权利。会计政策选择是合法的，由此产生的盈余管理行为也具有合法性。企业管理层为了实现自己的利益或公司目标会采取各种盈余管理措施，他们往往从自身利益出发，经常在遵守准则的收益或损失和不遵守准则的收益或损失之间进行平衡。在利益最大化的驱动下，企业管理层往往选择违背准则的规定进行盈余管理。已有研究表明，《企业会计准则第8号——资产减值》存在较大的判断空间，可能会被管理层利用以进行盈余管理，从而损害会计信息的可靠性。企业会通过操纵资产减值信息达到业绩目标，如超过分析师预期、避免债务违约等。当企业利润非常高时，企业管理层倾向于提取较高比例的资产减值准备，这意味着企业管理层可能在利用资产减值进行利润平滑；而企业管理层经常在公司盈利水平较低时，利用资产减值进行"洗大澡"，以提升未来期间的企业业绩。

虾夷扇贝在獐子岛作为消耗性生物资产进行核算。按照《企业会计准则》的规定，该公司至少于每年年度终了对消耗性生物资产和生产性生物资产进行检查，有确凿证据表明由于遭受自然灾害、病虫害、动物疫病侵袭或市场需求变化等原因，使消耗性生物资产的可变现净值或生产性生物资产的可收回金额低于其账面价值的，按照可变现净值或可收回金额低于账面价值的差额，计提生物资产跌价准备或减值准备，并计入当期损益。消耗性生物资产减值的影响因素已经消失的，减记金额予以恢复，并在原已计提的跌价准备金额内转回，转回金额计入当期损益。

根据深交所的规定，中小板企业连续两年亏损被ST，连续三年亏损将被暂停上市，连续四年亏损将被终止上市。獐子岛在2014年出现扇贝"跑路"事件前，净利润已经出现逐渐下降的趋势，2013年归属于母公司净利润为9 694万元，2014—2018年归属于母公司净利润分别为-11.89亿元、-2.43亿元、7 959万元、-7.23亿元、3 211万元，呈现出亏损-亏损-盈利-亏损-盈利的特点。由于2014年、2015年连续两年亏损，獐子岛2016年被ST；该公司2016年扭亏为盈，2017年被摘帽。在此期间，獐子岛存货减值计提与转回情况见表12-1，獐子岛消耗性生物资产减值计提与转回情况见表12-2，消耗性生物资产转回金额占当期存货减值金额比例见表12-3。

表12-1显示，2014—2018年獐子岛存货减值计提准备转回的金额对当期利润的影响分别为3.02亿元、5 363.31万元、3 749.99万元、0和9 036.03万元。表12-2、表12-3表明虾夷扇贝在当期存货减值计提与转回金额中占据重要地位，特别是在2016年、2018年，虾夷扇贝减值计提准备转回占当期存货减值计提比重的85.20%和64.05%。可见，存货减值在獐子岛的利润中占据非常重要的地位，特别是虾夷扇贝，已经成为獐子岛财务调整和利润调节的手段，是其屡次扭亏为盈的重要因素之一。从财务角度来看，獐子岛利用了制度的漏洞，规避了ST和退市风险。根据《企业会计准则》的规定，企业对于能够结转以后年度的可抵扣亏损和税款抵减，应当

表 12-1　　　　**獐子岛2014—2018年存货减值计提与转回情况**　　　　单位：元

年份	2018		2017		2016		2015		2014	
项目	本期增加额	本期减少额	本期增加额	本期减少额	本期增加额	本期减少额	本期增加额	本期减少额	本期增加额	本期减少额
原材料	576 948.53	3 903 154.82				5 808.00				2 431 466.74
在产品	356 556.45	1 538 864.08	1 538 864.08							
库存商品	14 633 446.06	20 384 271.87	28 099 783.48		657 395.89	5 542 813.62	1 150 229.54	27 318 939.44	36 899 805.08	11 802 621.45
消耗性生物资产		46 010 678.89	60 721 637.14			31 951 232.91	31 951 232.91	26 314 206.93	311 246 141.34	287 340 590.01
合计	15 566 951.04	71 836 969.66	90 360 284.70		657 395.89	37 499 854.53	33 101 462.45	53 633 146.37	348 145 946.42	301 574 678.20

表 12-2　　　　**獐子岛消耗性生物资产减值计提与转回情况**　　　　单位：元

项目 年份	期初余额	本期增加金额（计提）	本期减少金额（转回或转销）	期末余额
2014	2 408 655.60	311 246 141.34	287 340 590.01	26 314 206.93
2015	26 314 206.93	31 951 232.91	26 314 206.93	31 951 232.91
2016	31 951 232.91		31 951 232.91	
2017		60 721 637.14		60 721 637.14
2018	60 721 637.14		46 010 678.89	14 710 958.25

表 12-3　　　　**消耗性生物资产转回金额占当期存货减值金额比例**　　　　金额单位：元

项目	2018年		2017年		2016年		2015年		2014年	
	减值计提准备转回	占存货减值计提比重	减值计提准备转回	占存货减值计提比重	减值计提准备转回	占存货减值计提比重	减值计提准备转回	占存货减值计提比重	减值计提准备转回	占存货减值计提比重
消耗性生物资产	46 010 678.89	64.05%			31 951 232.91	85.20%	26 314 206.93	49.06%	287 340 590.01	95.28%

以很可能获得用来抵扣可抵扣亏损和税款抵减的未来应纳税所得额为限，确认相应的递延所得税资产。但是查阅獐子岛近几年的年报，合并资产负债表里递延所得税资产当期增加额与消耗性生物资产减值计提金额不成比例，这从侧面反映出獐子岛管理层对企业未来五年业绩信心不足。

四、虾夷扇贝为獐子岛业绩背锅的原因分析

生物资产由于在确认、计量以及存货数量盘点等环节存在难度，往往成为农业

上市公司财务造假的重灾区。在存货项目的造假中，最常见的就是虚增资产。獐子岛的虾夷扇贝为消耗性生物资产，其特殊性表现在初始计量、后续计量存在诸多难点，从而导致虾夷扇贝成为獐子岛进行财务造假屡试不爽的利器。

（一）生物资产的确认条件

根据《企业会计准则第5号——生物资产》的规定，生物资产同时满足下列条件的，予以确认：

（1）企业因过去的交易或者事项而拥有或者控制该生物资产；

（2）与该生物资产有关的经济利益或服务潜能很可能流入企业；

（3）该生物资产的成本能够可靠地计量。

獐子岛采用的“野生野长”底播增殖方式受所处海域的自然环境和生态环境影响较大，如底质、水文环境（水深、水温、盐度）、敌害、台风、风暴潮、冷水团、养殖容量、自然灾害等环境胁迫因子，均会对该公司养殖区域的养殖产品造成重大影响，影响该公司养殖产品的生存安全，给该公司造成严重的经济损失。由于虾夷扇贝的成长过程不为人所控制，极度依赖自然环境，受极端天气、病害等自然灾害影响严重，其未来经济利益可能为零，甚至为负。獐子岛虾夷扇贝五年四次死亡事件说明，其拥有的生物资产不仅没有为獐子岛带来经济利益，反而造成严重的损失。因此，对于生物资产的经济利益流入这一确认条件必须谨慎对待。由于獐子岛底播虾夷扇贝养殖区域水深超过20米，底播虾夷扇贝生长于海底，分布海域广泛，且其实物量和生长过程不可见，这些特殊性给其实物量的盘点带来了许多难以解决的问题。实物量无法确定，必然导致这类生物资产的后续成本无法可靠地计量。《企业会计准则第5号——生物资产》关于生物资产确认条件的规定比较笼统，对“成本可靠计量”这一标准没有给出详细解释和规范，为企业主观上的可操纵性提供了空间。基于上述理由，是否可以认为，像獐子岛底播虾夷扇贝这类实物量无法确定、后续成本无法可靠计量的生物资产，事实上没有完全满足《企业会计准则第5号——生物资产》所规定的生物资产的三个确认条件，并不能将其归类为生物资产进行核算？

（二）生物资产的计量

1.初始计量

獐子岛的消耗性生物资产——虾夷扇贝，按照取得时的成本进行初始计量。外购生物资产的成本包括购买价款、相关税费、运输费、保险费以及可直接归属于购买该资产的其他支出。獐子岛虾夷扇贝苗种一部分来自外购，一部分来自自育苗种。对于外购苗种而言，如果没有如实核算，那么不仅影响生物资产初始计量成本，而且进一步影响未来生物资产实有数量与价值。生物资产作为獐子岛最核心的资产，其采购、领用、播种理应建立严格的内部控制制度，但是一系列事件表明，獐子岛生物资产内部管理混乱。

2012年3月，獐子岛内部人士举报，称有员工在虾夷扇贝苗种收购过程中收受贿赂。3月28日，大连市长海县公安局立案调查此事。随后，吴厚记（该公司董事长弟弟）被该公司内部处理，他手下至少有两名工作人员，其中包括至少一名会计，被移交司法机关，并于2012年7月被宣判入刑。了解案情的人士透露，其中一名会计跟随吴厚记前往海洋岛收购苗种，负责记账。“吴厚记和苗种老板谈好之后，他检查每箱苗种数量，然后记入账本。”另一位熟悉案情的人士告诉腾讯财经记者，吴厚记负责采购多年，“一般都是他和卖苗业户商量好价钱，然后他（吴厚记）说有多少苗，会计就记多少苗”。由于收购的苗种太多，无法做到每箱都检查，“收苗过程中，最大的问题是数量不对”。一般收苗是在11月份，温度较低，虾夷扇贝苗会出现死亡情况，因此该公司允许一定的死亡比例存在，但“死亡率很难准确认定，所以操作空间非常大”。在采购完苗种之后，带有活水舱的播苗船载着苗种驶向指定底播海域，把苗种撒向茫茫大海。虾夷扇贝底播生长至商品规格的养成期大概是17~20个月，播苗后到第三个年头才能收获，进入轮播轮捕，而2014年“冷水团”事件刚好在此期间发生。此事案发后，獐子岛开始对采购环节进行改进，外购苗种比例也逐步降低，但是獐子岛有无真正建立有效的内部管理制度不得而知。无独有偶，2018年，某直接负责投苗的船员告诉央视记者：“有很多虾夷扇贝苗在投放之前就已经死了。”这些事件的发生，让人对獐子岛虾夷扇贝苗充满了想象空间，外购虾夷扇贝苗如果在采购环节出了问题，不仅影响虾夷扇贝初始计量成本，而且进一步影响后续计量。此影响不仅体现在价值上，还体现在数量上，由此产生的后果非常严重。

2.后续计量

消耗性生物资产采用成本计量模式进行后续计量。消耗性生物资产成本构成包括苗种费、浮筏摊销、工资性薪酬、海域使用金、利息等。从獐子岛公布的信息来看，苗种费、海域使用金和资本化利息三项费用占消耗性生物资产成本的90%以上。獐子岛存货期末余额含有借款费用资本化金额见表12-4。

从表12-4可以看出，2014—2018年獐子岛生物资产一直保持较高的借款费用资本化率。虾夷扇贝生长周期长，理论上符合借款费用资本化的条件。但是在实践中，如果出现虾夷扇贝投苗不属实、生长期内死亡等问题，后续计量时继续沿用投苗数量进行资本化，必将虚增消耗性生物资产成本。截止到2017年，獐子岛拥有234万亩海域使用权。从2011年起，该公司海域使用金不再列入预付款项，也不在年报中出现具体数额，但是可以估算计入消耗性生物资产的借款费用资本化金额，因其金额相当可观，对獐子岛的损益产生了巨大影响。

从消耗性生物资产成本结转来看，獐子岛对底播养殖产品成本按照收获亩数结转。底播养殖产品在收获期进行采捕、销售时，根据捕捞面积与养殖面积的比例计算应转账面存货成本，采捕费、看护费直接计入当期收获产品成本。凡到收获期的底播增殖产品，根据该公司的采捕计划安排，若在该收获年度全部捕捞完毕，其成本全部结转完毕，则该底播增殖产品成本年末无余额。若因底播增殖产品的生长情

表 12-4　**獐子岛存货期末余额含有借款费用资本化金额**　金额单位：元

年份	2018					
存货项目名称	期初余额	本期增加	本期减少		期末余额	本期确认资本化金额的资本化率（%）
			出售减少	其他减少		
虾夷扇贝	2 990 181.39	2 496 235.06	2 800 032.03		2 686 384.42	5.463
年份	2017					
存货项目名称	期初余额	本期增加	本期减少		期末余额	本期确认资本化金额的资本化率（%）
			出售减少	其他减少		
虾夷扇贝	18 278 249.11	8 911 819.84	8 929 429.13	15 270 458.4343	2 990 181.39	5.890
年份	2016					
存货项目名称	期初余额	本期增加	本期减少		期末余额	本期确认资本化金额的资本化率（%）
			出售减少	其他减少		
虾夷扇贝	20 021 742.18	8 636 716.52	10 380 209.59		18 278 249.11	6.325
年份	2015					
存货项目名称	期初余额	本期增加	本期减少		期末余额	本期确认资本化金额的资本化率（%）
			出售减少	其他减少		
虾夷扇贝	26 590 962.93	8 280 632.78	14 849 853.53		20 021 742.18	6.600
年份	2014					
存货项目名称	期初余额	本期增加	本期减少		期末余额	本期确认资本化金额的资本化率（%）
			出售减少	其他减少		
虾夷扇贝	111 576 727.88	45 985 763.21	55 258 436.18	75 713 091.98	26 590 962.93	6.510

况、市场需求等原因当期没有全部捕捞完毕的，年末则会根据尚未收获的养殖面积留存一定数额的存货成本。獐子岛假定已至收获期的底播养殖产品会在收获年度全部捕捞完毕，这不符合生物资产的自身特征，应该根据历史状况设定一定的漏捕率，并在计算当年收获品成本时予以剔除。底播养殖产品的成本核算期既应与生物资产生长周期相一致，也应与生物资产的实物流转相适应，这样才更有利于提高资产计价的准确性。

3.存货的盘点

獐子岛2018年报显示，该公司对消耗性生物资产——底播养殖产品一般采用抽盘的方式进行盘点。海域划分：内区（潜水员采捕区域，水深不超过20米），为养殖虾夷扇贝、海参、鲍鱼等多品种的养殖区域；外区（拖网采捕区，水深超过20米），为以虾夷扇贝为主的养殖区域。当年新增的底播虾夷扇贝、海参等，由于其底播时间为临近年末的11—12月份，利用投苗记录作为盘点数量，不再进行实物盘点。内区盘点方法：确定每个抽样点的面积，到达指定区域，潜水员将该点位的盘点产品全部采捕上来，进行数量、重量、规格测量清点，并据此测算各调查海域的存量。外区盘点方法：产品主要为底播虾夷扇贝，主要利用科研船上的水下摄像系统进行视频观测，观测宽度0.5~0.6米，观测距离100~400米，每个抽样点的观测面积50~240平方米，根据视频观测和计量数量，统计出该区域内的虾夷扇贝数量；各年份虾夷扇贝使用底栖贝类采集器随机取样，将抽样点内的产品采捕上来，进行虾夷扇贝个体的测量、称重。根据采捕上来的虾夷扇贝个体平均重量，以及水下摄像系统观测的计数，计算出抽样点区域的存量，再据此测算各底播海域同类虾夷扇贝存量。

獐子岛对养殖区域水深超过20米的底播虾夷扇贝采用的采捕船只拖网盘点方式是符合其行业需要以及当前技术发展现状的。尽管如此，在对养殖区域水深超过20米的底播虾夷扇贝进行盘点的过程中仍存在许多问题，如只能具体观察抽样虾夷扇贝的生长情况，视频拍摄也只停留在对虾夷扇贝最表面的观察，并不能细致地了解其具体的数量和质量。这种不可见性带来许多问题，如实物量确定难度大、账实不符可能性大、虾夷扇贝质量不明、养殖过程比较被动、受自然因素影响大、可控性低、风险防范能力差等，这直接影响虾夷扇贝后续计量的可操作性，直接关系到其成本是否能够可靠地计量。此外，还有其他问题，比如獐子岛设定的抽样比例是否合理？用抽样估计总体实物量能否达到抽样精度的要求？

五、会计师事务所、监管机构在证券市场中的作用

从2011年起，大华会计师事务所开始承接獐子岛的财务审计工作，双方已经合作8年了，两者共同经历了獐子岛扇贝四次“跑路”事件。大华会计师事务所对獐子岛2017年和2018年连续两个年度的财务报表出具了保留意见审计报告，对獐子岛的持续经营能力表示疑虑。同时，对于獐子岛2019年8月30日披露的有关出售子公司的重大资产出售报告书（草案），大华会计师事务所在《备考财务报表审阅报告》中表示，无法对备考合并财务报表的公允性发表审阅意见。2019年12月13日晚，獐子岛发布公告称更换会计师事务所，董事会审计委员会提议聘任亚太（集团）会计师事务所担任该公司2019年度的财务审计机构，聘期为一年，自股东大会审议通过之日起生效。虽然近两年大华会计师事务所出具了保留意见审计报告，但是我们也要思考：大华会计师事务所在为獐子岛服务期间，是否真正做到了

独立与专业？獐子岛的生物资产属于较为特殊的存货，大华会计师事务所审计人员向獐子岛提供审计服务期间是否具备相关的专业知识？其对獐子岛存货监盘时是否保持了独立性？监盘程序是否科学合理？

2014年10月獐子岛“冷水团”事件爆发后，针对市场质疑声音，特别是集中反映獐子岛涉嫌三年前虾夷扇贝底播苗种造假、大股东违规占用资金等问题，中国证监会组织了专项核查组，由大连证监局牵头，广东、山东、湖南、云南证监局和深圳证券交易所派员参加，成员有20余人，于2014年11月10日—11月27日对獐子岛进行了现场核查。在核查过程中，专项核查组访谈了主要苗种供应商及该公司有关岗位的一线员工；调取了苗种采购、销售合同及苗种采购、验收、底播、采捕、抽测盘点等各环节的原始工作记录，查阅了有关明细账、发票、收付款凭证等单据，取得了主要银行账户资金流水；将獐子岛、大股东长海县獐子岛投资发展中心及其下属子公司的财务资料进行了比对分析，对银行账户资金流水进行了核对和追查，核实了资金的来源和去向。随后，中国证监会发布了对獐子岛“巨亏”事件的核查及处理情况，表示未发现獐子岛2011年底播虾夷扇贝苗种采购、底播过程中存在虚假行为，未发现大股东长海县獐子岛投资发展中心存在占用上市公司资金行为，獐子岛存在决策程序、信息披露以及财务核算不规范等问题。

2018年2月9日，中国证监会大连证监局依法对獐子岛涉嫌证券违法违规行为正式立案。经过一年多的调查，2019年7月9日，中国证监会对獐子岛下发了行政处罚及市场禁入事先告知书，认定獐子岛涉嫌财务造假、内控存在重大缺陷、披露文件涉嫌虚假记载等问题。行政处罚告知书显示，2016年追溯调整后利润总额为-4 822.23万元，净利润为-5 543.31万元，业绩由盈转亏。按照深交所的规定，连续三年亏损将被暂停上市，连续四年亏损将被终止上市，獐子岛应该因为2014—2017年连续四年亏损而被终止上市。但是按照深交所深证上〔2018〕556号通知的规定，关于《深圳证券交易所上市公司重大违法强制退市实施办法》第四条第（三）项规定的年报造假规避退市情形，以2015年度作为该实施办法第四条第（三）项重大违法强制退市情形的财务指标起算年度，即追溯后自2015年起，连续会计年度财务指标触及终止上市标准的予以退市。这意味着獐子岛还没有达到退市条件。对此，新华社发表评论称，资本市场并非儿戏，类似虾夷扇贝屡次三番上演“跑路”戏码，如果不彻查真相，会让投资者失去对市场的信心。对于触碰底线的上市公司，有关部门须依法依规进行处理问责，甚至予以退市，让市场真正形成“良币驱逐劣币”的良性土壤。唯有如此，投资者的合法权益才能得到更好保护，我国资本市场才能真正实现健康有序发展。

参考文献

［1］李志伟．资产减值准备对上市公司盈余管理的影响分析［J］．河南社会科学，2016，24（08）：60-64.

[2] 杨毅. 獐子岛：你的扇贝还要再“跑”几次 [EB/OL].（2019-11-15）. https：//m.hexun.com/company/2019-11-15/199282163.html.

[3] 张赛男. 獐子岛扇贝再次“花样受灾”，3亿扇贝“死亡”之谜待解 [EB/OL].（2019-11-13）. https：//finance.qq.com/a/20191113/000664.htm.

[4] 黄嘉祥. 獐子岛扇贝劫：5年“跑”4次，拿补助近1.4亿，涉嫌造假躲避退市 [EB/OL].（2019-11-13）. http：//finance.eastmoney.com/a/201911131290301873.html.

[5] 张姗姗，戴德明，张卓然. 资产减值与会计盈余可比性 [J]. 财经论丛，2016（10）：57-66.

[6] 李煜婷，张卫民. 生物资产确认条件反思——基于獐子岛系列事件的案例分析 [J]. 财会月刊，2016（22）：72-74.

[7] 章琳. 农业类上市公司消耗性生物资产减值与盈余操纵的关系 [J]. 财会月刊，2015（23）：127-129.

[8] 陈豪杰. 水下养殖业存货项目的审计风险分析——对“獐子岛事件”的思考 [J]. 中国注册会计师，2015（11）：113-117.

[9] 杨小舟，许建斌，李彬.“獐子岛”事件的综合性分析 [J]. 财务与会计，2015（04）：29-32.

[10] 毕研敏. 生物资产会计计量问题研究 [D]. 北京：财政部财政科学研究所，2015.

[11] 刘雨薇. 獐子岛生物资产管理问题及对策研究 [D]. 成都：西南民族大学，2018.

[12] 李晨. 獐子岛生物资产审计问题研究 [D]. 沈阳：辽宁大学，2016.

[13] 刘宁诗. 生物资产审计风险研究——以“獐子岛”为例 [D]. 广州：广东外语外贸大学，2018.

案例说明书

一、案例的教学目标

本案例旨在引导学生关注上市公司信息披露违规问题，讨论上市公司信息披露现状和常见的违规手段、注册会计师的法律责任、证券市场长效监管机制的建立等会计理论和实务问题。

二、案例讨论的准备工作

学生需要熟悉财务会计理论、公司财务理论、证券市场理论、上市公司财务报表披露现状、常见造假手段、会计师事务所的独立性与审计师责任、证券监管部门责任等。

三、案例的分析要点

需要学生识别的关键问题：会计信息披露的原则、上市公司应该如何正确地披露公司信息、农业上市公司财务造假的常见手段、会计师事务所和证券监管部门应承担的责任、投资者保护制度等。

四、教学组织方式

（一）问题清单及提问顺序

1.獐子岛违反了会计信息披露的哪些原则？

2.獐子岛采取了哪些财务造假手段？

3.农业上市公司财务造假有何特点？如何防范？

4.注册会计师在獐子岛事件中扮演何种角色？应该如何发挥其作用？

5.当前我国证券市场监管存在哪些不足？应该如何改进？

6.如何建立有效的投资者保护制度？

（二）课时分配

1.由教师或一名学生简要介绍案例：5分钟；

2.每个小组发言：35分钟；

3.课堂讨论：35分钟；

4.小组总结：15分钟；

5. 老师点评总结：10分钟。

（三）讨论方式

本案例可以采用小组协作式讨论，学生事先准备、收集资料，由教师提出问题，学生围绕问题进行讨论。

（四）课堂讨论总结

课堂讨论总结的关键是：归纳发言者的主要观点，重申其重点及亮点，指导学生对其中的要点进行总结；提醒大家对焦点问题或有争议观点进行进一步思考，建议大家对本案例进行扩展研究和深入分析。

案例13

中天运所审计香榭丽案例：出具虚假记载报告被处罚

案例正文

适用课程： 审计理论与实务

编写目的： 让学生通过讨论理解会计责任、审计责任、注册会计师的法律责任，重要性、审计风险、审计程序以及财务报表审计的目标等审计理论和实务问题。

知识点： 会计责任；审计责任；注册会计师的法律责任；重要性；审计风险；财务报表审计的目标

关键词： 中天运所；中国证监会；勤勉尽责；审计证据

案例摘要： 中天运所为粤传媒收购香榭丽项目的审计服务机构。香榭丽存在财务业绩压力并缺乏内部审计监督，存在舞弊风险的压力、动机和机会。由于香榭丽制作虚假合同虚增利润，粤传媒在收购香榭丽过程中披露的相关文件存在虚假记载。中天运所在执业过程中未保持应有的职业谨慎和职业怀疑，未严格执行风险评估程序，未执行恰当的进一步审计程序，未针对销售收款业务存在的舞弊风险获取充分、适当的审计证据，未勤勉尽责，导致其未发现香榭丽相关财务报告存在虚假陈述的事实，出具了含有虚假记载的审计报告。请根据中国证监会对中天运所作出的行政处罚决定书，通过讨论和辩论，分析案例中所涉及的知识点。

一、企业财务造假的基本情况

中天运会计师事务所（以下简称中天运所）为广东广州日报传媒股份有限公司（以下简称粤传媒）收购上海香榭丽传媒股份有限公司（以下简称香榭丽）项目审计服务机构。2011—2015年期间，作为被收购方的香榭丽通过制作235份虚假合同的方式，虚增收入共计5.61亿元。同时，香榭丽以其自有产权的户外LED显示屏为其股东、实际控制人叶玫2 000万元个人债务提供担保的事实未被披露。而香榭丽的上述行为导致粤传媒2013年和2014年披露的收购报告书、630审计报告，2013年审计报告、评估报告、财务顾问报告等文件，以及粤传媒2014年报、粤传媒2015年半年报存在虚假陈述。

二、中天运所审计工作存在的问题

（一）中天运所在风险评估阶段，未保持应有的职业谨慎和职业怀疑，未识别出存在的舞弊风险

香榭丽业务单一，收入主要为户外LED屏体广告收入，2011—2013年6月，该类收入占比均达到100%。由该业务产生的应收账款为香榭丽最主要的资产之一。香榭丽应收账款余额大、占比高，且呈现快速上升趋势。2011年年末、2012年年末和2013年6月末的应收账款账面余额分别为1.18亿元、2.04亿元和2.52亿元，占总资产的比例分别为37.58%、48.11%和60.87%。香榭丽应收账款具有重要性和异常性特征。

香榭丽的实际控制人叶玫自己承接的广告业务单（以下简称“公司单”）数量、金额占比高，且业务特征与正常业务单存在明显异常：一是单个合同金额大，均为100万元以上的合同；而正常业务单个合同金额较小，通常是几万元或几十万元。二是审批流程简化，没有相关销售副总、销售区域负责人等人的签名。三是发起流程非常规，由销售管理部总监郑某娟代为发起；而正常销售业务合同的发起人通常为销售部（与销售管理部不同）的人员。香榭丽“公司单”具有重大性和异常性特征。

中天运所在对香榭丽2011年报、2012年报、2013年半年报审计（以下简称630审计）过程中，已经识别出香榭丽因面临业绩压力存在收入高估的舞弊风险，以及香榭丽因未成立内审部门存在管理层凌驾于控制之上的风险。

中天运所未基于识别出的上述风险和“公司单”的重大性及异常性，对“公司单”保持应有的职业谨慎和职业怀疑。

中天运所在识别出香榭丽报表层次和营业收入、应收账款认定层次存在特别风险后，未结合香榭丽“公司单”这一异常情况，对“公司单”审批流程简化等异常情形保持合理的职业怀疑，不符合《中国注册会计师审计准则第1101号——注册会计师的总体目标和审计工作的基本要求》第二十八条和《中国注册会计师审计准则第1211号——通过了解被审计单位及其环境识别和评估重大错报风险》第二十

九条的规定。

（二）中天运所在了解被审计单位内部控制后以及在控制测试审计程序中，对审批签名不全单据仍得出“控制有效并得到执行”的审计结论

根据审计工作底稿，中天运所将香榭丽销售与收款循环的内部控制“偏差”定义为：销售合同申请表未经审核签批，或合同或订单未经审核，或播出确认单未经审批，或未收到客户确认的业务回执。香榭丽销售与收款循环的内部控制是通过上述环节中的审核签批实现的，各环节的审核签批即为该业务循环的控制点，审核签批的缺失即为控制未得到执行。香榭丽完整的销售业务审批流程中，涉及销售合同申请表、用印申请单、合同订单、LED审批播出确认单等单据。其中，销售合同申请表由销售人员填写，需经区域销售总监、地区销售总经理、首席营销官、首席财务官、总经理签字审批；用印申请单和合同订单由销售人员和法务人员编制，需经法务经理、销售经理、财务经理和总经理签字审批；LED审批播出确认单由媒体审批人员发起，需经销售人员、销售经理、区域销售经理和总经理签字审批。根据中天运所在审计工作底稿“订单/合同审批与执行”部分的记录，中天运所已了解上述业务流程和审批流程。但在实际执行过程中，中天运所在了解内部控制有关穿行测试以及控制测试中抽取的样本均存在大量审批签名不全的情况下，如在对香榭丽630审计项目中，中天运所抽取了两份合同进行穿行测试，两份合同及合同订单均存在缺少区域销售总监、首席营销官签名的情形，中天运所仍得出“控制有效并得到执行”的结论。中天运所未对上述“偏差”的原因进行调查，也未对上述“偏差”产生的影响进行评估，审计程序流于形式。

综上，香榭丽在销售与收款业务流程中，业务单据审批签字存在大量不全，内部控制存在重大缺陷，而中天运所未严格按照《中国注册会计师审计准则第1314号——审计抽样》第二十一条、《中国注册会计师审计准则第1211号——了解被审计单位及其环境识别和评估重大错报风险》第二十九条和《中国注册会计师审计准则第1231号——针对评估的重大错报风险采取的应对措施》第十条的规定执业，导致未能对香榭丽内部控制情况作出正确的评价。

（三）中天运所执行的实质性程序存在缺陷

（1）中天运所在对香榭丽营业收入和应收账款执行函证审计程序时，未对询证函保持有效的控制，未针对函证过程中出现的异常情况追加必要的审计程序。

中天运所审计工作底稿中保留的函证发出快递单和回函快递单均不完整，如在香榭丽630审计过程中，中天运所选取了香榭丽31个客户（该31个客户的应收账款金额占比情况为：截至2011年12月31日占比77.84%，截至2012年12月31日占比89.31%，截至2013年6月30日占比90.21%）进行函证。函证发出快递单留存25份，缺失了6份，占比19.35%，而对应的这6家公司均存在销售业务虚假的情形；回函快递单缺失8份，占比25.81%，其中对应的7家公司存在销售业务虚假的情形。

同时，中天运所在函证时未按照审计准则的要求核实被询证者的姓名等信息的真实性，函证发出后未采取与客户电话联系等方式对函证进行跟踪确认。经查，中天运所针对被询证者是否为被函证单位的员工没有核对，也没有核对收件人及被询证者的姓名及联系方式。

中天运所上述行为不符合《中国注册会计师审计准则第1312号——函证》第十四条的规定。

此外，中天运所在函证过程中出现了发函地址与查询地址不一致、发出的询证函未加盖香榭丽公章仍收到回函、有回函快递单但无发函记录等异常情况，如在香榭丽630审计工作底稿中，上海集思堂广告有限公司、广州弘易广告有限公司、北京炎黄盛世广告有限公司等3家公司的发函地址与中天运所审计工作底稿后附的网上查询工商登记地址不一致；重庆翰宗广告传媒有限公司的函证没有加盖香榭丽的公章，仍收到回函；在2013年报审计中，未见盛世长城国际广告上海分公司、广西金拇指科技有限公司两家公司的询证函及发函记录，但存在这两家公司的回函快递单。经查，上述公司与香榭丽之间的销售业务均存在虚假。中天运所没有保持应有的职业怀疑，未针对上述异常情形追加必要的审计程序，以获取进一步审计证据消除疑虑，导致未发现上述业务的虚假。

中天运所未对函证过程中出现的异常情形追加必要的程序以消除疑虑，不符合《中国注册会计师鉴证业务基本准则》第三十条和第三十四条的规定。

（2）中天运所未对利用其他审计机构以前期间获取的审计证据执行恰当的审计程序，中天运所获取的审计证据的可靠性存在缺陷。中天运所在香榭丽630审计中，获取了立信会计师事务所（特殊普通合伙，以下简称立信所）对香榭丽IPO审计时的销售客户访谈资料。中天运所将该访谈资料作为其不进行现场访谈的理由，从而未对香榭丽销售客户执行现场访谈的审计程序；中天运所还将该访谈资料用于收入及应收账款函证程序，如在香榭丽630审计中，中天运所在发函控制表中列示了南京龙禧广告有限公司为函证对象，但未对南京龙禧广告有限公司应收账款进行函证，而是使用了立信所的函证作为替代；在向销售客户发送询证函时，中天运所使用了该访谈资料中记录的联系地址等信息。

中天运所从立信所获取的上述访谈资料的可靠性存在缺陷。一是该访谈资料系中天运所从香榭丽处获取，而非直接从立信所获取，中天运所获取的访谈资料缺乏独立性。二是中天运所审计工作底稿中未见立信所的回函及沟通记录，签字会计师李朝阳也承认立信所认为他们不是前后任关系，未给他们回函。而李朝阳声称其进行了口头沟通，但审计工作底稿中无相关记录，难以证实中天运所执行了与立信所沟通程序。三是中天运所审计工作底稿中未见其对该访谈资料进行充分独立复核的记录。因此，中天运所从香榭丽获取的立信所的访谈资料缺乏独立性，且无证据表明中天运所就该访谈资料的真实性、可靠性与立信所进行了沟通核实，也无证据表明中天运所对该访谈资料进行了充分复核。

中天运所上述行为不符合《中国注册会计师审计准则第1301号——审计证据》第十一条的规定，同时，也不符合《上市公司重大资产重组管理办法》(2011年修订版)第十六条的规定。

(3) 中天运所针对舞弊风险执行的程序不恰当，获取的审计证据可靠性不足，不足以将香榭丽的审计风险降低至可接受的低水平，导致未发现香榭丽财务造假的事实。中天运所在识别和评估由于舞弊导致的重大错报风险审计工作底稿“项目组讨论纪要——重要结论”中记录，“被审计单位存在上述讨论的舞弊风险因素，尽管该风险因素可能存在于较多企业内，但项目组仍应持续保持职业怀疑态度，并采取常规审计程序之外的特别措施加以应对和防范”。而中天运所针对香榭丽营业收入和应收账款执行的检查合同原件、检查播放月报、检查播放报告、检查播放回执、现场录拍视频、检查合同定价、进行独立函证、查阅立信所访谈资料等8个实质性审计程序中，检查合同原件、检查播放月报、检查播放报告、检查播放回执、检查合同定价、查阅立信所访谈资料等6个审计程序均依赖香榭丽提供的可靠性较低的文件资料。此外，中天运所在其函证过程中存在较多瑕疵，所获取的证据效力较低。

香榭丽存在财务业绩压力并缺乏内部审计监督，存在舞弊风险的压力、动机和机会。“公司单”的存在和内部控制缺陷进一步增加了香榭丽营业收入和应收账款的舞弊风险。针对舞弊风险，中天运所执行的审计程序有效性较弱，获取的证据可靠性较低，不足以将香榭丽营业收入和应收账款的审计风险降低至可接受的低水平，难以达到合理保证的要求。中天运所上述行为违反了《中国注册会计师审计准则第1301号——审计证据》第十条、第十一条和《中国注册会计师审计准则第1141号——财务报表审计中与舞弊相关的责任》第六条、第九条的规定。

(四) 中天运所审计过程中存在的其他缺陷

中天运所提供的审计工作底稿存在部分缺失，如对香榭丽630审计时，回函快递单存在缺失情况；对香榭丽2013年报审计时，控制测试抽取的样本中存在合同和用印审批缺失情况。上述审计工作底稿缺失现象，导致无法判断相关审计程序是否真实执行。上述行为不符合《中国注册会计师审计准则第1131号——审计工作底稿》第十条的规定。

三、分析与讨论

1.本案例中中天运所的风险评估程序存在哪些缺陷?

2.本案例中的“公司单”存在哪些重大异常?

3.对于存在管理层凌驾于控制之上的风险的公司，审计中应如何应对?

4.对已经发现的合同缺失重要审批或签字的情况，审计中应如何应对?

5.本案例中的函证程序存在哪些缺陷?

6.本案例中中天运所在与前任注册会计师的沟通中存在哪些缺陷?

参考文献

1. 中国注册会计师协会. 中国注册会计师执业准则（2017）[M]. 北京：中国财政经济出版社，2017.

2. 中国注册会计师协会. 中国注册会计师执业准则应用指南（2017）[M]. 北京：中国财政经济出版社，2017.

3. 贺志东. 最新企业内部控制原理与操作实务 [M]. 北京：电子工业出版社，2019.

案例说明书

一、案例的教学目标

本案例旨在让学生通过讨论理解会计责任、审计责任、注册会计师的法律责任，重要性、审计风险、审计程序以及财务报表审计的目标等审计理论和实务问题。

二、案例讨论的准备工作

为了有效实现本案例目标，学生应该具备下列相关知识背景：

（一）理论背景

注册会计师审计的基本理论与实务知识。

（二）行业背景

中天运所为粤传媒收购香榭丽项目的审计服务机构，项目收费66万元。香榭丽存在财务业绩压力并缺乏内部审计监督，存在舞弊风险的压力、动机和机会。由于香榭丽制作虚假合同虚增利润，粤传媒在收购香榭丽过程中披露的相关文件存在虚假记载。香榭丽2011年报、2012年报、2013年半年报和2013年报的净利润分别虚增了4 083.30万元、10 294.68万元、5 976.94万元和16 211.85万元，虚增金额分别占香榭丽当期经审计净利润的112%、279%、536.28%和346%。

（三）制度背景

《证券法》《中国注册会计师审计准则》《企业会计准则》。

三、案例的分析要点

掌握本案例涉及的重要性、审计风险、审计程序以及财务报表审计的目标等审计理论和实务问题。

四、教学组织方式

（一）问题清单及提问顺序

1.本案例中中天运所的风险评估程序存在哪些缺陷？

2.本案例中的“公司单”存在哪些重大异常？

3.对于存在管理层凌驾于控制之上的风险的公司，审计中应如何应对？

4.对已经发现的合同缺失重要审批或签字的情况，审计中应如何应对？

5.本案例中的函证程序存在哪些缺陷？

6.本案例中中天运所在与前任注册会计师的沟通中存在哪些缺陷？

（二）课时分配

1.课前完成案例阅读和初步思考：约3小时；

2.小组讨论并提交分析报告提纲：约3小时；

3.课堂小组代表发言、主题讨论：约3小时；

4.进行归纳总结：约0.5小时。

（三）讨论方式

本案例可以采用小组式讨论。

（四）课堂讨论总结

课堂讨论总结的关键是：归纳、评价小组发言的主要观点，重申重点及亮点，提醒学生对关键问题或有争议观点进行进一步思考和讨论；鼓励学生发散思维，对本案例素材进行扩展研究和深入分析。

案例14

企业破产重整的经济效果如何测算

——以川化股份为例

案例正文

适用课程：财务管理

编写目的：本案例旨在帮助学生掌握以下要点：第一，对于深陷财务困境的企业而言，破产重整是企业重获新生的一条路径；第二，如何评估破产重整的经济效果；第三，不同评估方法各有什么优缺点。

知识点：财务困境；财务绩效；事件分析法

关键词：破产重整；化工行业；川化股份

案例摘要：川化股份作为化工行业中的一家上市公司，近年来，在化工行业整体不景气的背景下，由于自身经营不善，企业资不抵债，身陷财务困境，因而在2016年实施了破产重整。破产重整后，企业的主营业务从化工原材料向化工能源转型。川化股份破产重整后的经济效果如何？可以采取什么方法测算企业破产重整的经济效果呢？这些方法是如何测算破产重整的经济效果的？这些都是本案例需要探讨的问题。

一、引言

我国目前处于产业升级阶段，有一大批产能严重过剩且无力维持经营的困境企业面临破产。这些身陷财务困境、扭亏无望的企业的长期存在，严重阻碍了我国经济结构调整和产业转型升级。2016年中央经济工作会议把“去产能”列为“去产能、去库存、去杠杆、降成本、补短板”五大结构性改革任务之首，并明确了“多兼并重组，少破产清算”的思路。如何高效、妥善地处置濒临破产的企业，特别是牵涉大量利益相关者利益和职工安置等社会问题的大中型上市企业，是供给侧改革的重要问题。

川化股份破产重整案例入选四川省2016年度全省法院十大典型案例，川化股份的成功重整，是推进“三去一降一补”供给侧结构性改革，贯彻“多兼并重组，少破产清算”的典型案例，为四川省化工板块的整体转型升级提供了助力。川化股份破产重整案涉及职工安置、债权人及股东权益保护、淘汰落后产能、危化品处置监管等诸多复杂问题，成都市中级人民法院在党委、政府的领导、支持下，在法律原则内积极创新方式方法，逐一破解各项难题，重整计划得到债权人、出资人、职工等的广泛认可，顺利实现企业新生。本案重整过程形成了诸多有益经验，通过破产管理人的科学安排，恢复和增强了企业的盈利能力，最大限度保障了债权人、股东的合法权益，防止了安全生产事故的发生，推动企业淘汰落后产能，向朝阳产业转型。

川化股份作为一家破产重整的典型企业，其破产重整的经济效果如何？怎么评估破产重整的经济效果？川化股份破产重整经济效果背后有哪些原因？这是本案例需要探讨的问题。

二、川化股份案例介绍

（一）公司简介

1997年9月，川化集团有限责任公司作为唯一发起人，设立川化股份有限公司（以下简称川化股份）；2000年9月26日，川化股份在深圳证券交易所挂牌上市（股票代码：000155）。川化股份是一家化肥、化工原料生产商，主营肥料、基础化学原料的生产销售以及化学试剂和助剂的生产销售，主要产品包括合成氨、尿素、硝酸铵、三聚氰胺、盐酸、过氧化氢、液体二氧化碳、催化剂等化肥、化工产品。

2015年年初，川化股份由于财务状况异常，2013年、2014年连续两年经审计净利润为负，2014年期末净资产为负，该公司股票交易已被实施“退市风险警示”。2016年2月15日，川化股份因无法偿还到期债务且资产不能清偿全部债务，债权人四川省天然气投资有限责任公司（以下简称四川天投）向人民法院申请资产重组，并于2016年3月24日被成都市中级人民法院裁定受理。因连续亏损三个会计年度、财务状况严重恶化等一系列问题，2016年5月，深交所对该公司股票实施停牌。川化股份于2017年9月完成重大资产重组，并于2017年12月18日完成司法重整恢复上市。2018年9月27日，该公司经四川省市场监督管理局批准后正式更名为四川省新能源动力股份有限公司。2018年10月，该公司证券简称变更为“川能动力”。

川化股份2010年、2011年连续两年亏损，净利润分别为-2.188亿元和-2.228亿元。2012年，在省委省政府、省国资委、区委区政府和川化集团有限责任公司的大力支持和帮助下，该公司扭亏为盈，实现了155.4万元的净利润。然而好景不长，2014年，受国家能源政策调整和化肥行业产能严重过剩影响，该公司生产经营性亏损更加突出，生产经营举步维艰，面临重大生存危机。由于该公司的主要原材料天然气的供应紧张和价格上涨，企业生产成本增加，再加上化工市场饱和，主要产品市场疲软，价格低迷，营业净利润连续为负，最终戴上ST的帽子，走向破产重整。近年来，我国化工行业发展饱和，市场低迷，行业竞争加剧，川化股份急需进行结构调整和优化。当时，该公司所处行业的发展前景堪忧，经营性亏损加剧，同时，为了满足生产经营的需要，该公司融资成本大幅上升，导致财务费用大幅增加，企业的日常周转运行已经难以维持。

表14-1反映了川化股份的资金流动性情况，总体流动性情况不容乐观。2013—2015年，企业的流动比率和速动比率呈现急剧下降的趋势，主要原因有以下几点：（1）应收账款无法收回，坏账比例高达50%。整个行业市场低迷，许多往来公司面临经营亏损、破产等状况，导致该企业应收账款收回可能性小，形成坏账。（2）该公司控股子公司四川禾浦化工有限责任公司因在建工程“年产4万吨亚氨基二乙腈”项目生产装置改造后不能达产达标、物耗成本较高、环保设备改造后不能正常运行等原因，无法有效组织试生产。为了更准确、客观地反映该项目资产的公允价值，聘请资产评估公司对该项目的公允价值进行评估，采用市场价值法，该在建工程净值为117 658 741.17元，而该在建工程账面原值为609 026 310.47元，经测试应计提减值准备528 908 211.30元。另外，在该项目建造初期，主要资金来源为金融机构贷款，投入成本巨大而无法为企业带来盈利，占用了企业大量流动资金。

表14-1　**川化股份资金流动性指标**

报告期	流动比率	速动比率	利息保障倍数	债务保障率（%）
2013-12-31	0.64	0.45	-5.2188	-5.26
2014-12-31	0.23	0.19	-10.7336	-0.29
2015-12-31	0.14	0.13	-6.5549	-6.88

除此之外，企业为了满足生产经营需要，综合融资成本同比大幅上升，导致财务费用同比大幅增加。该公司2015年存在一笔逾期未偿还的银行借款，借款金额近5 000万元。由于企业财务状况不佳，还款能力受到质疑，融资成本增加，主要通过提供担保或者抵押的形式向银行取得借款。2015年企业短期借款高达8.29亿元，而当年企业的资产总额仅为7.446亿元，可以看出企业的偿债能力堪忧。川化

股份2013年、2014年和2015年这三年的利息保障倍数和债务保障率均为负，债务偿还可能性极低，川化股份的财务困境不断加剧。

（二）川化股份破产重整实施过程

1.债权人提出破产重整申请

2016年2月15日，川化股份接到债权人四川天投以及成都市中级人民法院的通知。该通知称，四川天投以川化股份不能清偿到期债务且资产不足以清偿全部债务为由，向成都市中级人民法院提出对该公司进行重整的申请。成都市中级人民法院于2016年3月24日作出裁决，认为四川天投对川化股份享有到期债权56 373 379.52元，其作为债权人申请川化股份破产重整的主体适格；截止到2015年9月30日，川化股份资产合计1 213 192 904.78元，负债合计2 307 831 398.40元，属于不能清偿到期债务，且资产不足以清偿全部债务的情形，具备重整原因。基于以上，成都市中级人民法院裁定受理四川天投对川化股份的重整申请。

2.完成债权申报及资产评估处置

管理人于2016年4月8日开始启动债权申报及审查工作，截止到2016年5月11日，共有216家债权人向管理人申报债权，申报债权总金额为1 326 289 723.88元。根据评估机构出具的评估报告，以川化股份重整案件受理日为评估基准日，川化股份资产账面值为39 374.47万元，评估值为35 949.42万元。根据川化股份第一次债权人会议表决通过的《川化股份有限公司资产处置方案》，四川省嘉士利拍卖有限公司对该公司全部非货币资产进行公开拍卖，共有三家公司参加竞买，竞买人川化集团有限责任公司以人民币45 000万元竞得拍卖标的；另有未纳入拍卖范围内的资产9 779 499元，前述两项资产合计459 779 499元。

3.出资人权益调整

如果川化股份破产清算，该公司现有资产将无法满足该公司各类债务的清偿，出资人权益将为零。为挽救川化股份，降低退市和破产清算的风险，对出资人权益进行调整具有必要性。川化股份以现有总股本为基数，按照每10股转增17.02股的比例实施资本公积金转增股本，共计转增80 000万股。资本公积金转增股本实施完毕后，川化股份总股本由47 000万股增加至127 000万股。上述由资本公积金转增的股份在重整计划被批准后，按照川化股份重整计划的规定由重整投资人有条件受让。转增股份变现所得用于支付重整费用、共益债务，清偿债权人的债权，剩余部分由川化股份作为后续经营发展资金使用。

需要注意的是，管理人综合考虑股票除权的基本原理、川化股份重整计划中的资本公积金转增股本与《深圳证券交易所交易规则》规定之除权条件不完全一致可不适用《深圳证券交易所交易规则》规定进行除权、破产重整出资人权益调整中除权的市场案例、川化股份按照市场询价方式转让资本公积金转增股份的特定情况、川化股份重整计划草案中约定除权方式的可操作性以及川化股份股票恢复上市后首日不设涨跌幅的情况下除权对投资者影响等方面，该公司本次资本公积金转增股本后，在该公司股票恢复上市时，股票价格不需进行除权处理。

4.债权分类调整及清偿方案

川化股份在重整计划中通过对现有债权进行分类合并，将自身所有债权主要分为四类，即有特定财产担保债权、职工债权、税款债权、普通债权。第一类有特定财产担保债权有优先清偿的权利，以担保财产实际变现所得优先进行清偿，未获全额清偿的部分，按照普通债权清偿比例进行清偿；第二类职工债权以川化股份无担保财产及转增股份实际变现所得的资金一次性全额清偿，不作调整；第三类税款债权以川化股份无担保财产及转增股份实际变现所得的资金全额清偿，不作调整；第四类普通债权，100万元以下（含100万元）的债权全额清偿，超过100万元的部分按照重整计划的规定按50%的比例清偿。

三、川化股份破产重整经济效果评估

企业破产重整的绩效评估有许多方法与指标，如基于事件分析法的累计异常收益、财务绩效指标、上市公司重整复牌后的股价表现等。下面采用事件分析法和财务绩效指标对川化股份破产重整后的经济效果进行测算。

（一）事件分析法

该方法主要是分析累计异常收益率（CAR），进而评估企业破产重整的经济效果。本案例选择债权人对川化股份进行破产重整的当天为事件日期，选取此前60~90天作为正常收益的估计窗口，选择此前30天和此后200天作为事件窗口，以估计累计异常收益率。我们利用公式“异常收益率=个股收益率-正常收益率”计算异常收益率，在事件窗口内对异常收益率进行累计加总，得到CAR并绘制CAR的变化趋势图，如图14-1所示。同时，对累计异常收益率进行显著性检验，结果在0.05显著性水平上通过了检验，表明川化股份复牌后的累计异常收益率是可信的。

通过对CAR的变化趋势进行分析，可以发现，破产重整申请公告的发布确实有效促进了企业累计异常收益率的上升，并且在发布公告之前市场就已经开始有所反应，说明市场投资者对破产重整是充满信心的。从总体变化趋势来看，川化股份的市场表现并不良好，破产重整消息的发布以及企业宣布停牌进入破产重整程序也只是暂时缓解了CAR的下降趋势，这也反映了一个问题，就是市场对破产重整企业的未来是比较担心的。企业重新复牌之后，累计异常收益率持续走低，说明破产重整带来的市场绩效并不长久，随着破产重整后企业经营活动的开展，其股价也更多受到实际经营绩效的影响。

（二）财务绩效指标

根据企业绩效评价指标体系，本案例选取其中具有代表性的企业财务指标，从盈利能力、偿债能力、营运能力、成长能力四个方面分析川化股份重整前后的财务绩效变化情况。本案例选取了2015—2018年这四年的数据作为研究对象。

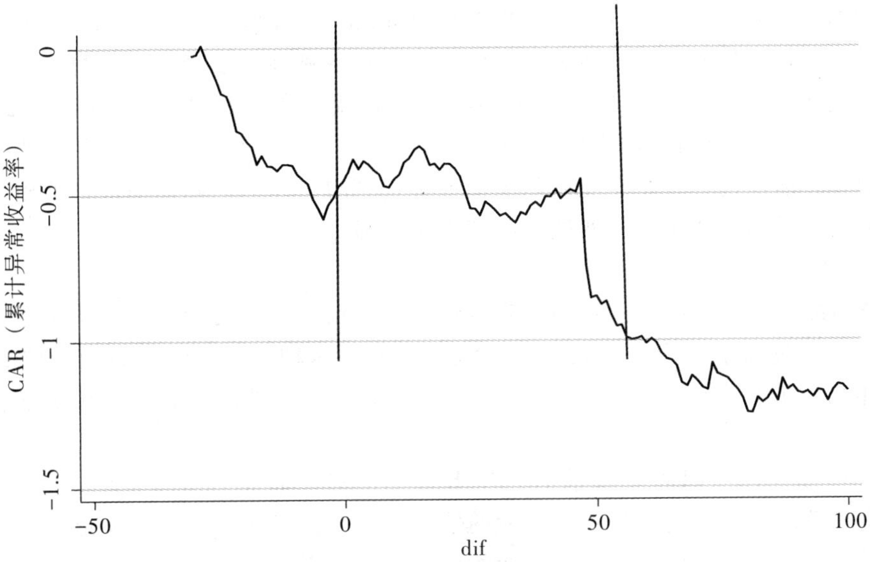

图 14-1　川化股份累计异常收益率变化趋势图

1.盈利能力

盈利能力是指公司获取资本增值的能力。盈利能力指标主要包括净资产收益率、每股收益、营业利润率、总资产净利率等。本案例选取2015—2018年川化股份毛利率、总资产净利率、净资产收益率、总资产报酬率、营业成本率作为盈利能力分析指标。川化股份2015—2018年盈利能力指标见表14-2。

表14-2　　**川化股份2015—2018年盈利能力指标**

日期 盈利能力指标	2015-12-31	2016-12-31	2017-12-31	2018-12-31
毛利率（%）	7.46	3.17	5.82	11.92
总资产净利率（%）	-68.66	47.26	7.84	5.86
净资产收益率（%）	-50.81	141.19	9.56	9.51
总资产报酬率（%）	-59.06	48.03	6.59	5.98
营业成本率（%）	92.54	96.83	94.18	88.08

从表14-2可以看出，川化股份在2015年总资产净利率、净资产收益率和总资产报酬率都维持在较低水平，完成破产重整之后，川化股份2016年总资产报酬率和总资产净利率稳步增加。总体来看，2016年企业盈利能力提升明显，但由于新的经营设备的建设及重大资产的购买，2017年总资产报酬率和总资产净利率下降。破产重整当年的毛利率最低，营业成本率最高，如果再考虑三项费用后营业总成本，已超出营业收入，无法盈利。

2016年川化股份的总资产净利率与总资产报酬率与上一年同期相比明显提高，

由原本的-68.66%和-59.06%变为47.26%和48.03%，而在2017年和2018年总资产净利率与总资产报酬率回落明显，说明川化股份盈利能力改善效果不明显，企业还有很大的盈利提升空间。川化股份的净资产收益率在2015年为-50.81%，2016年为141.19%，2017年和2018年基本稳定在9.5%，主要原因是2016年企业破产重整期间的债务清偿过程使得企业确认了债务重组利得，净资产收益率得到了相应的提升，但是从后续变化来看，实质性改变并不明显。

2.偿债能力

偿债能力主要是指企业负债的安全性和短期偿还债务的能力。偿债能力指标主要包括资产负债率、净资产收益率、流动比率、速动比率等。本案例选取2015—2018年川化股份资产负债率、流动比率、速动比率、现金比率和利息保障倍数作为分析指标。

表14-3展示了破产重整前后各年上市公司的偿债能力指标变动，可以看出，在川化股份破产重整完成当年，企业的偿债能力得到了较为明显的改善，主要原因是破产重整在一定程度上豁免了企业的债务；同时引入投资人注入新资产后，企业的资本结构也得到了改善。但在2017年，企业破产重整的营销效应有所减弱，各项指标开始回归和下降。

表14-3 **川化股份偿债能力指标**

日期 偿债能力指标	2015-12-31	2016-12-31	2017-12-31	2018-12-31
资产负债率（%）	326.19	3.02	45.82	47.59
流动比率（%）	14.12	3 316.05	241.14	284.16
速动比率（%）	12.55	3 316.05	238.83	277.98
现金比率（%）	2.13	2 442.34	40.83	51.89
利息保障倍数	-6.55	67.31	12.05	4.34

2015年年末，川化股份的资产负债率高达326.19%，根据当年的企业财务报表数据，企业的资产总额为719 809 721.68元，而负债总额为2 347 944 560.41元，已经严重资不抵债。经过2016年的破产重整，川化股份的资产负债率明显降低，达到3.02%。2017年及2018年，川化股份的资产负债率指标趋于合理。2016年流动比率、速度比率和现金比率出现了非常明显的提升，分别由14.12%、12.55%、2.13%提高到3 316.05%、3 316.05%和2 442.34%。可见，债务的清偿极大提升了企业资产的流动性，资产结构改变明显。同样，在2017年和2018年，企业的这几项指标也开始回落，趋于稳定。

利息保障倍数在2015年也为负值，2016年经过破产重整后，确认了债务重整利得，利息保障倍数提高到67.31。但在2017年，利息保障倍数下降为12.05，2018

年也呈现下降趋势，达到4.34。可见，经过破产重整后，企业的偿债能力短期呈现巨大提升，但是持续时间不长，偿债能力指标逐渐回落，破产重整对于川化股份偿债能力的长期改善并不明显。

3.营运能力

营运能力是指企业基于外部市场环境的约束，通过内部人力资源和生产资料的配置组合而对财务目标实现所产生作用的大小。本案例选取2015—2018年川化股份应收账款周转率、存货周转率、应付账款周转率、流动资产周转率和总资产周转率作为评价企业营运能力的分析指标，通过对财务数据的整理得到表14-4。

表14-4 **川化股份营运能力指标**

营运能力指标＼日期	2015-12-31	2016-12-31	2017-12-31	2018-12-31
应收账款周转率（%）	905.18	574.54	732.33	348.89
存货周转率（%）	522.82	9 867.44	36 948.44	6 771.19
应付账款周转率（%）	199.78	2 270.80	1 835.62	1 142.64
流动资产周转率（%）	81.98	111.11	203.40	121.30
总资产周转率（%）	30.89	98.97	133.82	60.97

川化股份2015年的应收账款周转率为905.18%，而2016年的应收账款周转率为574.54%，企业的应收账款周转率不升反降。2018年企业的应收账款周转率继续下降，为348.89%，在营业收入不断增加的情况下，应收账款周转率却持续下降，反映企业破产重整后资金周转能力没有得到改善。存货周转率与流动资产周转率在破产重整后提升显著，分别由2015年的522.82%和81.98%提升为9 867.44%和111.11%，且在2017年和2018年也保持在稳定状态。但对2019年的财务数据进行分析，截至2019年第三季度，企业的存货周转率和流动资产周转率出现了明显下降，分别为978.89%和48.85%。我们有理由认为，企业营运能力的改善是短期的，从长期来看逐渐减弱，企业在后续生产经营中并没有有效提升营运能力。

2015年应付账款周转率为199.78%，2016年该指标明显提高，为2 270.80%，2017年和2018年也维持在较高水准，说明企业免费使用供货企业资金的能力较低，且不断下降，这不利于企业营运能力的提高。2015年总资产周转率为30.89%，而2016年和2017年分别提高到98.97%和133.82%，主要原因是2016年企业开始开展贸易活动产生了营业收入，2017年企业开展化工产品贸易业务与机电物资贸易业务实现了经营性盈利。2018年企业营业收入较上年下降34.37%，总资产周转率也随之降低。我们搜集企业2019年财务数据，发现总资产周转率呈现下降趋势，至第三季度已经降低到24.13%，说明企业的销售水平不断下降，营运能力降低。

4.成长能力

公司为了生存和竞争需要不断发展，通过对公司的成长性进行分析，可以预测公司未来经营的发展趋势。企业的成长能力是指企业扩大规模、壮大实力的潜在能力。为了分析川化股份破产重整对企业成长能力的影响效果，本案例选取总资产增长率、归属净利润、利润总额增长率、营业收入增长率作为分析指标，将数据整理得到表14-5。

表14-5 川化股份成长能力指标

成长能力指标 \ 日期	2015-12-31	2016-12-31	2017-12-31	2018-12-31
总资产增长率（%）	-46.87	295.23	14.19	6.54
归属净利润（亿元）	-5.65	9	3.25	3.01
利润总额增长率（%）	55.25	223.00	-66.08	9.62
营业收入增长率（%）	-62.05	467.03	259.14	-34.37

通过对表14-5的分析，可以发现，破产重整对企业成长能力指标的提升作用明显。2016年企业的总资产增长率、归属净利润、利润总额增长率和营业收入增长率较2015年都有明显增长，但成长的后劲不足。归属净利润从2016年的9亿元下降为2017年和2018年的3.25亿元和3.01亿元，出现明显下滑。企业的利润总额增长率在2017年变为负值，为-66.08%；营业收入增长率也在2018年出现负值，变为-34.37%。企业的总资产增长率在2016年为295.23%，而在2017年急剧下降为14.19%，2018年更是下降为6.54%，主要原因是2016年破产重整，川化股份确认了大量的债务重组利得，且新资产的注入使得川化股份的资产总额由7.45亿元提高到59.4亿元。经过对川化股份2019年财务数据的计算，我们发现2019年川化股份的总资产增长率已经为负值，说明川化股份重整后整体成长能力呈现下降趋势。由此看来，公司要进一步发展，仅仅依靠破产重整带来的短期绩效改善远远不够。

四、问题探讨与案例总结

本案例选用了两种方法对川化股份破产重整的经济效果进行了测算。针对这些方法，有必要对如下问题进一步探讨：

1.事件分析法和财务绩效指标各自的优缺点是什么？请加以比较。

2.事件分析法如何设定事件窗口和估计窗口？这两个窗口的时间跨度如何确定比较合适？为何本案例的估计窗口设定为事前一个月，而事件窗口设定了近一年？

3.在事件分析法下，正常收益的测度有哪些方法？

参考文献

[1] 何旭强．上市公司破产和重整的选择机制、经济效率及法律基础［J］，管

理世界，2006（7）：126-131.

［2］廖森林．论重整中以股份清偿债务——以债权人权益保护为视角［J］．中国政法大学学报，2018（06）：53-65+207.

［3］刘荣．企业破产重整的途径分析与解读［J］．现代商业，2019（07）：55-56.

［4］栾甫贵，赵雨彤．长航凤凰破产重整的案例分析及启示［J］．财务与会计，2017（09）：30-33.

［5］栾甫贵，张敏．僵尸化中核钛白退出路径的分析及启示［J］．财务与会计，2018（13）：16-18.

［6］饶静，许怡婷，万良勇．僵尸企业处置的破产重整机制研究——基于超日太阳的案例［J］．财会通讯，2011（23）：60-63.

［7］王永欣．上市公司破产重整模式及财务绩效分析——以*ST秦岭为例［J］．会计师，2017（09）：22-23.

［8］杨秋波．上市公司破产选择行为及其效应研究［D］．成都：西南财经大学，2008.

案例说明书

一、案例的教学目标

本案例的教学目标：第一，让学生理解对于深陷财务困境的企业而言，破产重整是企业重获新生的一条路径；第二，让学生掌握评估破产重整经济效果的方法；第三，让学生把握不同评估方法的优缺点。

二、案例讨论的准备工作

为了取得案例教学应有的效果，学生应该掌握以下相关知识点：

（一）了解企业破产重整的含义、类型及有关的法律程序

破产是一个古老而现代的词语，指因债务人不能偿还债务或者资不抵债时，债权人或者债务人诉请法院宣告破产并进入破产程序的一种法律制度。在制定《中华人民共和国企业破产法》时，为了彰显当事人自治主导型破产程序，改革并健全管理人制度，在充分考虑市场的决定性作用的情况下，科学设计了破产重整、破产和解与破产清算相结合的破产制度。

破产重整的目标是通过一系列法律流程和财务调整，避免企业走向破产，从而实现社会利益最大化。因此，破产重整制度并不是破产清算制度的对立面，与破产清算一样，破产重整也承担着配置市场资源的法律工具使命，只是在途径、方法和效果上有所差异。

破产重整的基本类型有：第一，再生型重整。再生型重整也称经营保留模式，

是当前市场上最传统的破产重整模式。它是指由重组方投入资金，在不剥离企业主要资产的情况下，对上市公司原有的经营资产、主营业务和产业结构进行改造升级和调整，使企业保留原有业务，从而帮助面临破产的企业重新恢复经营。第二，清算型重整。清算型重整也称“借壳上市”，即将原上市公司的各项资产剥离，再引入重组方，对已经清理成为净壳的原企业注入资产进行重组。清算型重整本质上是在原企业保留壳资源情况下的一种清算，并在重整的同时加速完成注资，从而实现挽救企业的目的。

破产重整必须遵守相应的法律程序。债权人向人民法院提出破产重整申请；申请被人民法院受理后，就要进行债权申报和资产评估，由评估人提出评估报告。对出资人进行权益调整，如果现有资产无法满足公司各类债权的清偿，出资人权益将为零。为挽救破产企业，降低退市和破产清算的风险，出资人和债权人需共同努力，承担公司重整成本，进行债权分类调整及制定各方都能接受的清偿方案。最后，对破产企业进行经营方案调整，新的方案帮助破产企业走出困境。

（二）公司破产重整后的经济效果评估

公司破产重整后是否达到了当初破产重整预期的经济效果呢？为此有必要对破产重整后的效果进行评估。破产重整绩效是指破产重整结束后企业的经营业绩以及运营效率。对企业进行绩效评价可以有效地反映企业的经营状况及发展趋势，帮助企业进行科学的决策，改变目前许多企业盲目决策的现象。客观地评价企业绩效，有利于企业建立合理的治理结构，降低信息不对称程度并保证其治理结构的有效运行。

评价企业的破产重整绩效有不同的标准。根据选取指标的不同，可以将绩效分为两类：财务绩效和非财务绩效。财务绩效的指标来源主要是企业的财务数据。财政部根据财务指标的性质将企业财务指标分为四类：偿债能力指标、营运能力指标、盈利能力指标和成长能力指标。财务绩效就是对企业的财务指标进行分析，根据并购前后企业财务指标数据的变化，分析企业的财务表现。随着人们对绩效研究的不断深入，非财务指标也逐渐受到了人们的关注。非财务绩效也就是除去财务绩效之外的其他指标绩效，比如企业的市场占有率、管理效率、人员效率、品牌效应等一系列绩效表现。

（三）用事件分析法对破产重整的效果进行评估

事件分析法是一种实证研究方法，最早运用于金融领域，借助金融市场数据分析某一特定事件对公司价值的影响。事件分析法的应用领域非常广泛，不同学者从各自领域视角对其进行了阐述。事件研究是根据某一事件发生前后的统计资料，采用特定技术测量该事件影响的一种定量分析方法。金融市场会有各种事件发生，如发布消息、政策、产品信息等，这些事件的影响又会很快反映到资产价格上，因此事件分析法是金融市场中被广泛应用的实证分析方法。在一个充满理性投资者的市场中，某一事件对经济的影响可迅速由资产价格的变化反映出来，事件分析法就是通过短期内可观测到的资产价格的变化来研究某一事件对经济影响程度的方法。事件分析法主要分析某一事件对于时间序列是否有冲击作用，其有效性基于这样一个事实：在假设市场理性的前提下，一个事件（如企业破产重整的实施）的影响会体现为企业的经济效果的相关指标变动，因此可用一段时期的市场相关指标变动来分析和衡量该事件的影响。总体而言，事件分析法的关键在于探讨所关注事件在某个时段产生的影响效果，不同的领域在方法处理上也各不相同。

三、案例的分析要点

（一）本案例讨论学习的主要问题

根据有关专业知识，如何设计合理的指标，评估企业破产重整的经济效果？事件分析法在财务管理中具有广泛的应用，如何使用事件分析法对企业破产重整的经济效果进行评估？

（二）采用事件分析法评估破产重整的经济效果

1.事件定义

这包括定义所关注的事件及事件窗口的长度，这也是事件分析法最为核心和关键的步骤。一个完整的事件窗口包括估计窗口、事件窗口和事后窗口。与以往的相关分析不同，事件分析法考虑到可能存在事件提前泄露的情形，因此选择事件窗口时通常也包括事件发生前的一段时间，这个窗口称为估计窗口。同理，考虑到事件发生后的滞后效应，也在事件发生之后一段时间内构建事后窗口。本案例如何定义事件呢？又如何设定事件窗口和估计窗口？各窗口多长时间合理？

2.收集数据

在定义事件之后，必须决定样本选取标准。具体而言，就是选取与该事件有关的样本，用于分析该事件对所要研究问题的影响。本案例应该收集什么数据进行事件分析呢？

3.计算正常收益与超常收益

为了评价某事件的发生对公司价值的影响，需要计算正常收益和异常收益。正常收益是指如果事件不发生预计可以得到的收益，异常收益是事件窗口时期的正常收益与非正常收益之差。构建正常收益的测量模型可以用统计学方法和经济学方法，这两种方法的区别在于：统计学方法（包括常数均值收益模型、市场模型等）采用的是对资产收益的统计假设，不依赖任何经济学原理；经济学方法则完全依赖对投资者行为的假设。经济学模型的潜在优势是它可能使我们利用经济学常识，更为精确地测量正常收益。本案例应选择何种方法进行正常收益和累计异常收益计算呢？

4.参数估计与检验

这是指使用估计窗口的数据来估计正常收益模型的参数值。通常来说，事件窗口本身并不包括在估计窗口之中，以避免事件本身对正常收益参数估计值的影响。

在进行参数估计和检验时，如果使用Stata软件，应该如何写do文件呢？

通过上述步骤的学习和讨论，若能够独立完成工作，那么就达到了教学目标。

四、教学组织方式

（一）问题清单及提问顺序

1. 破产重整后川化股份的盈利能力如何？

2. 破产重整后川化股份的营运能力如何？

3. 破产重整后川化股份的偿债能力如何？

4. 破产重整后川化股份的成长能力如何？

5. 如何计量破产重整后正常收益与累计异常收益？

6. 如何通过软件实现破产重整的经济效果评估？

本案例的参考资料及其索引，在讲授有关知识点之后一次性布置给学生。

（二）课时分配

1. 课前自行阅读资料：约3小时；

2. 小组讨论并提交分析报告提纲：约2小时；

3. 课堂小组代表发言、进一步讨论：约3小时；

4. 课堂讨论总结：约0.5小时。

（三）讨论方式

本案例可以采用小组式讨论。

（四）课堂讨论总结

课堂讨论总结的关键是：归纳发言者的主要观点，重申其重点及亮点；提醒大家对焦点问题或有争议观点进行进一步思考，建议大家对本案例素材进行扩展研究和深入分析。

案例 15

沃尔玛：与时俱进的股权结构及管理

案例正文

适用课程： 财务管理

编写目的： 本案例通过分析沃尔玛的发展历程，探讨双重合伙制的治理功能，提升学生分析问题的能力，让学生从沃尔玛引进职业经理人了解与时俱进管理的意义。本案例适用于财务管理专业本科生及研究生等的案例教学。

知识点： 重组上市；家族企业；职业经理人

关键词： 沃尔玛；重组上市；双重合伙

案例摘要： 本案例通过分析沃尔玛的发展历程，分析双重合伙制的治理功能，探讨以低价策略及质量保证求发展之径，研讨股份转换重组上市、引进职业经理人管理使企业腾飞壮大之作用，揭示沃尔玛与时俱进的股权结构及管理经验，供我国家族式中小企业发展之借鉴。

合伙制是由两个或两个以上个人共同拥有企业的组织形式，分为普通合伙制与有限合伙制。普通合伙制的合伙人对所有债务负有无限责任，有限合伙制的合伙人仅承担与其出资额相对应的责任。合伙企业的利润视同合伙人个人所得纳税；经营决策权归属于普通合伙人，重大事项通常需要通过投票表决来决定。

合伙制具有独特的较为完善的激励约束机制。其优点主要表现在以下几个方面：第一，所有者和经营者的物质利益得到了合理配置，有了制度保障。在有限合伙制投资银行中，有限合伙人提供大约99%的资金，分享约80%的收益；而普通合伙人则享有管理费、利润分配等经济利益。管理费一般以普通合伙人所管理资产总额的一定比例收取，大约为3%。而在利润分配中，普通合伙人以1%的资本最多可获得20%的投资收益分配。第二，除了经济利益提供的物质激励外，有限合伙制对普通合伙人还有很强的精神激励，即权力与地位激励。第三，有限合伙制由于部分经营者同时也是企业所有者，并且承担无限责任，因此在经营活动中能够自我约束，控制风险，并容易获得客户的信任。

山姆·沃尔顿（Sam Walton）在以小店主为主导的零售世界里，打造出了世界第一大公司——沃尔玛百货有限公司（以下简称沃尔玛），描绘了一幅与时俱进的股权制度及管理模式的宏伟画卷。

一、1945年，从一个小小的加盟店开始创业，家庭合伙制

沃尔顿1918年生于美国的一个农场主家庭，1945年经过在富兰克林商店的两周培训后，加盟该特许经营商店，投身零售业。1945年9月，沃尔顿的第一家商店、位于阿肯色州纽波特镇的富兰克林加盟店开张。沃尔顿以2.5万美元买下该店的经营权。这是个典型的美国旧式杂货店，沃尔顿通过寻找价格更低的货源、打折销售等把小店经营得红红火火。

沃尔顿刚接手时，该店年营业额为7.2万美元，第二年提高到14万美元，第五年达到25万美元，年利润三四万美元。1950年，沃尔顿在本顿维尔镇买了一个年营业额3.2万美元的杂货店，1952年又在菲耶特维尔镇买下一个新店——沃尔顿廉价商店。从这个店开始，沃尔顿雇用职业经理人打理商店，并开始形成与经理“合伙”的经营理念。沃尔顿以1%的利润分成作为筹码，从竞争对手那里挖来了威拉德。

这两家商店的成功激励沃尔顿投资开设更多的新店，所有这些商店都是独立合伙企业形式，合伙人有沃尔顿的孩子、弟弟、父亲、妻弟。沃尔顿给他所雇用的经理在新开商店中一定限度的投资额，一般是2%。

二、1960年，沃尔顿有15家商店，与家人及员工的双重合伙，以低价策略及质量保证求发展

到1960年，沃尔顿共有15家商店，但每家店的规模都很小，营业额总计140万美元。

1962年7月，沃尔顿在罗杰斯镇开设第一家沃尔玛商店，规模较大。沃尔顿在该店招牌的两边分别写上“低价销售”和“保证满意”。沃尔顿在这家店工作了两年多，经营策略是比别人低20%的价格，并开始向外扩张。1962年是廉价销售在美国兴起的一年，廉价销售商店遍地开花，美国至少有四家大公司参与竞争。廉价销售的早期领导者是凯玛特，相比之下，沃尔玛并不引人注目。

一般来说，布森百货商店的选址标准是1万~1.2万人的城镇，凯玛特是5万人以上的城镇，沃尔玛则没有固定标准，在人口5 000以下的小城镇也开店，在大城

市周围一定距离内还开设分店。到1969年，沃尔顿有18家沃尔玛商店和14家杂货店、78名合伙人和投资人，其中32家由沃尔顿和他的家人绝对控股。

三、1970年，股份转换重组上市，引进职业经理人管理，腾飞壮大

1969年，沃尔顿个人背负了大约200万美元的债务，财务重负迫使沃尔顿让沃尔玛上市。沃尔顿的长子罗布将各店合伙人的权益全部转换为沃尔玛的股份，将独立的32家商店统一为一家公司重组上市，对外发行20%的股份。重组后，沃尔顿及其家人（夫妻及三个孩子）持股75%，沃尔顿的弟弟巴德持股15%，余下的10%为一些亲戚和高管持有。

1970年10月，沃尔玛IPO，1972年转为在纽约股票交易所交易。IPO后，沃尔顿及其家人的持股份额降到61%，他们偿清了所有的银行贷款。从1971年开始，所有在沃尔玛工作一年以上以及每年至少工作1 000小时的员工，都可参与利润分享。与此同时，沃尔玛还实施了员工购股。其商店数量从1970年的32家发展到1980年的276家，利润从120万美元提高到4 100万美元。沃尔玛的每家店都定期向全体员工公布该店的利润、进货、销售和减价情况。

1974年，沃尔顿虽然仍是沃尔玛的董事长兼总裁，但他将日常管理工作交给40岁的罗恩（负责财务和分销）和45岁的费罗尔德（负责商品经营），公司内开始产生罗恩和费罗尔德两大派系，罗恩明确提出由他负责管理沃尔玛，否则将辞职。沃尔顿不想让罗恩走人，便决定由罗恩出任沃尔玛董事长兼CEO，费罗尔德任总裁，沃尔顿任董事会执行委员会主席，承担监督和检查职责。但是，沃尔顿并没有真正放手，罗恩和费罗尔德之间的派系斗争也没有真正解决，罗恩离职出走，一批高管随之而去。1976年6月，沃尔顿重新出任沃尔玛董事长兼CEO，他格外重视“后备人才库”，很快渡过了这场人事危机。

戴维·格拉斯于1976年加入沃尔玛，他是零售业的天才。1988年，沃尔顿将CEO职位交给了戴维。尽管有人事地震，在职业经理人的管理之下，沃尔玛快速壮大。在整个20世纪80年代，沃尔玛保持高速扩张，商店数从1980年的276家发展到1990年的1 528家，销售额和利润则分别从12亿美元和4 100万美元增长到260亿美元和10亿美元，成为美国最大的零售商。

1992年3月，时任美国总统布什亲临本顿维尔镇，在沃尔玛总部向沃尔顿颁发了总统自由奖章。1992年，沃尔顿因癌症离世。

沃尔玛从美国最大的零售商发展成为世界最大的企业，管理学家汤姆·彼得斯说，“除了亨利·福特之外，沃尔顿就是20世纪最出色的企业家”。沃尔顿在商业零售领域实行了跟福特在汽车制造领域一样彻底的“大规模”和“低价格”战略，这使沃尔顿成为20世纪最伟大的企业家之一。

四、案例分析及思考要点

1.结合本案例谈谈你对家族企业发展的看法。

2.分析与家人及员工双重合伙的经营理念。

3.沃尔玛通过重组并上市，谈谈首次公开发行应具备的条件。

4.简述低价策略的优点与缺点。

参考文献

[1] 李昕玥. 跨文化人力资源管理的差异研究——以物美与沃尔玛集团为例 [J]. 中国商论，2020（01）：239-241.

[2] 徐巾媚，章雁. 沃尔玛与亚马逊公司资本结构的对比与启示 [J]. 现代企业，2018（11）：82-83.

[3] 王崇民，陈文渊. 沃尔玛电商业务连续3年取得三位数增长 [J]. 食品安全导刊，2019（01）：14.

[4] 佚名. 沃尔玛继续牵手药品零售寡头 [J]. 董事会，2019（03）：7.

[5] 王露曼. 沃尔玛百货有限公司物流管理问题研究 [J]. 中外企业家，2019（05）：59-60.

[6] 秦晓书，潘晔华. 基于AHP沃尔玛供应商选择指标分析 [J]. 商场现代化，2019（05）：7-9.

[7] 李艺彤. 风险矩阵在企业风险管理中的应用——以沃尔玛为例 [J]. 经营与管理，2019（05）：24-26.

[8] 李永华. 国家降低增值税率后，沃尔玛等零售商要求供应商降价，制造企业：谁拿了我的减税奶酪 [J]. 中国经济周刊，2019（07）：42-43.

[9] 李明亮. 沃尔玛的散称休食经营策略 [J]. 时代经贸，2019（10）：99-100.

[10] 郭永昊，龚如峰，冯涛. 互联网下沃尔玛和亚马逊的财务战略探析及启示 [J]. 财务与会计，2019（04）：75-76.

[11] 张梦霞，陈美玲. 沃尔玛自有品牌惠宜的品牌认知度调查研究 [J]. 现代经济信息，2019（20）：309-310.

[12] 门雷雷. 沃尔玛在中国市场的跨文化管理研究 [D]. 邯郸：河北工程大学，2018.

[13] 胡玉清. 从沃尔玛谈零售行业的成本管理 [J]. 科技与创新，2018（19）：96-98.

[14] 杨琳，何瑛. 沃尔玛：管理价值链 [J]. 新理财，2018（10）：44-48.

案例说明书

一、案例的教学目标

本案例的教学目标有三点：第一，本案例通过分析沃尔玛的发展历程，探讨双重合伙制的治理功能；第二，提升学生分析问题的能力，帮助学生将理论知识学以致用；第三，让学生了解沃尔玛引进职业经理人的作用，了解与时俱进管理的意义。

二、案例讨论的准备工作

为了有效实现本案例目标，学生应该具备下列相关知识背景：

（一）合伙制相关理论知识

合伙制是由两个或两个以上个人共同拥有企业的组织形式，分为普通合伙制与有限合伙制。普通合伙制的合伙人对所有债务负有无限责任，有限合伙制的合伙人仅承担与其出资额相对应的责任。合伙企业的利润视同合伙人个人所得纳税；经营决策权归属于普通合伙人，重大事项通常需要通过投票表决来决定。

合伙制具有独特的较为完善的激励约束机制。其优点主要表现在以下几个方面：第一，所有者和经营者的物质利益得到了合理配置，有了制度保障。在有限合伙制投资银行中，有限合伙人提供大约99%的资金，分享约80%的收益；而普通合伙人则享有管理费、利润分配等经济利益。管理费一般以普通合伙人所管理资产总额的一定比例收取，大约为3%。而在利润分配中，普通合伙人以1%的资本最多可获得20%的投资收益分配。第二，除了经济利益提供的物质激励外，有限合伙制对普通合伙人还有很强的精神激励，即权力与地位激励。第三，有限合伙制由于部分经营者同时也是企业所有者，并且承担无限责任，因此在经营活动中能够自我约束，控制风险，并容易获得客户的信任。

（二）职业经理人机制

职业经理人是指在一个所有权、法人财产权和经营权分离的企业中承担法人财产的保值增值责任，全面负责企业经营管理，对法人财产拥有绝对经营权和管理权的职业，由企业在职业经理人市场（包括社会职业经理人市场和企业内部职业经理人市场）中聘任，而其自身以受薪、股票期权等为获得报酬主要方式的职业化企业经营管理专家。

现代人力资本理论将职业经理人与技术创新者共同称为人力资本，也就是说，职业经理人属于人力资本范畴。职业经理人必须具备较高的个人素质以及较高的专业技能和管理才能，较强的敬业精神、创新意识、冒险精神和竞争的冲动，坚韧不拔、自信果断和强烈的事业心，能通过事物表面看出本质的洞察能力、决策能力，丰富的工作经验和深厚的理论功底、组织协调能力以及知人善任的用人能力；在知识方面，职业经理人要具备硬知识、软知识和社会知识。这些都是职业经理人的基本条件及履职重要保证。

随着中国企业的日益强大，职业经理人队伍也处于快速壮大之中。原微软中国区总裁唐骏，后加入盛大网络，担任总裁职务，是典型的职业经理人，享有“打工皇帝”之称。年薪达到500万元的原用友软件总裁何经华，以及离开TCL、加盟长虹的“手机狂人”万明坚，都是职业经理人的优秀代表。他们为企业创造了巨大的财富，甚至可能改变了一个企业的命运，但他们自己的命运并不一定完全掌握在自己手中，这就是中国本土职业经理人的无奈。

作为社会群体中特殊的一部分，职业经理人在社会经济转型中的角色是尴尬的。一方面，他们是董事会或者企业大股东聘请的企业管理者，也就是说，在董事会或者大股东眼里，职业经理人的角色定位就是“保姆”，需要像保姆照顾小孩一样努力呵护企业的成长和发展。但在实际操作过程中，有些职业经理人会自觉或者不自觉地陷入“婆婆”的角色当中，以为自己坐上了总裁或者CEO的位置，自己就是老板了，在这个企业里自己就是老大了，出现了一些与董事会或者大股东不相和谐的声音，最终导致自己的离职或者遗憾出局。在这方面，很多职业经理人都有过教训。

（三）重组上市制度

企业重组上市是指将企业资产、业务和人员等要素进行重新组合，按照《公司法》《证券法》《上市公司收购管理办法》的要求设立股份有限公司并发行新股上市交易的活动。

《上市公司重大资产重组管理办法》是为规范上市公司重大资产重组行为，保护上市公司和投资者的合法权益，促进上市公司质量不断提高，维护证券市场秩序和社会公共利益，根据《公司法》《证券法》等法律、行政法规的规定制定，由中国证监会于2014年10月23日发布，自2014年11月23日起施行。2019年10月18日，中国证监会发布《关于修订〈上市公司重大资产重组管理办法〉的决定》。该决定主要从简化重组上市认定标准等五个方面优化重组上市监管制度。

从简化重组上市认定标准看，本次修改取消了“净利润”指标。业内人士指出，这将有利于支持上市公司资源整合和产业升级，加快质量提升速度。“累计首次原则”计算期间进一步缩短至36个月。据了解，2016年中国证监会修改该办法时，将“累计首次原则”的计算时间从“无限期”缩减至60个月。考虑到累计期过长不利于引导收购人及其关联人控制公司后加快注入优质资产，本次修改统筹市场需求与抑制“炒壳”、遏制监管套利的一贯要求，将累计期限减至36个月。允许符合国家战略的高新技术产业和战略性新兴产业相关资产在创业板重组上市，其他资产不得在创业板实施重组上市交易。创业板上市公司实施相关重大资产重组，所购买资产对应的经营实体应当是股份有限公司或者有限责任公司，且符合《首次公开发行股票并在创业板上市管理办法》规定的其他发行条件。值得关注的还有，本次修改还恢复了重组上市配套融资，旨在为多渠道支持上市公司和置入资产改善现金流、发挥协同效应，重点引导社会资金向具有自主创新能力的高科技企业集聚。此外，修改后的《上市公司重大资产重组管理办法》丰富了重大资产重组业绩补偿协议和承诺监管措施，加大了问责力度；明确了科创板公司并购重组监管规则衔接安排，简化了指定媒体披露要求。

三、案例的分析要点

（一）需要学生识别的关键问题

本案例分析沃尔玛的发展历程，探讨双重合伙制的治理功能，探讨以低价策略及质量保证求发展之径，分析重组上市的作用与意义，研究沃尔玛与时俱进的股权结构及管理制度，提升学生分析问题的能力。

（二）解决问题的可供选择方案及其评价

1.结合本案例谈谈你对家族企业发展的看法

家族企业就是指资本或股份主要控制在一个家族手中，家族成员出任企业的主要领导职务的企业。家族企业可以说是一个古老而“短暂”的企业组织形态。

美国学者克林·盖克尔西认为，判断某一企业是否为家族企业，不是看企业是否以家庭来命名，或者是否有好几位亲属在企业的最高领导机构里，而是看是否由家庭拥有所有权，一般是谁拥有股票以及拥有多少。这一定义强调企业所有权的归属。著名学者孙治本将是否拥有企业的经营权看作家族企业的本质特征。他认为，家族企业以经营权为核心，当一个家族或数个具有紧密联系的家族直接或间接掌握一个企业的经营权时，这个企业就是家族企业。

家族企业作为世界上最具普遍意义的企业组织形态，在世界经济中有着举足轻重的地位。在世界各国，无论是发达国家还是发展中国家，家族企业都在顽强地生长和发展着。美国学者克林·盖克尔西认为，“即使最保守的估计也认为家庭所有或经营的企业在全世界企业中占65%到80%之间。世界500强企业中有40%由家庭所有或经营”。

据统计，家族企业创造的价值目前占美国GDP的50%，并为美国提供了50%的就业机会。而据美国家族公司研究所的调查，家族控制企业对美国新增岗位的贡献率达78%。同时，在这些家族企业中，很多不再是控股严密的私人公司和夫妻店，也存在很大比例的上市公司。据统计，在全球500家大型企业中，有175家是家族企业。而在美国公开上市的最大型企业中，有42%的企业仍为家族所控制。近几年来虽然美国上市公司股份呈分散化趋势，但总体来说，家族仍然控制着企业较多的股份。

据中国香港学者郎咸平教授对世界各国公司治理的研究，目前在欧洲各国中，前15大家族控制上市公司的比例均在20%以上，比利时和法国甚至达到36.63%和33.80%，家族企业在所在国的作用非常明显。

在东南亚各国和地区中，最大的15个家族控制的上市公司的股票市值占总市值以及GDP的绝大部分。据2002年《新财富》第8期的资料，除了中国大陆、日本外，中国香港、印度尼西亚、韩国、马来西亚、菲律宾、新加坡、中国台湾、泰国等前15大家族控制的上市公司占总市值和GDP的比例分别为34.4%、61.7%、38.4%、28.3%、55.1%、29.9%、20.1%、53.3%和84.2%、21.5%、12.9%、76.2%、

46.7%、48.3%、17.0%、39.3%。可以看出，在这些国家和地区经济中，家族控制非常明显。

我国在20世纪70年代末到80年代初才掀起了家庭经营的第一次浪潮。随着对私营经济在国民经济中地位的认同，占据私营经济绝大比例的家族企业得到了长足发展。根据《中国统计年鉴》的资料，1989年我国的私营企业共有9.05万户，到2001年私营企业增长到202.85万户，增加了21.4倍；注册资金从84亿元增加到18 212.2亿元，增加了215.8倍（未扣除价格因素）。在私营企业对国民经济的贡献方面，私营经济对GDP的贡献率由1989年的0.57%上升到2001年的12.7%，20世纪90年代以来，平均每年提高近一个百分点。在就业贡献上，私营经济所占的比例越来越高。1989年，全社会每100个新增就业者中有0.07人流向私营企业；到2001年时，有33人流向私营企业。可以看出，无论是欧美发达国家还是东南亚发展中国家和地区，家族企业都在国民经济中发挥着重要作用。特别是在我们这个经济发展还不平衡、就业压力很大的国家，发展以家族企业为主导的私营经济，对于解决就业压力、提高国民福利水平，都具有极其重要的意义。从这个角度出发对家族企业进行研究，是一个非常有意义的课题。

2.分析与家人及员工双重合伙的经营理念

双重股权结构也称二元股权结构、双重股权制，是一种通过分离现金流和控制权而对公司实行有效控制的手段。区别于同股同权制度，在双重股权结构中，股份通常被划分为高、低两种投票权。高投票权的股票拥有更大的决策权。2018年4月24日，香港联合交易所发布IPO新规，允许双重股权结构公司上市。

（1）双重股权结构的含义。双重股权结构是指上市公司可以同股不同权，通常情况下，一般股东一股一票，但公司少数高管可以一股数票。高投票权股票每股具有2~10票的投票权，主要由高级管理者所持有。低投票权股票的投票权只占高投票权股票的10%或1%，有的甚至没有投票权，由一般股东所持有。作为补偿，高投票权股票的股利低，不准或规定一定年限（一般为3年）后才可以转成低投票权股票，因此流通性较差，而且投票权仅限管理者使用。

（2）双重股权结构的特点。由于高级管理人员更理解公司的价值，在与收购公司谈判时，若有高级管理者充当“捍卫战士”的角色，往往可取得高收购金额，有利于目标公司股东。但是，双重股权结构存在一个根本性的缺陷，即其违背现代公司的股东治理结构，不利于保障股东利益，可能导致管理中独裁的发生。有学术研究表明，推行双重股权结构的公司，企业领袖往往会浪费现金流，并且追求符合自身利益的目标，而不是保障股东利益。一旦他们作出错误决定，所承担的后果也很有限。双重股权结构加大了公司治理中实际经营者的道德风险和逆向选择风险。

（3）双重股权结构的分布。在加拿大、德国、丹麦、瑞士、挪威、芬兰、瑞典、意大利、墨西哥、巴西和韩国，双重股权结构较为普遍；而在美国、英国、法国、澳大利亚、中国香港、南非和智利则不多见。据统计，采用双重股权结构的上市公司占美国上市公司的8%。

在港股历史上，曾经出现过双重股权结构企业上市，但因部分AB股企业出现治理乱象，侵害小股东利益等，中国香港证监会后来不再批准B股上市，AB股制度被废除。B股（双重股权结构）是香港股票市场中已不准发行的股票分类，与其相对的是A股。两者的区别在于B股的面值多是A股的1/5至1/10，但两者的投票权是相等的。在香港，第一个使用双重股权结构来控制上市公司的是会德丰，其大班约翰·马登于20世纪60年代末至70年代初，因收购连卡佛及联邦地产，股权被摊薄并陷入财务困境，遂用一种西方大部分股票市场已禁用的方法——发行B股来筹集资金。1972年会德丰旗下上市公司皆于同一时期发行B股，1973年太古洋行亦采用这种做法。1987年3月27日，怡和集团于发布年度业绩时宣布，除发股息外，还以红股方式送出B股。长江实业及和记黄埔于1987年3月31日宣布，除先前公布的股息外，另加B股。此举使得十多家上市公司拟仿效，引起极大争议，4月7日长江实业、和记黄埔及怡和集团先后取消发行B股计划，风波才得以平息。1989年12月，香港联合交易所规定除特殊情况外，不再考虑公司双重股权结构。目前太古洋行旗下的太古股份有限公司的B股为硕果仅存的B股股份。

2018年4月24日，香港联合交易所发布IPO新规，《新兴及创新产业公司上市制度》显示，香港联合交易所允许双重股权结构公司上市，IPO新规允许尚未盈利的生物科技公司赴港上市。新规于2018年4月30日生效，正式接纳相关上市申请。

3. 沃尔玛通过重组并上市，谈谈首次公开发行应具备的条件

企业重组上市的要求如下：

（1）对重组上市企业的主体资格要求

①发行人应当是依法设立且合法存续的股份有限公司。

②发行人的注册资本已足额缴纳，发起人或者股东用作出资的资产的财产权转移手续已办理完毕，发行人的主要资产不存在重大权属纠纷。

③发行人的生产经营符合法律、行政法规和公司章程的规定，符合国家产业政策。

④发行人最近3年内主营业务和董事、高级管理人员没有发生重大变化，实际控制人没有发生变更。

⑤发行人的股权清晰，控股股东和受控股股东、实际控制人支配的股东持有的发行人股份不存在重大权属纠纷。

（2）发行人运行规范

①发行人的董事、监事和高级管理人员符合法律、行政法规和规章规定的任职资格，并且没有下列情形：第一，被中国证监会采取证券市场禁入措施尚在禁入期的；第二，最近36个月内受到中国证监会行政处罚，或者最近12个月内受到证券交易所公开谴责；第三，因涉嫌犯罪被司法机关立案侦查或者涉嫌违法违规被中国

证监会立案调查，尚未有明确结论意见。

②发行人没有下列情形：第一，最近36个月内未经法定机关核准，擅自公开或者变相公开发行过证券；或者有关违法行为虽然发生在36个月前，但仍处于持续状态。第二，最近36个月内违反市场监督、税收、土地、环保、海关以及其他法律、行政法规，受到行政处罚，且情节严重。第三，最近36个月内曾向中国证监会提出发行申请，但报送的发行申请文件有虚假记载、误导性陈述或重大遗漏；或者不符合发行条件以欺骗手段骗取发行核准；或者以不正当手段干扰中国证监会及其发行审核委员会审核工作；或者伪造、变造发行人或其董事、监事、高级管理人员的签字、盖章。第四，报送的发行申请文件有虚假记载、误导性陈述或者重大遗漏。第五，涉嫌犯罪被司法机关立案侦查，尚未有明确结论意见。第六，严重损害投资者合法权益和社会公共利益的其他情形。

（3）有健全的财务与会计制度

①发行人符合下列条件：第一，最近三个会计年度净利润均为正数且累计超过人民币3 000万元，净利润以扣除非经常性损益前后较低者为计算依据；第二，最近三个会计年度经营活动产生的现金流量净额累计超过人民币5 000万元，或者最近三个会计年度营业收入累计超过人民币3亿元；第三，发行前股本总额不少于人民币3 000万元；第四，最近一期末无形资产（扣除土地使用权、水面养殖权和采矿权等后）占净资产的比例不高于20%；第五，最近一期末不存在未弥补亏损。

②发行人申请文件中没有下列情形：第一，故意遗漏或虚构交易、事项或者其他重要信息；第二，滥用会计政策或者会计估计；第三，操纵、伪造或篡改编制财务报表所依据的会计记录或者相关凭证。

③发行人不存在下列影响持续盈利能力的情形：第一，发行人的经营模式、产品或服务的品种结构已经或者将发生重大变化，并对发行人的持续盈利能力构成重大不利影响；第二，发行人的行业地位或发行人所处行业的经营环境已经或者将发生重大变化，并对发行人的持续盈利能力构成重大不利影响；第三，发行人最近一个会计年度的营业收入或净利润对关联方或者存在重大不确定性的客户存在重大依赖；第四，发行人最近一个会计年度的净利润主要来自合并财务报表范围以外的投资收益；第五，发行人在用的商标、专利、专有技术以及特许经营权等重要资产或技术的取得或者使用存在重大不利变化的风险；第六，其他可能对发行人持续盈利能力构成重大不利影响的情形。

4.简述低价策略的优点与缺点

低价策略就是通过薄利多销，打开市场销路，阻止竞争者进入市场，最大限度地控制市场。但是采取这一策略，由于商品利润薄，企业投资费用的回收需要较长的时间，这又要求企业有雄厚的资金做后盾；另外，低价策略也不利于企业树立品牌形象，特别是对于那些质量不易鉴别的商品，消费者往往会由于价格低而怀疑商品质量，进而影响销量。尽管如此，实行低价策略更易为广大消费者所接受。

低价策略一般是有实力的大公司用来对付实力弱的对手的，因为低价竞争可以让对手无招架之力，但是也因为是低价竞争，会降低自己的利润，有时甚至会亏损，所以低价策略有利也有弊。

产品的特性：产品技术含量不高，没有升级的潜力和价值，行业存在恶性竞争，需用低价策略竞争。

阶段性：为了在某一段时间内达到目的，如迅速占领市场，快速扩大知名度，产品更新换代，清理库存等，而采用此策略。

原材料优势：企业拥有其他公司无法比拟的原材料优势，且想清洗市场竞争者，整合市场，低价策略乃必杀技。

四、教学组织方式

（一）问题清单及提问顺序

1.结合本案例谈谈你对家族企业发展的看法。

2.分析与家人及员工双重合伙的经营理念。

3.沃尔玛通过重组并上市，谈谈首次公开发行应具备的条件。

4.简述低价策略的优点与缺点。

（二）课时分配

1.课后自行阅读资料：约5小时；

2.小组讨论并提交分析报告提纲：约2小时；

3.课堂小组代表发言、进一步讨论：约2小时；

4.课堂讨论总结：约1小时。

（三）讨论方式

本案例可以采用小组式讨论。

（四）课堂讨论总结

课堂讨论总结的关键是：总结发言者的主要观点、重点及创新看法，进一步思考有争议观点，期望大家对本案例素材进一步深入研究。